Cocina para los *doshas*

www.edicionesayurveda.com

Amadea Morningstar

Cocina para los *doshas*

Recetario ayurvédico
para cada constitución

Ediciones
Ayurveda

Título de la edición original:
Ayurvedic Cooking for Westerners by Amadea Morningstar
© 1995 Amadea Morningstar
Originally published in 1995 by:
Lotus Press – P.O. Box 325 – Twin Lakes, Wisconsin 53181
www.lotuspress.com

© Ediciones Ayurveda, 2019
Mahón 26, bajo – 08022 Barcelona
edicionesayurveda.com
© Edith Zilli, por la traducción

Diseño de cubierta y maqueta: Ixs Imatge S.L.
ISBN: 978-84-938929-8-2
Depósito legal: B 9424-2019

*A mi madre y a mi padrastro, Margie S. Noren
y Ward Shepard, con mucho amor y gratitud*

A la querida memoria de mi padre, Robert B. Noren

Y al ayurveda, con mucho agradecimiento

Agradecimientos

Mucho me gustaría agradecer a:

Todos los amigos que comieron; todos los clientes y estudiantes que interrogaron; Nirankar Agarwal; LaVon Alt; Nim Karoli Baba; Elders Thomas y Fermina Banyacya, Sr., y David; Monongye; Ivy y Lenny Blank; Paul Bond; Gordon Bruen, el Sabio y Maravilloso; Iza Bruen-Morningstar el Grande; Dolores Chiappone; Jim, Dahlia, Anasha y Rosalinda Cummings; Yogi Amrit y Urmila Desai; los devas y espíritus de la naturaleza; todos los de Desert Montessori; Evie; David Frawley y Margo Gal; Roberto Gallegos y Lucy Moore; Concha García; Liz Halford y Paul Botell; Michele la Bendita y el clan Herling; Margie, Stephen y Ian Hughes; Sunil y Shalmali Joshi (y Siddha); S. K. Kamlesh; Matthew Kelly; Santosh y Doris Krinsky; Vasant y Usha Lad; Greg Lonewolf; Deborah Madison; Missy, Laura, Pat, Rosie y la pandilla; los McBrides; todos los Noren y Schmidt; Shamaan Ochaum; Joanne Rijmes, la Maravillosa; Melanie Sachs; Jan Salerno; todos los de la Biblioteca Pública de Santa Fe; Bob Schrei y Donna Thomson; Mormah Simeona y Stanley Hew Len; Spiderwoman Theater; David Stark; Robert Svoboda; Mary Ann Szydlowski; Rebekah, Ignacio y Selina Trujillo; Zenia Victor y Gaylon Duke; Angela Werneke; Kin Tree Whitecloud; los Wilke, los Hankletank, los LaVail, Bill y Julia y asociados y Rebecca Wood.

Índice de contenidos

Prólogo

Reseño libros de cocina para diferentes revistas, por lo que por mi escritorio pasa una corriente continua de recetarios nuevos. Muchos de ellos van directamente a la papelera de reciclado. Los mejores son leídos y consiguen un espacio en la biblioteca de mi despacho para usarlos como referencia o para una receta ocasional. Sin embargo, en el estante de mi cocina hay un libro siempre al alcance de la mano: *El libro de cocina ayurvédica*, de Amadea Morningstar y Urmila Desai. Sus manchas y sus esquinas dobladas son testimonio de que ha sido utilizado sin cesar durante los últimos años. Ahora, tras haber leído *Cocina para los doshas – Recetario ayurvédico para cada constitución* de Amadea, estoy haciendo sitio para un libro más.

Me interesan los libros que fomentan la salud individual y global. Me fastidia la *nouvelle cuisine* que promociona lo nuevo solo por ser nuevo, o lo extraño por el mérito de ser extraño. Pese al bombardeo de los medios, no tengo tiempo para chapuzas pasajeras ni para timos. Cuando se trata de mi digestión, paso de las grasas sintéticas, de los tomates transgénicos y/o de cualquier otro alimento altamente refinado, manipulado y artificial. Gracias, yo prefiero lo que subyace en incontables recetarios de comida natural: los alimentos sencillos, no adulterados, son más nutritivos.

El ayurveda lleva esta obvia e inconmovible verdad un buen paso más allá hasta un paradigma totalmente nuevo. Al aplicar los principios ayurvédicos a la selección y preparación de alimentos básicos, estos se tornarán medicinales para todo nuestro ser. Esta es una verdad candente. Así que, laboratorios farmacéuticos, ¡cuidado!

Este enfoque holístico de la India oriental proporciona una manera de pensar que se diferencia radicalmente de nuestro enfoque occidental basado en remedios mágicos. Sin duda, la idea de que haya soluciones mágicas a nuestros problemas resulta seductora. Sin embargo, tomar vitamina C para evitar un resfriado o radiación para combatir un cáncer no alivia el impacto de una dieta y un estilo de vida pésimos. La verdadera magia radica en una relación adecuada.

Lo que me entusiasma de *Cocina para los doshas – Recetario ayurvédico para cada constitución* es que sirve de puente entre Oriente y Occidente. Amadea Morningstar funde sus años de formación en nutrición clínica occidental con la sabiduría del ayurveda para proporcionar al occidental contemporáneo un sistema que mejora la salud integral por medio de nuestros platos familiares de cada día. Así de simple es la cosa. El ayurveda proporciona un sistema, probado a lo largo de cinco mil años, que ampara el cuerpo, la mente y el espíritu. Al aportar armonía y equilibrio, es medicina preventiva.

Afortunadamente, esta medicina preventiva adopta la forma de platos reconfortantes, como la sabrosa tarta de hortalizas guisadas y el pastel de zanahorias. Mis invitados, mis hijos adolescentes e incluso sus amigos piden otra porción de este tipo de medicamento.

Hay épocas de hambre y épocas sociales en que agradecemos la comida como el don que es, sin juzgar su calidad. Por cierto, gran parte de la población mundial no puede darse el lujo de escoger la calidad de sus alimentos. Sin embargo, en muchas de nuestras comidas sí podemos hacerlo.

Cuanto más aportemos a este discernimiento, mayor será nuestra ganancia potencial. Esto vale para cualquier relación, sea con la comida o con otra persona. Con el ayurveda tenemos la oportunidad de aprender cómo afectan a nuestra constitución las propiedades sutiles de los alimentos. Esto nos permite celebrar el alimento y recibirlo más plenamente como un don de nuestra madre tierra.

Para comenzar, tómese cinco minutos para identificar su tipo constitucional (véase página 335). A continuación, experimente a su aire con las recetas y note cómo se siente después de comer un plato equilibrado particularmente para su salud. Aportar esta conciencia a su cocina bien puede convertirse en una de las herramientas de autoayuda más importantes que usted pueda ofrecerse.

Tengo dificultad con algunos aspectos del ayurveda, pues en parte desafía mi afición culinaria, como cuando veta los fermentos y el uso de frutas tropicales y semitropicales a quienes cocinan en regiones templadas. Sin embargo, dada la amplitud de este libro, esto no tiene mayor importancia. Por suerte, el enfoque no dogmático de la autora me alienta y me anima a avanzar a mi propio ritmo y descubrir mis propias verdades.

Posiblemente, la verdad ayurvédica más relevante para los occidentales sea su énfasis en las comidas recién preparadas. No he encontrado ninguna otra cocina tradicional en la que esto se exprese con tanta claridad. Si usted padece de falta de energías, confusión mental, enfermedad o depresión, prescinda de las comidas rápidas, la comida basura, las sobras, las comidas de restaurante y los alimentos enlatados o congelados.

Para los lectores que busquen solo recetas vegetarianas, *Cocina para los doshas – Recetario ayurvédico para cada constitución* es un libro efectivo, pues las que contiene son excelentes y factibles. Pero al igual que un pastel de muchas capas, ofrece mucho más. Veamos brevemente esos estratos.

Es una introducción fácil al ayurveda. Aplicar principios ayurvédicos a la dieta nos permite corporizar e integrar, literalmente, esos principios, y proporciona una filosofía útil para entender a los otros y al reino natural.

Gracias a los símbolos que acompañan cada receta, este libro es también una guía útil para las estaciones. Hedonista como soy, los alimentos de temporada son más frescos y, por lo tanto, más sabrosos. Por añadidura, es más probable que sean propios de la región; comer alimentos de proximidad ayuda a la economía local. Puesto que todos habitamos un tiempo y un entorno determinados, pienso que preferir los alimentos de proximidad y de temporada favorece nuestra capacidad de estar presentes en este tiempo y este entorno determinados.

Cocina para los doshas – Recetario ayurvédico para cada constitución es un don del cielo para quienes sufren de alergias a determinados alimentos y/o enfermedades degenerativas. Según las palabras de Hipócrates, el padre de la medicina: «Deja que el alimento sea tu remedio, deja que el remedio sea tu alimento». Cocinar según el ayurveda y con el aporte de Amadea para ciertos trastornos específicos (véanse los apéndices) permite esta delicada armonización de la comida a la propia constitución individual y, por lo tanto, el retorno de la buena salud o su mantenimiento.

Un último motivo por el que *Cocina para los doshas – Recetario ayurvédico para cada constitución* se sostiene tan armoniosamente es la generosidad con la que se da la autora. He tenido la fortuna de partir el pan con Amadea y puedo testimoniar que el libro es un buen reflejo de su bondad y su sabiduría geocéntrica. Como lector, usted se sentirá cómodo y a gusto en la terrenal y saludable cocina de Amadea. Adelante, pase.

REBECCA WOOD
AUTORA DE NUMEROSOS LIBROS SOBRE ALIMENTACIÓN SALUDABLE, COMO *THE NEW WHOLE FOODS ENCYCLOPEDIA* [LA NUEVA ENCICLOPEDIA DE ALIMENTOS INTEGRALES].

INTRODUCCIÓN

Desde hace once años exploro y cocino con ayurveda, la «ciencia de la vida». Me sentí por primera vez atraída hacia este antiguo sistema de curación en 1983, como nutricionista occidental a la búsqueda de un entendimiento más profundo de cómo curan los alimentos. Me entusiasmó el énfasis que el ayurveda pone en la importancia terapéutica de la comida y su visión sistemática de diferentes alimentos para diferentes personas. La manera en que el ayurveda se centra en cada persona como individuo único, en condiciones únicas, hizo girar lentamente mi práctica de la nutrición en unos doscientos cuarenta grados. En mis veinte años de práctica me había sentido especialmente atraída por la nutrición terapéutica, la comida y la curación; por eso fue natural que el ayurveda me atrajera.

La cocina desempeña un papel prominente en este sistema de la India oriental, que tiene cinco mil años de antigüedad y utiliza otras terapias diversas, tales como el yoga, la meditación, la astrología y la curación por piedras preciosas. Puesto que la comida y la digestión son tan importantes para el ayurveda, este considera esenciales los alimentos frescos, livianos, sabrosos y fáciles de digerir, tanto para la vida cotidiana como para cualquiera de los regímenes curativos que uno pueda iniciar.

Las dietas ayurvédicas hacen uso generoso de todo un espectro de hortalizas frescas, frutas, cereales, legumbres y leche. Juegan con las hierbas y las especias tal como un pintor lo haría con los colores de su paleta. Estas hierbas y especias, a menudo presentes en la cocina común, como el jengibre fresco, el cardamomo, la canela, el comino, el coriandro o el hinojo, se utilizan para ayudar al agni, el fuego digestivo que llevamos dentro.

A medida que esta disciplina va ganando popularidad, aumenta la gente que quiere cocinar a la manera ayurvédica. Sin embargo, los recursos para aprender a hacerlo han sido limitados. Este fue uno de los motivos para crear este libro. Quería ayudar a que la gente fuera capaz de crear comidas curativas para sí misma, con alimentos familiares y sanos. A menudo las palabras «cocina ayurvédica» evocan (¡si acaso evocan algo!) el aroma de delicados curris de hortalizas, suaves *kichadis*, *chapatis* calientes, ligero arroz basmati. Y estas son, de hecho, las piedras fundamentales de la cocina tradicional ayurvédica de India. Pero la cocina ayurvédica puede abarcar una amplia variedad de otros tipos de platos vegetarianos, siempre que sean frescos, fáciles de digerir, no fermentados y preparados con amoroso esmero. De hecho, uno de los principios del ayurveda es utilizar plantas, hierbas y alimentos de la propia región. Es probable que preparar una comida ayurvédica curativa sea mucho más fácil de lo que el lector haya imaginado. Y puede incluir mucho de sus viejos platos favoritos de la infancia, debidamente preparados.

El ayurveda considera que la comida afecta tanto la mente como el cuerpo. Al aprender a preparar los alimentos más adecuados para nuestra mente y nuestro cuerpo, es posible hacer de la nutrición una fuente de sanación más profunda. La dieta de cada uno está mayormente bajo su propio control, a menudo más de lo que creemos: nadie puede comer por nosotros. Esto nos brinda un profundo poder, cuando comprendemos «que nuestras propias cacerolas son herramientas sanadoras» como dijo cierta vez mi amigo Chandrakant.

Una vez que se captan en la práctica los conceptos de cómo preparar comidas vegetarianas frescas y livianas a la manera ayurvédica, la celeridad con la que se puede curar y equilibrar suele ser tremendamente alentadora. El ayurveda reconoce que los trastornos tienen diferentes causas: genéticas, congénitas, metabólicas, etcétera. Según sea la causa, la dieta originará una asombrosa diferencia en algunas afecciones, mientras que en otras solo puede ofrecer alivio para ciertos síntomas. No obstante, dada la ayuda que le he visto brindar, en mis dos décadas de práctica ayurvédica, a individuos cuyas circunstancias variaban ampliamente, instaría al lector a intentarlo.

Es mi esperanza que usted alcance a entender la simple belleza de la cocina ayurvédica y pueda aplicarla fácilmente a su vida. Le deseo una creciente confianza al crear sus propias recetas ayurvédicas. Con el tiempo, es posible que sea capaz de componer una comida «ayurvédica» en un restaurante japonés o mexicano, por ejemplo, según su comprensión de cómo comer a la manera ayurvédica se vaya tornando cada vez más clara. Para quienes hayan desarrollado el gusto por la cocina de la India oriental, mi deseo es que este libro les ofrezca un puente entre tradiciones culinarias y amplíe la comprensión de estos principios aquí, a Occidente. Hay muchas personas que conocen el ayurveda y su cocina mejor que yo, numerosos temas que aún quedan por explorar. Ojalá este libro de cocina sirva como trampolín a otros, para que se zambullan más a fondo y logren un alcance más amplio.

El ayurveda es una medicina basada en la tierra, con sus cimientos en la naturaleza. Contempla la curación de una manera muy diferente de aquella a la que los occidentales estamos habituados. Para dar un ejemplo de otro sistema curativo basado en la tierra: a menudo los occidentales imaginamos que los «señores del tiempo» nativos controlan el clima y ordenan que llueva aquí o allá, por así decir. Nada podría estar más lejos de la verdad. Aquí no existe una relación de control ni de poder; los meteorólogos no hacen que las fuerzas de la naturaleza obedezcan sus órdenes de un modo particular. Antes bien, es un proceso amistoso y cooperativo. La gente del tiempo trabaja con amigos. Estos amigos son energías naturales no humanas, espíritus de la naturaleza o como se prefiera llamarlos. Puesto que son amigos desde hace mucho tiempo, responden a los pedidos del meteorólogo, que les respeta su independencia. No es una relación jerárquica ni de superioridad. Se trata de varios seres que trabajan en unión.

En la medicina occidental, el enfoque es «hacer» que nuestros cuerpos estén bien mediante píldoras, inyecciones, radiación, etcétera. Pero cuando uno trabaja en verdad de una manera ayurvédica, no es eso lo que se hace. Uno entabla amistad con su cuerpo, su vehículo, de manera que los dos puedan coexistir sin tensiones. Ni al cuerpo ni a los espíritus de la naturaleza les gusta que se los zarandee de un lado a otro. Quizá usted ya está involucrado en un enfoque ayurvédico, o quizá no. En todo caso, antes de meterse esa fórmula de hierbas ayurvédicas en la boca o hervir su próxima sopa, piénselo mejor. ¿Cuál es su intención? ¿Qué está haciendo, cómo trabaja consigo mismo?

Curar y equilibrar hacen aflorar, inevitablemente, temas más profundos sobre la relación del ayurveda y la comida con el planeta y su salud en estos tiempos. Para mí es una intensa preocupación; por eso he incluido a lo largo del texto, en recuadros, pensamientos e información sobre la Tierra y sus seres. Mi gran esperanza es que estas cuestiones y búsquedas resuenen con las del lector, de algún modo, pues todos vivimos juntos en este mundo cada vez más frágil. En sus aspectos más profundos, el ayurveda es la ciencia de cómo vivir en armonía tanto con el propio cuerpo como con nuestro planeta.

Algo que el Dalai Lama escribió el año pasado, en su prólogo a *Tibet: Reflections from the Wheel of Life* [Tibet: reflexiones desde la rueda de la vida], hizo que un acorde grave resonara en mí. Dijo: «Como el loto que crece lozano en el lodo, el potencial para la realización crece en el rico suelo de nuestra vida cotidiana». Cocinar, limpiar, respirar, cómo respondemos uno ante otro, son todas partes de este suelo.

Esta obra es para mí una especie de revelación: un desafío para profundizar más y la esperanza de que este libro se conecte con espíritus afines donde quiera que se necesite. Gracias por unirse a mí.

AMADEA MORNINGSTAR
SANTA FE DE NUEVO MÉXICO
ABRIL DE 1994

PRIMERA PARTE

Entender la cocina ayurvédica

Es importante entender que el ayurveda es una ciencia curativa. La manera de comer se considera una importante herramienta terapéutica, una de las cosas más importantes que se puedan hacer para ayudarse desde una perspectiva ayurvédica.

En este tipo de cocina, primero es necesario regularizar la absorción, la asimilación y la eliminación. Esta es la ofrenda más importante que un cocinero ayurvédico puede hacer: compartir comidas fáciles de digerir. Como «comensal» ayurvédico, su primer objetivo es ser capaz de tomar bien y con facilidad lo que esté comiendo.

A continuación se trabaja (tradicionalmente, con un profesional ayurvédico) para corregir cualquier desequilibrio que lo requiera (su *vikriti*). Luego puede escoger los alimentos más adecuados para su constitución física (su *prakriti*: vata, pitta, kapha). Pero tal como me dijo cierta vez el doctor Sunil Joshi, médico ayurvédico reconocido internacionalmente, con mucha bondad y énfasis: primero hay que atender el apetito, la digestión y la eliminación. Luego, trabajar para equilibrar los puntos más sutiles de la constitución.

Para hacer esto, el primer paso es seguir una dieta sátvica (pura, fresca), evitando en general los alimentos rajásicos (picantes) y tamásicos (en mal estado). Los alimentos sátvicos son frescos y ligeros; ayudan a despejar la mente. Para mayor información sobre sattva, rajas y tamas, véase página 27.

Así pues, lo más importante es comenzar a comer alimentos más frescos y puros. Esto se refiere también a lo que esté, en lo posible, libre de aditivos, conservantes y pesticidas. Una vez que usted crea dominar la mayor parte de la danza, puede empezar a tomar en cuenta algunos de los puntos más sutiles de la dinámica alimenticia ayurvédica. El ayurveda aprecia la comida desde varias perspectivas. Es importante el sabor (*rasa*) de una comida: si es dulce, ácido, salado, amargo, astringente o picante. Cada uno de estos seis sabores tiene efectos diferentes sobre el cuerpo. Y la comida ejerce diversos impactos sobre el cuerpo, desde el momento en que se la prueba por primera vez (*rasa*), luego cuando entra en su estómago (*virya*) y cuando ha sido absorbida (*vipaka*). Cada una de esas dinámicas se tiene en cuenta cuando el médico ayurvédico sugiere un alimento en especial. ¿Relajará al paciente, lo estimulará, le dará calor o lo suavizará? Cada una de estas preguntas es importante.

En el ambiente terapéutico ideal, el individuo que trabaja con una manera de comer ayurvédica puede tomar alimentos calmante a la vez para la mente y el cuerpo. (Contrastemos esto con lo que sucede en muchas partes de nuestro mundo, donde hay que tener suerte para comer algo, lo que sea). Y contrastemos esto con la comida típicamente disponible y publicitada en numerosos países. La amplia mayoría de productos de los que podemos disponer en este planeta son sátvicos con vipaka dulce. Estos son también los preferidos desde el punto de vista ayurvédico (véase Tabla 5, página 43). Sin embargo, en la dieta norteamericana, a menudo y repetidamente se nos da —o preferimos— alimentos que no son sátvicos ni de fácil digestión: como ejemplos familiares: quesos duros, helado y alimentos a base de tomate. Nos gustan tanto que es necesaria mucha perseverancia para dirigirnos hacia otros. Y esto es gran parte de lo que deseo ofrecer aquí: formas relativamente sencillas de comenzar a dirigir nuestros hábitos hacia costas más saludables.

Un poco de orientación

Comienzo con un análisis de los cinco elementos, clave para la práctica de la cocina ayurvédica. Luego viene una explicación de la comida y algunos de sus efectos sobre la digestión, incluido el efecto posdigestivo. Concluyo esta introducción a la cocina ayurvédica con una breve sección sobre la constitución. Hay muchos libros buenos sobre la constitución ayurvédica y no parece necesario repetirlos aquí. En la segunda parte del libro, «Jugando con la comida», se encuentran todas las recetas, con las que espero que el lector disfrute, tanto como cocinero como comensal.

En los Apéndices le espera mucha información. Si usted ha oído hablar de la constitución ayurvédica, prakriti, y siente curiosidad por empezar a aprender cuál es su tipo constitucional, en el Apéndice I encontrará información y un cuestionario para evaluarse. Si usted conoce su tipo de constitución, pero no está seguro sobre el tipo de comidas más adecuado para él, en el Apéndice II hay abundante información al respecto. En el Apéndice IV puede encontrar menús tridóshicos y calmantes para vata, para pitta y para kapha.

En la medicina ayurvédica, las alergias ocupan poca o ninguna atención. El ayurveda se desarrolló hace cuatro o cinco mil años, en un mundo muy diferente del actual. En ese entonces no producíamos elementos químicos por toneladas ni disparábamos armas radiactivas «para practicar». Estos actos han tenido un efecto perjudicial en todos los seres, incluidos los humanos. He visto que los antiguos enfoques ayurvédicos son de mucha ayuda en estos casos, en cuanto a fortalecer los sistemas inmunológicos y ayudar a que el estómago funcione con más efectividad. (Sin embargo, no puede sustituir el trabajo conjunto de las comunidades por detener los procesos destructivos que se dan en nuestro seno). En mi propia vida y práctica, hace varios años, comencé a utilizar las modernas dietas rotativas en conjunto con el ayurveda, para personas con sensibilidad a ciertos alimentos y/o al medio. En casos extremos, las dietas de rotación pueden ser especialmente útiles; por eso incluyo información en el Apéndice V, para quienes quieran trabajar con ellas. También dediqué algún tiempo a desarrollar estas comidas rotativas vegetarianas, porque los excelentes libros sobre alergias que conozco ofrecen poco y nada para los vegetarianos alérgicos. Debo decir, sin embargo, que la simple purificación de la dieta y el trabajar con un buen médico ayurvédico puede ser muy útil para aliviar las alergias ligeras y, en esos casos, la dieta de rotación puede resultar innecesaria. A este sistema de ayuda para las alergias se refieren títulos tales como «Plato para día de rotación 1». En el Apéndice V hay más información para quienes estén interesados.

Al luchar con mi propia sensibilidad a ciertas comidas y al moho, había vuelto, como años atrás, a comer ocasionalmente pollo o pescado, solo para mantener algún equilibrio nutritivo en mi interior. Debo agradecer al doctor Sunil Joshi, de Nagpur, diversas perspectivas y también su ayuda para descubrir cómo curar la candidiasis de un modo vegetariano. En la página 279 hay un resumen del enfoque ayurvédico a este trastorno. También debo agradecer a la doctora Shalmali Joshi su clara y bien basada revisión de este material para que fuera más exacto. (Cualquier error es mío, desde luego).

La terapia de polaridad es una práctica curativa cada vez más difundida en Occidente, basada en antiguos conceptos de la medicina ayurvédica y china. El año pasado tuve la suerte de enseñar en un programa de este tipo y me llamó la atención que hubiera tantas similitudes entre la polaridad y el ayurveda. Muchas de las recetas incluidas en este libro de cocina son adecuadas para un programa de polaridad. En el Apéndice VI he incluido alguna información sobre esta ciencia sanadora, con listas de recetas que pueden utilizarse en un programa de polaridad. Las indicaciones **PLATO DE POLARIDAD PARA DIETA PURIFICADORA** o **PLATO DE POLARIDAD PARA FORTALECER LA SALUD** al final de las recetas, informa que, además de ayurvédicos, son buenos como platos de polaridad.

Pero a fin de cuentas, la comida debe tener buen sabor. De hecho, esta es una premisa importante del ayurveda. Por lo tanto, ¡que aproveche!

Los cinco elementos (*pancha mahabhutani*)

En el núcleo del ayurveda están los cinco elementos, *pancha mahabhutani*. Nuestro cuerpo está hecho de esos cinco elementos, y al morir nos disolvemos nuevamente por medio de ellos. Componen nuestra comida, nuestra vivienda, nuestra ropa. Cada uno de ellos sustenta el curso de nuestra salud y curación. Los elementos son una clave importante para entender cómo se estructura el ayurveda, pues apuntalan el sabor, la constitución y todas las funciones físicas. Algunos lectores se preguntarán qué relación tienen los cinco elementos con la salud y el cuerpo. Si bien he dicho que uno y su cuerpo es parte de la naturaleza, ese no es el punto de vista en el que muchos nos hemos criado. Desprenderse de las viejas ideas de separación alentadas por la cultura occidental puede ser todo un desafío. Respondemos a las leyes de los elementos, como todos los seres y todas las cosas, lo sepamos o no.

Por ejemplo: supongamos que usted sale de acampada y enciende una fogata. La hoguera se hace demasiado grande y llameante. Para reducirla puede usar agua o tierra, hasta devolverle la magnitud que necesita. Si quiere apagar el fuego por completo, utiliza mucha tierra o agua para sofocarlo. Así aplica las leyes básicas de los elementos. Las mismas leyes operan dentro del cuerpo. Si el fuego interior se torna demasiado potente, desequilibrado, provoca ardor y dolor bajo la forma de úlceras, inflamación o fiebre. Para aplacar esta hoguera furiosa se necesitan más fluidos y alimentos dulces, terrestres. Si usted toma estos en demasía, puede sofocar por completo su fuego digestivo y necesitará comenzar nuevamente a avivarlo. Así es como trabaja la medicina ayurvédica.

¿Cuáles son, pues, esos cinco elementos? El éter (*akash*), el aire (*vayu*), el fuego (*tejas*), el agua (*ap*) y la tierra (*prithvi*). El éter o akash es el elemento que permite la manifestación de todos los demás. Se relaciona con el espacio, el vacío, el universo en eterna expansión. La filosofía samkhya dice que el éter surge directamente de la realidad no manifestada, a través del sonido silencioso de Om. Fue el primero en manifestarse, el elemento que luego se manifestó como todos los otros. El espacio proporciona el lugar para que todo suceda. El éter se manifiesta dentro del cuerpo como nuestro «espacio»: vejiga, pulmones, estómago y hasta los espacios interiores de nuestras células. Sin él careceríamos de lugar para funcionar en este reino. Por lo tanto, es un principio básico para toda manifestación: necesitamos dentro de esta dimensión una «plaza de aparcamiento» donde aterrizar. En las tradiciones indígenas americanas se honran las Cuatro Direcciones, lo Alto y lo Bajo. En esta glorificación se describe el espacio, el vacío, el elemento éter. El éter desempeña un papel en el sabor amargo y en el tipo constitucional vata (¡No, vata y «caso espacial» no son lo mismo! Solo a veces).

El segundo elemento, el aire (*vayu*), se mueve como el viento: rápido, incansable, en cambio constante. Y como nuestra mente: rápida, incansable, en cambio constante. Sin detenerse nunca, sin pausa, siempre en movimiento. Como el éter, es fresco, ligero y seco. «El aire es el éter en acción», como ha dicho el doctor Vasant Lad. Desde una perspectiva ayurvédica, el aire subyace en todas las funciones corporales, puesto que es lo que mueve las sustancias y los procesos. Está íntimamente involucrado con las funciones de la mente, el sistema nervioso, los intestinos. Activa los sentidos (a través del sistema nervioso) e inicia la mayoría de las transformaciones biológicas. Los indígenas de América del Norte llaman al viento «cotilla», pues se mueve siempre en derredor, esparciendo noticias de todo el mundo, si uno se da tiempo para detenerse y escuchar. Como el viento, el aire es el mensajero, en todas las partes del cuerpo. De hecho, es el mensajero de los cinco elementos y actúa entre ellos. Si por algún motivo el elemento aire se ve impedido dentro del cuerpo, se pueden producir detenciones, bloqueos y errores de comunicación. Si es demasiado potente, podemos estar todo el tiempo a todo correr: la mente, la boca o los intestinos. El elemento aire está presente en tres sabores: picante, amargo y astringente. Y desempeña un papel importante en la constitución vata. A veces se encuentran individuos (o instituciones) que gustan de los vientos fuertes. Cuando el viento sopla con fuerza todo parece dramático, estimulante. Cuando el viento se calma, también lo hace el ambiente que nos rodea, tornándose más apacible. No a todos les gusta esa serenidad. Algunos prefieren el estímulo y la tensión del vendaval. Hay quien intenta agitar el elemento aire creando una gran conmoción de cualquier pequeñez. Esto puede aumentar el entusiasmo, pero también el miedo y la ansiedad. La televisión funciona mucho según este estilo, en la manera que tiene de cubrir hechos y problemas.

El tercer elemento, fuego (*tejas*) es energía transformadora. Puede convertir las hortalizas crudas en sopa o el cereal en postre. En el ayurveda, es la fuerza que nos permite digerir los alimentos bajo la forma de fuego digestivo, *agni*. Con la debida cantidad de fuego presente en el cuerpo, en equilibrio con los otros elementos, digerimos bien y con facilidad. Si hay poco, los alimentos se asientan allí, en el vientre. Si hay demasiado, los alimentos pueden pasar con excesiva celeridad o con reacciones inflamatorias. El fuego nos calienta. Puede conservarnos o destruirnos. El ayurveda lo tiene en mucha estima por su acción creadora, su capacidad de hacer que el grano crudo, relativamente incomestible, se convierta en un plato fácilmente asimilable. Es el fuego lo que da luz a los ojos, brillo a la mente, calor al vientre. La luz del sol es el fuego de nuestro sistema solar, el sustento de nuestros mundos. El fuego desempeña un papel en tres sabores: ácido, salado y picante. Está íntimamente vinculado con el tipo constitucional pitta. Tiene la capacidad de estimular (o quemar) el crecimiento potencial de las semillas. Por ejemplo: después de un incendio, en la pradera pueden brotar flores silvestres que no se habían visto en veinte años. Estas especies, por largo tiempo dormidas, se vieron impulsadas a crecer por el calor del fuego. Por otra parte, ese grano de maíz que ennegreció sin reventar en el fondo de la sartén jamás dará nacimiento a una nueva mazorca, por más que uno lo plante y lo cuide. De modo similar, en situaciones de emergencia el cuerpo puede reaccionar con fiebre, para quemar las semillas de la enfermedad y la infección.

El agua (*ap*) fluye. Este cuarto elemento, el agua, es una parte enorme de nuestro globo, por el mucho espacio que ocupa en la superficie de la Tierra. Como el planeta en que vivimos, el cuerpo contiene grandes cantidades de agua, bajo la forma de muchos fluidos diversos, con funciones muy diferentes. La sangre, la saliva, la linfa, los jugos digestivos, todos son manifestaciones del agua. Cuando el agua es pura, la vida se mueve con suavidad y gozo. Cuando el agua es menos que pura, la inmunidad padece, la sangre puede volverse débil, los riñones funcionan con esfuerzo… y también uno mismo. Cuando hay demasiada agua podemos sentirnos arrastrados, hinchados o exhaustos. Cuando hay muy poca, nuestros tejidos pueden disecarse o envejecer antes de tiempo. El agua es una fuerza nutriente que favorece el crecimiento. Su presencia es visible en procesos donde el incremento va de unidad en unidad, en crecimiento estable. Es también un potente purificador. Cuando está en armonía con todos los otros elementos, produce lluvia, rocío, una saludable proporción de humedad. El agua fluye, necesita fluir. También es como un espejo: puede mostrarnos lo que necesitamos ver en nosotros mismos y en los demás. Tiene una fuerte presencia en los sabores dulce y salado. Se manifiesta en el tipo constitucional kapha y también en la prakriti pitta. Tras una lluvia intensa brotan semillas durante mucho tiempo escondidas. Esto puede ser una ventaja o un problema, según el tipo de esas semillas. Análogamente, el ayurveda tiene en cuenta qué tipos de semillas estamos nutriendo. Queremos regar las de la salud, no las de enfermedades.

El quinto elemento, tierra (*prithvi*) es una fuerza basal en la vida. Es el suelo en el cual vivimos, el hogar donde moramos, el territorio donde crecemos. La tierra es sólida y pesada; no se mueve con rapidez. Proporciona base a nuestras creaciones. Es la sustancia sólida de lo que somos, el meollo, los huesos, los dientes y la piel. Cuando falta tierra en el cuerpo es fácil perder el rumbo. Cuando el elemento tierra abunda demasiado, es fácil quedar atascado o repetir los mismos programas y rutinas, una y otra vez. A la tierra no le resulta fácil cambiar. Para hacer sus movimientos requiere ayuda del aire, el fuego y el agua. Un terremoto se prepara a lo largo de años. El elemento tierra aparece en los sabores dulce, ácido y astringente. Y en el tipo constitucional kapha. La comida, en general, tiene mucho de tierra. Por eso, si comemos demasiado, ingerimos demasiada tierra; entonces es probable que aumentemos nuestra masa y/o apaguemos el fuego digestivo. (Piense usted en la indecorosa flatulencia que probablemente nunca ha experimentado después de un guiso demasiado ambicioso). Para una vida saludable es necesario utilizar cada uno de los elementos en la debida proporción.

Si bien hemos tomado cada elemento uno por uno para que se entienda mejor, en realidad funcionan juntos en la creación del mundo natural. Hay polvo en el viento. La lluvia no se origina solo gracias a la fuerza del agua, sino en conjunción con el aire y la tierra. De igual modo, cuando digo, por ejemplo, que el fuego es una parte importante en la constitución pitta, quiero decir que desempeña un papel preponderante o fuerte. Pero en una persona de constitución pitta se encuentran todos los elementos, no solo el fuego. Los cinco elementos (*pancha mahabhutani*) constituyen un todo.

El doctor Sunil Joshi, en una reciente serie de conferencias que dio en Santa Fe sobre el ayurveda y panchakarma, dio un buen ejemplo de cómo participan los cinco elementos en el proceso de crecimiento. Imaginemos una semilla, pequeña y dura. La plantamos en la tierra. Cuando akash, el éter, entra en ella, iniciando el proceso de crecimiento, la semilla empieza a expandirse hacia todos lados con la humedad de la tierra. Esa expansión es la naturaleza de akash, el éter. Luego vayu, el aire, aparece en el proceso, según el brote emergente comienza a cambiar de rumbo y se mueve en una sola dirección. El aire empieza a limitar la expresión del éter. Y con el aire viene el cambio y el movimiento en una sola dirección. Cuando tejas, el fuego, interviene en la ecuación, revienta la cobertura externa de la semilla. Para eso es preciso que se produzca una alteración del pH; la semilla debe tornarse más ácida y su temperatura elevarse. La acidez y el calor son propiedades del elemento fuego. Luego el diminuto brote, según se abre paso por la tierra, aumenta en masa y volumen, unidad por unidad, en tanto incorpora más fluido. Este incremento gradual y la incorporación de fluido son cualidades del elemento agua, ap. Prithvi, el elemento tierra, es visible según la planta madura hasta convertirse en un árbol completo, con raíces profundamente arraigadas y una corteza fuerte y sólida. La misma secuencia de hechos se ve en cualquier proceso natural. En ayurveda, los cinco elementos son los elementos principales con los que trabajamos, y su secuencia nunca cambia. Los cinco elementos lo crean todo.

TABLA 1. LOS ELEMENTOS Y LOS SENTIDOS [1]

ELEMENTO: ÉTER
Sabor: amargo
Constitución: vata
Sentido: oído

ELEMENTO: AIRE
Sabor: amargo, astringente, picante
Constitución: vata
Sentido: tacto

ELEMENTO: FUEGO
Sabor: picante, ácido, salado
Constitución: pitta
Sentido: vista

ELEMENTO: AGUA
Sabor: salado, dulce
Constitución: kapha, pitta
Sentido: gusto

ELEMENTO: TIERRA
Sabor: dulce, ácido, astringente
Constitución: kapha
Sentido: olfato

---

1.   Un buen análisis de los elementos y los sentidos se encuentra en *Ayurveda: la ciencia de curarse uno mismo*, del Dr. Vasant Lad.

Comida y mente: sattva, rajas y tama

El ayurveda abarca la persona entera: alma, mente y cuerpo. Se sabe que cada una de ellas impacta sobre las otras. Prácticamente, cuando se cocina con ayurveda, el cocinero tiene en cuenta el impacto de la comida, no solo sobre el cuerpo, sino también sobre la mente. Se supone que, con la mente clara y el cuerpo sano, es más fácil cumplir también con los propósitos del alma. En estos tiempos, cuando gran parte de los medios culturales mediáticos parecen ideados para confundir en vez de esclarecer, para atontar o embrutecer en vez de incitarnos a un verdadero servicio, cobra especial importancia el esfuerzo propio por mantenerse despejado y vivaz. Las exigencias de la vida, a fines del siglo xx, son ya lo bastante enloquecedoras sin que empeoremos las cosas.

Así expuestas mis raíces, me gustaría hablar un poquito sobre el enfoque ayurvédico de la comida. Puesto que se tiene a la mente como constructora, observémosla primero. Tal como ha dicho el doctor Sunil Joshi: «La mente tiene tres propiedades: *sattva*, *raja* y *tama*. Las tres están contenidas, no en una sola mente, sino en todas. Cualquier cosa de este mundo debe contener estas tres propiedades para existir… Sattva nos da curiosidad, capacidad de pensar, deseo de despertar. Raja, el impulso de reorganizar, de trabajar y empujar, de manifestarnos. Tama nos brinda el deseo de detenernos y descansar. ¡En algún lugar debemos parar!» En la manifestación de todo proyecto necesitamos de sattva para diseñar el plan, de raja para reorganizar e iniciar su manifestación física, y de tama para darlo por terminado en vez de continuar construyendo eternamente. En la cocina, cuando se manifiesta sattva, una planea el menú, abre las ventanas, limpia la casa y enciende las velas para los invitados. Con raja se prepara la comida, se hacen los preparativos finales y se pone la mesa. Con tama se dice: «¡Basta! ¡Ya está bien de cocinar! ¡Sentémonos a comer!»

En ayurveda también se utilizan los alimentos para respaldar y sacar a relucir estas tres cualidades de la mente. Los alimentos que apoyan a sattva se califican como sátvicos; los que atraen a raja son rajásicos, y aquellos que incrementan a tama, tamásicos.

Los alimentos más valiosos son los que ayudan a mantener la mente clara y concentrada. Son sátvicos por naturaleza; es decir, inspiran la verdad. Entre los productos sátvicos se incluyen la mayoría de las hortalizas y las frutas frescas, casi todos los cereales recién preparados, un buen número de judías, la leche, la nata dulce, el yogur recién hecho, la leche materna, el *ghee* y la mantequilla consumidos con moderación, muchos frutos secos, las semillas y los aceites prensados en frío, además de buen número de edulcorantes naturales. Esto no equivale a decir que quien siga esta dieta se tornará instantáneamente incorruptible, pero si la intención del lector es lograr claridad y mantenerla, estas viandas ayudarán. Calman la mente y colaboran para establecer un sendero medio entre la confusa variedad de dietas que se nos ofrecen. En la Tabla 2 hay una lista detallada de alimentos sátvicos.

Comer de manera sátvica tiene un efecto definido sobre cada tipo constitucional. En vata, el fortalecimiento de sattva tiende a fomentar un estado más apacible en la mente y en el cuerpo. En pitta, facilita el control de la impaciencia y la irritabilidad, realzando también en este caso la calma y la paz. En kapha, una dieta sátvica refuerza la ligereza y la flexibilidad, además de fortalecer la innata quietud mental de kapha.

En lo que respecta a la energía, los alimentos rajásicos estimulan el fuego, el movimiento hacia fuera, la creatividad, la agresión, la pasión. Son aptos para agitar problemas o espolear a los dragones interiores. Tradicionalmente, el ayurveda los recomendaba para los guerreros antes de la batalla. Un poco de ellos podría ser útil si el lector fuera a librar combate con un burócrata atrincherado en la tradición, por ejemplo, a fin de salvar un bosque antiguo. Sin embargo, si su intención principal es mantener la calma y limitarse a los puntos más razonables, persuadiendo mediante la profundidad, la integridad y la pura persistencia, los alimentos sátvicos le servirán mejor. Los alimentos rajásicos pueden avivar la lengua, pero a veces dejan atrás al cerebro. Entre ellas se incluyen casi todos los alimentos fermentados, incluidos el yogur o el kéfir que no están recién hechos, el ajo, todo tipo de pimientos, los huevos, los quesos, el azúcar blanco, casi todos los edulcorantes, algunas judías, los aguacates, la sal, los rábanos picantes, los cítricos, el cacahuete, la fructosa y otros productos enumerados en la Tabla 2.

Antes de correr al refrigerador para tirar a la basura todas esas viandas ofensivas, permítame usted que interceda. En las comidas se pueden usar estos productos en pequeñas cantidades; realzarán el sabor sin provocar mayores efectos perjudiciales. Por ejemplo: los médicos ayurvédicos, en su mayoría, no considerarán excesivo incluir un par de dientes de ajo por persona en la semana. Los aguacates pueden ser excelentes para proporcionar calor y asidero, en las circunstancias adecuadas. No obstante, si usted vive a base de café, pimientos verdes, catsup o azúcar, le conviene revisar su manera de comer. Es posible que su «factor agresivo» sea alto.

Hablando de agresión, pasemos a esa tercera categoría de alimentos ayurvédicos que tienen un gran impacto en la mente: los tamásicos. Los productos tamásicos son los que aumentan la oscuridad y la confusión interiores. Son buenos para entorpecer, deprimir, ralentizarnos y fortalecer la inercia. La mentalidad «teleadicta» es un ejemplo adecuado de estado tamásico. Entre los alimentos tamásicos se incluyen la mayoría de las comidas rápidas, los fritos, los platos congelados, lo cocido a microondas, los alimentos procesados, las sobras del día anterior, el alcohol, las drogas, los productos químicos, las cebollas, las setas, la grasa, la carne roja, el pescado y las aves. Una vez más, antes de atacar a su amigo (o a usted mismo) por estar comiendo esa tortilla de setas, tranquilícese. Respire hondo. Este asunto de lo *adhidaivico* (sátvico-rajásico-tamásico) tiene sus grados. Las setas cocidas al vapor tendrán un efecto mucho más suave sobre el funcionamiento mental que un bistec congelado y luego frito, recongelado, calentado en el microondas y acompañado con un generoso combinado Manhattan.

Y antes de regañarse por esa última comida congelada que utilizó, aminore la marcha. Esto es información que usted puede aplicar en su propio beneficio, no contra sí mismo. (En estos días mi hija, que tiene cuatro años, ha adquirido una intensa pasión por los animalillos de tofu y pavo, que están muy lejos de ser lo ejemplar). Si usted siente ansias de alimentos frescos, hágase caso. Y si descubre que el congelador está cada vez más vacío, sabrá que va por el buen camino hacia un estilo de vida más sano.

Es fácil decir esto con la barriga llena y contenta. Pero ¿qué pasa cuando uno está desesperado por pasarse el día frente al televisor comiendo pizza? No es el fin del mundo. Confíe en sí mismo y escoja. Es como estar en una clase de pintura y recibir una recomendación del profesor, algo así como: «Si pones un poco más de rojo en esta parte le darás profundidad». Estupendo, podemos poner un poco más de rojo, pero eso no significa que debamos pintar todo el cuadro de rojo. Puede haber contrastes, juegos de luz. ¡Hacen falta! No es necesario que todos los productos de la dieta sean sátvicos, a menos que lo deseemos así. Si la mayor parte de lo que escogemos es sátvico, ya estará muy bien.

Si echamos un vistazo a nuestra cultura actual, veremos que la población general come tremendas cantidades de productos rajásicos y tamásicos: catsup, hamburguesas, patatas fritas, comidas congeladas, yogur procesado, etcétera. Actualmente comemos muy pocos alimentos frescos. Desde una perspectiva ayurvédica, existe una conexión entre la manera de comer y la manera de actuar, el nivel de violencia, crimen y depresión como pueblo.

Para cerrar, si he de dirigirme al lector como individuo, soy alguien que ha encontrado la comodidad en las categorías. Las categorías pueden ser útiles, pues nos permiten saber cuál es nuestra posición en ciertos territorios. Pero a veces, en lugar de ayudarnos a entrar sin peligro, nos cargan de problemas, nos impulsan a enmarcar experiencias de vida que estarían mejor sin marco. Estas categorías particulares, sattva, rajas y tamas, son el núcleo, lo esencial, en la mayoría de los enfoques de la cocina ayurvédica. Pero son solo categorías. Permita usted que sean sus amigos, no sus amos.

ALIMENTOS SÁTVICOS, RAJÁSICOS Y TAMÁSICOS

ALIMENTOS SÁTVICOS

Acelga
Albaricoque
Albaricoque, hueso de
Alcachofa
Alcachofa de Jerusalén
Algarroba
Alholva, brotes de
Almendras
Judías negras
Amaranto
Anacardo
Apio
Arándano
Arce, jarabe de
Arroz
Arroz basmati
Arroz salvaje
Avellana
Avena
Berro
Boniato
Brécol

Brotes de alfalfa
Brotes de todo tipo de judías
Calabacín
Calabaza
Calabaza de invierno
Calabaza de verano
Melón cantalupo
Caña de azúcar, cruda
Castañas
Cebada
Cereza ácida
Cereza dulce
Chirivía
Ciruela ácida
Ciruela dulce
Ciruela pasa
Coco maduro
Coco verde
Col
Col rizada
Col roja
Col verde

Coles de Bruselas
Coliflor
Colinabo
Colinabo sueco
Dátil fresco
Dioscórea china
Endivia
Escarola
Espárrago
Espinaca
Flores comestibles (si el sabor
es dulce)
Frambuesa
Logana
Fresas
Judía tépari
Ghee, con moderación
Girasol, semillas de
Granada
Guisantes
Haba
Higo fresco
Higo seco
Judía blanca
Judía de careta
Judía de manteca (con
moderación)
Judía mungo, entera
Judía mungo, partida
Judías azuki
Judías pintas
Judías verdes
Leche materna
Leche (fresca, cruda y pura)

Lechuga
Lentejas negras
Lentejas rojas
Maíz fresco
Maíz seco
Mandarina dulce
Mango maduro
Mantequilla
Manzana
Melocotones
Melón rocío de miel
Miel cruda
Mijo
Mostaza, hojas de
Nabo
Naranja dulce
Nata dulce
Nectarinas
Nueces
Nueces de macadamia
Nuez de Brasil
Nuez inglesa
Nuez negra
Ñame
Okra
Papaya
Patata de cualquier color
Pacanas
Piña dulce
Piñones
Plátano, maduro
Polen de abeja
Pomelo
Quinua

Remolacha
Rúcula (con moderación)
Sandía
Sésamo (semillas enteras)
Sésamo (semillas sin cáscara)
Soja, judías de
Soja, leche de, (recién preparada)
Sorgo
Suero de leche
Teff

Trigo
Trigo sarraceno
Uva, pasas de
Uvas
Yogur fresco
Zanahoria
Zarzamora
Calabacín
Zumo de fruta (recién hecho*)

Alimentos rajásicos

Aguacate
Ajo
Alimentos fermentados de todo tipo
Azúcar blanco
Azúcar de dátil
Azúcar de caña
Azúcar moreno
Azúcar refinado
Berenjena
Cacahuete
Cacahuete, aceite de
Calabaza, semillas de
Caña azucarera, jugo de
Cualquier fruta enlatada y endulzada
Dátil seco
Encurtidos
Flores comestibles picantes
Fructosa
Garbanzos

Guayaba
Guisantes en exceso
Judías rojas
Helado
Huevo entero
Huevo, clara de
Huevo, yema de
Kéfir (no recién hecho)
Leche de soja envasada
Lentejas rojas
Levadura de cerveza
Lima
Limón
Malta, jarabe de
Mango (no maduro)
Melaza
Crema agria
Olivas negras
Olivas verdes
Pimiento picante
Pimientos
Pistacho salado
Queso duro sin sal

Queso duro y salado
Rábano picante
Requesón

Ruibarbo
Sal de todo tipo
Salvado de arroz, jarabe de

Suero de leche (no recién hecho)
Tomate
Vinagre
Yogur (no recién hecho)
Zumo de fruta embotellado
Alcohol
Alimentos congelados

ALIMENTOS TAMÁSICOS

Ave
Cabra
Carne roja
Cebolla cocida
Cebolla cruda
Cebolla verde
Cerdo
Comidas hechas a microondas
Comidas rápidas
Conejo
Cordero
Drogas
Chalota
Fritos
Grasa
Helado
Leche en polvo

Leche homogeneizada
Leche pasterizada
Margarina
Mariscos
Pavo
Pescado de agua dulce
Pescado de mar
Pollo
Proteína vegetal texturizada
Puerro
Setas de todo tipo
Sobras
Venado
Zumo de fruta congelado

Nota aclaratoria

Por favor, téngase en cuenta que estas categorizaciones de alimentos específicos pueden estar bajo discusión y de hecho, lo están. Hay saludables desacuerdos, incluso entre los clásicos ayurvédicos, en cuanto a las propiedades exactas de un alimento y otro. Algunos dicen que el ajo es tamásico; otros, que la cebolla es rajásica. La intención principal, en este caso, es dar una idea inicial de estos conceptos, con ejemplos concretos. Algunos de estos ejemplos pueden provocar discusiones entre los avisados o dogmáticos.

Comida y digestión: rasa, virya y vipaka

En la práctica ayurvédica, el sabor es una manera importante de evaluar la comida. El ayurveda considera seis sabores o rasas, que son: dulce, ácido, salado, amargo, astringente y picante. Rasa es el primer sabor que tiene la comida en la boca; se experimenta directamente a través de la percepción.

Cada uno de los sabores tiene cualidades diferentes que producen efectos distintos en el cuerpo. El sabor dulce (*madhura rasa*) es fresco, húmedo y pesado, y acentúa en nuestro interior esas cualidades. Si usted tiende a ser caliente y seco por dentro, lo dulce puede ser un buen contrapunto. Algunos alimentos de sabor dulce son: la miel, el jarabe de arce, las manzanas, la leche. A menudo el ayurveda utiliza un poquito de sabor dulce para calmar y suavizar un trastorno o para que actúe como vehículo para las hierbas medicinales amargas. Lo dulce es placentero, suavizante y relajante. Calma a vata y a pitta; en exceso, incrementa a kapha.

El sabor ácido (*amla rasa*) es caliente, húmedo y pesado en su acción corporal. Esto significa que los alimentos ácidos pueden incrementar el calor o la humedad dentro del cuerpo. Específicamente, lo ácido aumentará la salivación y el apetito. En exceso, puede agravar una úlcera (caliente) o un caso de retención de líquido (húmedo). Entre los alimentos ácidos se encuentran los encurtidos, la fruta cítrica, los tomates y el yogur. El ayurveda no suele recomendarlos, pero cuando lo hace a menudo es para calmar un exceso de aire. Por ejemplo: el yogur o el suero de leche frescos pueden ser recomendados a una persona liviana y huesuda que tenga muchos gases. Lo ácido calma a vata y, en exceso, desequilibra a pitta y a kapha.

El sabor salado (*lavana rasa*) es también caliente, húmedo y pesado, con una fuerte tendencia a la retención de agua. Entre los alimentos salados se encuentran las algas, la sal misma y cualquier producto que la contenga en exceso. El ayurveda utiliza la sal en cantidades moderadas para estimular el fuego digestivo y proporcionar arraigo, sobre todo para vata. Calma a vata y, en exceso, agrava a kapha y a pitta.

El sabor amargo (*tikta rasa*) es frío, ligero y seco. Hay pocos alimentos que sean exclusivamente amargos, lo cual bien puede ser una suerte, pues se dice que este sabor domina a todos los otros. Por lo general, lo amargo se presenta en pequeñas cantidades y se encuentra en las hierbas medicinales más a menudo que en los alimentos. Tiene una acción pronunciada sobre el cuerpo. Las verduras de hoja verde oscuro, la genciana y las tinturas amargas suecas son tres ejemplos de productos con una buena cantidad de amargor. Este sabor se utiliza para aligerar y refrescar el cuerpo. En cantidades moderadas, lo amargo despierta el apetito y se utiliza para despejar el paladar. En exceso, puede producir sequedad en la boca y en otros tejidos. Calma a pitta y a kapha y agrava vata.

El sabor astringente (*kashaya rasa*) es también frío, ligero y seco, pero con un efecto más suave que el amargo. Entre los alimentos con astringencia notable encontramos las granadas, el caqui y las frambuesas. Son apreciados por sus cualidades medicinales y por su facultad de calmar a los tipos constitucionales pitta y kapha. Los alimentos astringentes favorecen la claridad; en exceso pueden provocar dolor o rigidez y agravar a vata.

El sabor picante (*katu rasa*) es caliente, ligero y secante en su acción. Algunos alimentos picantes son: los pimientos, la cebolla y el ajo. Lo picante se aplica en pequeñas cantidades para estimular la salivación y el agni (fuego digestivo) así como para quemar parásitos o gérmenes no deseados. En exceso agrava a pitta y puede provocar dolor de cabeza y/o inflamación. El sabor picante ayuda a secar la humedad de kapha. Un poquito de picante es bueno para vata, pero en exceso puede irritar o secar a este dosha.

En ayurveda se suele decir: «Come amargo y astringente tanto como desees; toma lo dulce y lo salado en pequeñas cantidades, y todavía menos de alimentos ácidos y picantes». Se entiende que esto, a veces, se dice medio en broma, pues nadie, naturalmente, comería alimentos amargos o astringentes en grandes cantidades. Sin embargo, también es un asunto serio, que refleja la confianza de los médicos ayurvédicos en la sabiduría innata del cuerpo. Si ansiamos comidas astringentes o amargas, es probable que las necesitemos. Lo dulce y lo salado son fáciles de comer en exceso; por lo tanto, el ayurveda nos recuerda que debemos estar alerta. Entre lo ácido y lo picante se incluyen muchos alimentos que pueden inflamar o irritar los intestinos; por eso, desde el punto de vista ayurvédico, cuanto menos, mejor.

Si comparamos los sabores con diferentes lugares o climas, el sabor dulce podría ser como un viaje a un lago fresco en un día caluroso, mientras que lo ácido se parecería a una selva tropical. Al imaginar el sabor salado en acción, se puede pensar en el Golfo de México, frente a la costa de Florida. Y lo amargo actúa más o menos como los vientos del Polo Norte. El sabor astringente se parece más a una fresca brisa de otoño que a un penetrante vendaval de invierno, mientras que lo picante se comporta como los vientos del Sáhara a mediodía. Véase a continuación un resumen de la dinámica del sabor.

Tabla 3². Sabores (*rasa*)

SABOR: DULCE
Elemento: tierra, agua
Cualidades: pesado, húmedo, fresco
Con moderación equilibra: vata, pitta
En exceso, agrava: kapha

SABOR: ÁCIDO
Elemento: tierra, fuego
Cualidades: caliente, húmedo, pesado
Con moderación equilibra: vata
En exceso, agrava: pitta, kapha

SABOR: SALADO
Elemento: agua, fuego
Cualidades: pesado, húmedo, caliente
Con moderación equilibra: vata
En exceso, agrava: pitta, kapha

SABOR: PICANTE
Elemento: fuego, aire
Cualidades: muy caliente, ligero, seco
Con moderación equilibra: kapha
En exceso, agrava: pitta, vata

SABOR: AMARGO
Elemento: aire, éter
Cualidades: frío, ligero, seco

Con moderación equilibra: pitta, kapha
En exceso, agrava: vata

SABOR: ASTRINGENTE
Elemento: aire, tierra
Cualidades: frío, ligero, seco
Con moderación equilibra: pitta, kapha
En exceso, agrava: vata

Virya

Además de la respuesta inmediata que un alimento despierta en la boca, su rasa, también existe su pronta acción en nuestro aparato digestivo, su *virya*. Por lo general, virya se expresa en función de la temperatura, es decir: caliente (*ushna*) o frío (*sita*). Se descubre mediante la percepción directa (si la comida resulta caliente o refrescante al estómago), pero también por inferencia, observando su acción sobre el cuerpo. Los alimentos cuyos viryas son calientes suelen estimular la digestión, mientras que los de viryas refrescantes la ralentizan. Los alimentos picantes, ácidos y salados tienen, por lo general, viryas calientes. El yogur ácido fresco puede ayudar mucho a mover los intestinos, a eliminar con más efectividad. La medicina china aprecia mucho la pasta ácida *umeboshi* por su facultad de facilitar la digestión. Los alimentos dulces, amargos y astringentes suelen tener virya refrescante, lo cual significa que a veces pueden hacer que la digestión sea más lenta. Haga usted memoria y recordará alguna ocasión en que intentó agregar un postre dulce a una comida copiosa y este se quedó allí asentado, como una bola empapada. En momentos así uno agradece una tacita de infusión de jengibre recién hecha, con su calidez picante.

Virya actúa sobre el cuerpo desde el primer punto de contacto, cuando lo ponemos en la boca o sobre la piel, hasta que el cuerpo lo excreta. Según el profesor P. V. Sharma, en *Introduction to Dravaguna (Indian Pharmacology)* [Introducción a *dravaguna* (Farmacología india)] virya es de importancia primordial para evaluar la acción de los medicamentos y hierbas medicinales.

---

2. Extraído de *The Ayurvedic cookbook* [El libro de cocina ayurvédica], de Amadea Morningstar con Urmila Desai.

Es lo primero que se debe tener en cuenta. Por el contrario, rasa pesa más al evaluar la acción de los alimentos sobre el cuerpo. Además, si usted quiere saber cómo se comportaría un alimento en su organismo, fíjese primero en su sabor. Si cuestiona el impacto de una hierba en particular, tenga en cuenta su virya: si su acción lo calentará o refrescará.

Vipaka

Tenemos, pues a rasa, el sabor inmediato del alimento en la boca; a virya, su acción según avanza por el conducto digestivo, y finalmente a *vipaka*, el efecto posdigestivo de un alimento. Cuando el médico ayurvédico, después de tomar el pulso a un paciente, analiza qué comidas recomendarle, tiene muy en cuenta a la vez el sabor y el efecto posdigestivo. Los dos son importantes. El efecto posdigestivo es el impacto que ejerce el alimento en el cuerpo una vez que ha sido completamente absorbido y asimilado, no antes.

Por lo general, los médicos ayurvédicos trabajan con tres vipakas: dulce, ácido y picante. Son los tres vipakas utilizados en *Charaka*, el clásico texto médico del ayurveda. Sin embargo, en este punto las opiniones difieren. *Sushruta*, otra referencia clave en la práctica ayurvédica, utiliza solo dos vipakas y no reconoce el ácido, por ejemplo. Y para vigorizar las cosas aun más, algunos *vaidyas* trabajan con cinco vipakas, correspondientes a los cinco grandes elementos, mientras que otros utilizan seis, cada uno correspondiente a uno de los seis sabores. Pero como la mayoría de los vaidyas que podemos consultar tienden a emplear el sistema de Charaka, ese es el que utilizaremos.

Muchos de los alimentos tienen un vipaka dulce (*madhura vipaka*), que se considera beneficioso y calmante para el organismo. Los alimentos de sabor dulce o salado suelen tener un vipaka dulce, que calma y fortalece el cuerpo entero; por eso suele recomendarse a menudo. El trigo y el arroz son dos ejemplos. El vipaka dulce calma a vata y a pitta y aumenta a kapha. (Normalmente, el exceso leve se elimina, simplemente, con la orina y las heces. No sería prudente que kapha evitara los alimentos de vipaka dulce, pues son estabilizadores y vigorizantes. Lo que conviene es que kapha se limite a tomar estas comidas en raciones más pequeñas que quienes tienen otra constitución). El vipaka dulce es laxante, diurético y bueno para agregar peso a los huesos enjutos. Es apreciado por los tratamientos ayurvédicos para la fertilidad, pues incrementa la producción de semen.

Hay unos cuantos alimentos con vipaka ácido (*amla vipaka*). Son, por lo general, los alimentos que originalmente saben a ácido, como el mango ácido, el suero o la crema agria. (En la Tabla 5 página 43 hay una extensa lista de alimentos y vipaka). En grandes cantidades pueden ser calientes e irritantes para el organismo. Quien tenga una úlcera de duodeno podrá atestiguar el efecto perturbador que el tomate o el zumo de lima, alimentos de vipaka ácido, tienen sobre el intestino. Los alimentos de vipaka ácido incrementan especialmente a pitta y, utilizadas en exceso, con el tiempo pueden disminuir la fertilidad.

Algunos alimentos poseen un vipaka picante (*katu vipaka*). Por lo general, las comidas de sabor picante, amargo o astringente tienen vipaka picante, aunque otros también lo tienen. Estos alimentos son calientes y secantes, sobre todo para el colon. Pueden ser útiles para equilibrar a alguien de constitución fresca y húmeda, como la de kapha, y con este propósito se la emplea en pequeñas cantidades en gente sana. Pero para quien tenga el colon inflamado (colitis, digamos), una gran cantidad de estas viandas resultará contraproducente y hasta dolorosa. Algunos ejemplos de alimentos con vipaka picante son: quesos duros, encurtidos y chiles. El vipaka picante incrementa el vata. En exceso, causa estreñimiento y puede inhibir la eliminación de orina.

Vipaka, el efecto posdigestivo de un alimento, se descubre solo por inferencia, por su efecto final sobre el cuerpo. Esto puede resultar confuso o parecer intangible comparado con rasa o virya, que se pueden percibir o degustar directamente. Sin embargo, vipaka tiene, con el tiempo, un claro efecto sobre el cuerpo. Para clarificar el tema, el profesor Sharma brinda una buena comparación de las diferencias entre rasa y vipaka en su estupenda introducción a la farmacología india. Rasa es una sensación de sabor, mientras que vipaka es un estado de transformación metabólica. Con rasa hay una respuesta o reacción inmediata del gusto, mientras que la reacción a vipaka se retrasa. Rasa ejerce un efecto local y su impacto se limita al sistema digestivo. El efecto de vipaka es sistémico y tiene lugar después de que la comida ha sido metabolizada por completo. Rasa provoca una reacción psicológica inmediata, tal como placer, relajación y felicidad, o disgusto y consternación. Vipaka causa una reacción demorada de bienestar o molestia. Si comemos lo que nos conviene por un período de semanas o meses, experimentaremos progresivamente una satisfacción y un bienestar que aumentará con el tiempo. Eso es vipaka. Una reacción inmediata a un alimento sabroso, como: «¡Ah, qué buen postre!», es rasa. Rasa se puede experimentar directamente por el gusto; vipaka, en cambio, solo podrá ser deducido por sus efectos una vez que esté digerido. En la Tabla 4, de la página siguiente, hay un resumen de rasa, virya y vipaka.

Tabla 4. Sabores y efectos

Sabor (*rasa*): dulce
Efecto digestivo (*virya*): refrescante
Efecto posdigestivo: (*vipaka*): dulce

Sabor (*rasa*): ácido
Efecto digestivo (*virya*): caliente
Efecto posdigestivo: (*vipaka*): ácido

Sabor (*rasa*): salado
Efecto digestivo (*virya*): caliente
Efecto posdigestivo: (*vipaka*): dulce

Sabor (*rasa*): picante
Efecto digestivo (*virya*): refrescante
Efecto posdigestivo: (*vipaka*): picante

Sabor (*rasa*): amargo
Efecto digestivo (*virya*): refrescante
Efecto posdigestivo: (*vipaka*): picante

Sabor (*rasa*): astringente
Efecto digestivo (*virya*):
Efecto posdigestivo: (*vipaka*): picante

Para un análisis más profundo de los sabores y su relación con la constitución, véase *El libro de cocina ayurvédica*, de Morningstar y Desai. Para una buena cobertura de los sabores y sus interacciones con las cualidades de los alimentos, véase *Cooking for Life* [Cocina para la vida] de Linda Banchek.

Prabhava

El lector habrá notado que, en las secciones precedentes, he utilizado mucho las palabras «la mayoría», «a menudo» y «por lo general». Esto se debe a que, tanto en las plantas y en los alimentos como en la gente, las reglas tienen sus excepciones. Esos casos se denominan *prabhava*, la potencia específica de determinada hierba o alimento, antes que lo que se pueda generalizar sobre ella sobre la base de rasa, virya y vipaka. Por ejemplo: la cebolla tiene sabor picante. Según las reglas generales, cabría esperar que tuviera virya caliente, pero no es así: su virya es refrescante (uno de los motivos por los que puede provocar en vata problemas de vientre).

Tal como explica el profesor P. V. Sharma, dos hierbas pueden ser similares en cuanto a rasa, virya y vipaka, pero ejercer diferentes acciones fisiológicas en el cuerpo. Esta especificidad de su composición química, así como la singularidad de las zonas en que actúa, es la naturaleza de su prabhava. Por ejemplo: tanto el arroz como la cebada tienen rasa dulce, virya frío y vipaka dulce. Sin embargo, la cebada tiene fuertes propiedades diuréticas y el arroz, no. Eso es el prabhava de la cebada. El prabhava se descubre primero por experiencia directa, antes que por teorías de ninguna clase. Tal como dice el profesor Sharma, más que «inconcebible» (*acintya*) es «no concebido» (*acintita*). El prabhava está siempre abierto a la investigación y, según exploramos, vamos comprendiendo mejor por qué un alimento o una hierba se comporta como lo hace.[3]

---

3. Existe otra manera de evaluar a vipaka, basada en la estructura botánica. El sabor, a menudo utilizado para estimar el vipaka, a veces puede ser sutil. También podemos buscar pistas en la manera en que las plantas crecen. El arroz y el trigo, por ejemplo, crecen con un compacto movimiento ascendente, que indica vipaka dulce. El maíz y el amaranto crecen con una formación en pinchos, más indicativa de vipaka picante. (Tanto el maíz como el amaranto tienen un vipaka predominantemente dulce, como se muestra en la Tabla 5. Sin embargo, serán más picantes que el trigo o el arroz). El color y el aroma fuertes también indican una mayor presencia de fuego y, probablemente, de vipaka picante. Pensemos en las capuchinas, intensamente anaranjadas y en su sabor caliente. Las espinas también se asocian a menudo con los sabores amargo y astringente y su vipaka picante. Un ejemplo sería el olivo y las olivas verdes. Un follaje más esparcido y abierto se asocia a menudo con los sabores astringente, amargo o picante, y con vipaka picante. Pensemos en cómo crecen los brotes de mostaza (vipaka picante), comparados con lo compacto de la col (vipaka dulce). La corteza áspera y dura también suele relacionarse con el sabor astringente. Obviamente, estas reglas pueden tener muchas excepciones; necesito un mejor conocimiento de cómo se comportan las diferentes partes de la planta (raíces, flores, tallos). Sin embargo, esta es una manera posible de comenzar a evaluar plantas que el ayurveda no conoce bien. (Referencia: conversación con el doctor Sunil Joshi, 1994).

Integrando conceptos

¿Cómo empezamos, pues, a integrar todas estas ideas y categorías? Una manera es hacerlo de a una en una. Por ejemplo: el azúcar blanco. Si bien el azúcar blanco tiene un vipaka dulce, que por lo genera se considera favorable, también es rajásico y tiene virya caliente. Esto significa que, a largo plazo, perturba la mente (rajásico) y calienta el intestino (virya caliente). Su efecto es tan potente que los facultativos ayurvédicos lo utilizan raramente (algunos aprovechan el rasa y el vipaka dulces del azúcar, ambos refrescantes, para calmar a pitta en condiciones específicas de corto plazo. Repito que el azúcar no debería ser consumido con regularidad. Los edulcorantes sátvicos (sedantes para la mente) y de vipaka dulce (inocuo para el intestino), como la miel o el jarabe de arce, se recomiendan con mucha mayor frecuencia.

Otro ejemplo: el helado. Puesto que está congelado, se lo consideraría tamásico, entorpecedor de la mente, una influencia pesada. Si bien su sabor inicial es dulce (*rasa*), su vipaka, el efecto posdigestivo, es ácido. Pese a lo que yo haya podido dar a entender sobre el helado en *El libro de cocina ayurvédica*, tanto el azúcar del helado como su efecto posdigestivo ácido pueden crear fermentación y calor en el cuerpo, sobre todo en el colon.

Como ejemplo más alentador, tomemos los melocotones. Melocotón: sátvico, sedante para la mente, fresco, equilibrante. Melocotón: vipaka dulce, suavizante de la digestión. Ahora bien: si usted congela ese melocotón cambia su dinámica. Se torna más tamásico. Si se lo enlata será un poco rajásico, pues quedará esperando, con posibilidades de que, con el tiempo, se produzcan minúsculas cantidades de fermentación. Pero si usted se limita a comer ese melocotón fresco, entero y sin adornos, tendrá una estupenda fruta dulce y sátvica.

También es posible integrar estas ideas en grupos de alimentos. La mayoría de los alimentos picantes, como el chile, los pimientos y el ajo, son rajásicos. También tienen vipaka picante, lo cual significa que son calientes de principio a fin. Para el ayurveda, estos alimentos deben ser utilizados rara vez o en pequeñas cantidades, en contraste con lo que usted haya comido en el restaurante indio de su barrio. La comida de los restaurantes de India Oriental suele ser sabrosa, pero muy picante. La cocina ayurvédica es mucho más suave. Es sabrosa para estimular el apetito y la digestión, pero no abrasadora, pues cuida tanto el estómago como el paladar.

Algunos alimentos rajásicos de vipaka dulce se utilizan con una finalidad específica. Por ejemplo: los garbanzos, rajásicos y ricos en proteínas, serían una buena manera de comenzar una jornada en la que nos espera un duro trabajo físico (Véase en Kala chana y patatas, página 71, una manera sabrosa de hacerlo). Otra vianda de vípaka dulce y naturaleza rajásica es el dátil seco. Sería sorprendente ver garbanzos o dátiles servidos diariamente en un retiro de meditación de tendencia ayurvédica. Desde el punto de vista energético, sería contraproducente, pues ambos inflaman la mente y hacen que las energías físicas quieran manifestarse. Sin embargo, es evidente por qué el ayurveda considera que los dátiles son afrodisíacos, ¿verdad?

Por lo que sé, un alimento puede pasar de sátvico a rajásico si se consume en exceso. Esto vale especialmente para las judías. Casi todas, consumidas con moderación, promueven sattva. No obstante, comidas en exceso, fermentan en el intestino, sacando a relucir a rajas, sobre todo en las personas de constitución vata. Si usted tiene un amigo vata, piense en lo irritable, nervioso e intolerante que se vuelve cuando su barriga no está contenta. Es uno de los motivos por los que algunas judías se encuentran a veces entre lo sátvico y a veces entre lo rajásico. Lo mismo sucede con los productos secos. Un poco de alimento seco, bien hidratado, puede ser sátvico; en exceso puede crear gases e irritación en el intestino, con un efecto más rajásico.

La siguiente tabla sobre vipaka sirve para comenzar. Esta información no es fácil de obtener y está en discusión con cierta frecuencia. Es decir: la incluyo para que los occidentales empecemos a pensar en vipaka y a trabajar con él. He intentado incluir alimentos de los que estoy razonablemente segura, descartando muchos de uso común en Occidente, sobre los cuales aún no hay un acuerdo o una evaluación adecuada.

Tabla 5. Vipaka: el efecto posdigestivo de los alimentos

Alimentos de vipaka dulce, es decir: aquellos que son sedantes, arraigantes, lubricantes y que agregan masa o ayudan a mantenerla. Con moderación, por lo general no irritan los intestinos.

Aguacate	Albaricoque, huesos de
Aguacate, aceite de	Alcachofa
Albaricoque	Alcachofa de Jerusalén
Albaricoque, aceite de	Alfalfa, brotes de

Alforfón

Algarroba

Almendra

Almendra, aceite de

Amaranto

Anacardo

Apio

Arce, jarabe de

Arroz salvaje

Arroz, cualquier tipo

Avellana

Avena

Azúcar blanco

Azúcar pardo

Ñames

Boniato

Cacahuete

Cacahuete, aceite de

Calabaza

Calabaza de invierno (cualquier tipo)

Calabaza de verano (cualquier tipo)

Caña de azúcar cruda

Cebada

Centeno

Cereza dulce

Chirivía

Ciruela dulce

Coco

Coco, aceite de

Col

Dátil seco

Dátil, azúcar de

Espárrago

Fresas

Fructosa

Ghee

Girasol, aceite de

Girasol, semillas

Guisantes frescos

Guisantes secos

Habas

Habichuelas

Higo fresco

Higo seco

Judía ancha

Judía azuki

Judía blanca

Judía de careta

Judía mungo

Judía negra

Judía pinta

Judías verdes

Leche cruda y fresca

Leche materna

Lechuga, especialmente la cabeza

Lenteja morena

Lenteja negra

Lenteja roja

Limón

Maíz amarillo seco

Maíz azul seco

Maíz fresco

Maíz, aceite de

Mandarinas

Mango dulce y maduro

Mantequilla sin sal

Manzana

Melaza

Melocotón

Melón cantalupo

Melón rocío de miel

Miel

Mijo

Naranja
Nata dulce fresca
Nectarina
Nueces
Nueces de macadamia
Nuez americana
Nuez de Brasil
Oliva negra
Oliva, aceite de
Papaya
Patata
Pacana
Pepino
Piña dulce
Piñones

Pistacho
Pomelo
Quinua
Remolacha
Sal marina
Sandía
Sésamo, aceite de
Setas
Soja, aceite de
Soja, judías de
Judía tépari
Trigo
Uva, pasas de
Uvas
Calabacín

Alimentos de vipaka ácido, es decir, los que se mantienen ácidos después de metabolizados. Son lubricantes y humectantes; su consumo excesivo o prolongado puede causar irritación o fermentación en el intestino.

Cerezas ácidas
Ciruela ácida
Guayaba
Helado
Kéfir
Lima
Mango ácido y sin madurar
Mantequilla salada
Crema agria

Plátano
Pomelo
Queso blanco grumoso
Requesón
Suero de leche
Tomate
Uvas verdes
Yogur (no recién hecho)
Yogur (recién hecho)

ALIMENTOS DE VIPAKA PICANTE, es decir, los que tienen efecto secante y ligero sobre el metabolismo. Su consumo excesivo o prolongado puede provocar inflamación o calor intenso en el vientre.

Acelga
Ajo
Alholva
Apio
Ave
Brécol
Calabaza, semillas de
Carne roja
Cártamo
Cebolla
Cebolla tierna
Chile
Coliflor
Encurtidos
Espinaca
Huevos
Mostaza blanca, aceite de

Mostaza, hojas
Nabo, hojas de
Okra
Oliva verde
Pescado
Pimiento rojo
Puerro
Queso duro
Quesos blandos salados
Rábano picante
Ricino, aceite de
Rúcula
Ruibarbo
Sésamo, semillas de, con cáscara
Sésamo, semillas de, sin cascara
Zanahoria

Los doshas y los tipos de constitución

De los cinco grandes elementos, hay dos que no cambian con facilidad y tres cuyos cambios son constantes y cíclicos. El espacio o elemento éter cambia muy poco y con tremendo esfuerzo. Análogamente, la tierra, el elemento tierra, se altera muy rara vez por sí sola. El aire, el fuego y el agua, en cambio, están en cambio constante. Esto se puede ver, tal como señala el doctor Sunil Joshi, en los pronósticos meteorológicos diarios de la televisión. Cada pocas horas recibimos informes sobre los cambios en el aire, en la dirección del viento, nubes, tornados, huracanes, etcétera. Nos hablan del fuego como cambios de temperatura y pronósticos. Y el agua es un punto de interés constante, como lluvia, nieve y humedad. El ayurveda dice que uno siempre tiene el viento, el sol y la luna, o el aire, el fuego y el agua. Son rasgos constantes de nuestro macrocosmos y también del microcosmos, bajo la forma de los tres doshas.

Los tres doshas son sustancias biológicas que se mueven dentro del cuerpo, nuestro equivalente interior del aire, el fuego y el agua. La fisiología occidental no ofrece ningún equivalente real para ellos; sin embargo, son una parte clave de la práctica ayurvédica.

Vata, el dosha más estrechamente alineado con el elemento aire (y éter) se encuentra especialmente en las estructuras huecas dentro del cuerpo, como el colon, la vejiga y el útero. Está presente en todas las funciones de movimiento y transmisión, tales como los impulsos nerviosos y la percepción sensorial. Pitta es el dosha relacionado con el elemento fuego (y hasta cierto punto, con el agua). Funciona con transformaciones rápidas. Se lo ve en nuestras secreciones digestivas, sobre todo en las que son sumamente ácidas, como el ácido clorhídrico del estómago, o de color intenso, como la bilis del hígado. Kapha es el dosha relacionado con el elemento agua (y tierra). Proporciona humedad, lubricación, masa. Humecta el aire que hacemos entrar a nuestros pulmones y, en la boca, la comida que masticamos. Mantiene nuestras membranas lubricadas y en funcionamiento. Donde hay excreciones blancuzcas, es probable que kapha esté presente.

Los tres doshas funcionan dentro de todos nosotros para conservarnos vivos y sanos. La extremada flexibilidad del aire, el fuego y el agua nos ayuda a responder biológicamente a las condiciones de la vida, en cambio constante. Ayudan a mediar entre nuestros tejidos fisiológicos esenciales, lo que el ayurveda llama *dhatus* (plasma, sangre, músculo, grasa, hueso, médula ósea y nervio, más el tejido reproductivo) y los materiales biológicos que ya no necesitamos, nuestros desechos o *malas* (sudor, orina y heces). En la concepción, el equilibrio de doshas presente en nuestros padres en ese momento contribuye a la constitución que tendremos toda la vida.

En la teoría y la práctica del ayurveda, cada individuo nace con una constitución o prakriti particular. Esta constitución tiene influencia sobre el aspecto, el metabolismo del cuerpo y, a menudo, sobre cómo respondemos, mental y emocionalmente, a nuestras condiciones de vida. Puesto que hay una excelente cobertura de la constitución en otros escritos, aquí la trataré solo brevemente. Para más información, véase *La salud perfecta*, de Deepak Chopra, *Prakriti: Your Ayurvedic Constitution* [Prakriti: su constitución ayurvédica] de Robert Svoboda, y *El libro de cocina ayurvédica*, de Morningstar y Desai.

La constitución se basa en los elementos que predominan al nacer. De los cinco, algunas personas tienen más fuego en su constitución; otras, más aire, más tierra o agua. Si usted nació con predominio de aire y éter en su estructura, su constitución ayurvédica es vata. Si usted tuvo en ese momento más fuego y agua, trabaja más con una constitución pitta. Y si la tierra y el agua detentan más poder en su formación constitucional, trabajará primordialmente con kapha. También podría ser una combinación de dos tipos o más; por ejemplo: vata-pitta, pitta-kapha y hasta vata-pitta-kapha. [4]

Si bien la constitución se evalúa más acertadamente cuando un médico ayurvédico entrenado lee los pulsos, hay muchos rasgos físicos, mentales y emocionales que pueden dar alguna indicación de su tipo constitucional. Por ejemplo: los vata a menudo tienden a ser delgados, fibrosos, algo inquietos o ansiosos, de mente rápida. A menudo tienden a «picar» antes que a sentarse para una gran comida. No todos quienes tengan constitución vata tendrán este aspecto y actuarán así, pero si usted conoce a alguien que es así, existe una buena posibilidad de que tenga más vata en su constitución. Los pitta suelen ser más enérgicos. Gustan de tomar la iniciativa y es más probable que su primera reacción emocional, en una situación tensa, sea la ira y no el miedo. Por lo general tienen una estructura ósea mediana y bien proporcionada, a menudo con muchos lunares o piel clara o rojiza (relacionada con su grupo racial). Cuando tienen hambre ¡parecen osos! Los kapha suelen ser más sólidos en su complexión y más lentos para tomar decisiones. Necesitan su tiempo y, una vez que han escogido, no es fácil que cambien su postura. Para ellos, un poco de comida cunde mucho. Entre los individuos kapha, muchos descubren que el ejercicio es la mejor manera de mantener su peso dentro de lo razonable. Frente al estrés, la primera reacción de kapha suele ser esconderse. O sea: mientras que los vata se asustan y los pitta se ponen furiosos, los kapha enmudecen. Ahora bien: obviamente, no siempre respondemos emocionalmente de modo igual. Pero en general tenemos un estilo emocional que coincide con nuestro tipo constitucional. Si usted tiene curiosidad por comenzar a evaluar su constitución, al final de este libro, en el Apéndice I, hay un cuestionario que puede aplicarse.

---

4. Una pregunta frecuente es: ¿existe una correspondencia astrológica entre la propia constitución y el horóscopo natal? Según mi experiencia de los once años últimos, veo una correspondencia más cercana entre la constitución y el ascendente que con el signo solar. Por ejemplo, no es raro que una persona con ascendente en Tauro (signo de tierra) tenga un poco de kapha en su constitución. Pero no siempre. David Frawley ha hecho un buen análisis de algunos de los factores que entran en juego en The Astrology of Seers: A Comprehensive Guide to Vedic Astrology [La astrología de los videntes: Guía completa de la astrología védica].

Si al responder el cuestionario usted nota que escoge primordialmente una misma columna o categoría, es posible que sea simplemente de ese tipo constitucional. Si escoge de dos columnas más o menos por igual, puede tener un dosha dual, constitución hecha de dos tipos. Las dos situaciones son bastante comunes. Con menos frecuencia sucede que uno esté equilibrado por igual entre los tres doshas, vata-pitta-kapha, y aun esto puede ocurrir. Si duda entre dos posibilidades, la respuesta que mejor refleje su constitución será la que haya valido por más tiempo en su vida. Por ejemplo: supongamos que durante la mayor parte de su vida usted llevó bien las rutinas, pero últimamente se nota impaciente y odia cualquier tipo de régimen. Si en el resto del cuestionario la mayoría de sus respuestas están en la columna de kapha, como ser complexión gruesa, estructura ósea grande, etcétera, puede suponer que su constitución es probablemente kapha y que ahora el aire requiere que lo equilibren (así lo indica la inquietud que aparece en la columna de vata). Tal vez necesita hacer, mentalmente, algunos cambios importantes.

Si usted come bastante sano (y aun si no es así), quizá note que ciertas comidas le sientan mejor que otras. Una de las bellezas de la nutrición ayurvédica es su capacidad de responder al individuo y sus necesidades. Debido al diferente equilibrio de los cinco elementos en cada persona y en cada comida, algunos alimentos combinan mejor que otros con ciertos cuerpos. Por ejemplo: los que tienen mucho aire en su constitución (vata) necesitan un equilibrio de alimentos con menos aire y mayor arraigo. Los alimentos «aéreos», como las palomitas de maíz o las manzanas, desde la perspectiva ayurvédica agravan o incrementan un tipo que ya es aéreo, causando un exceso de aire. Un resultado posible son los gases. Los ardientes cuerpos pitta prosperan con comidas más refrescantes y calmantes. Si se añade fuego a un organismo ya caliente, puede que surja vapor. Literalmente. Quizá usted conozca a alguien que rompe a sudar cuando come algo muy condimentado. La situación indica demasiado fuego en una persona ardiente. De manera similar, los terrestres tipos kapha necesitan comidas más secas y livianas para equilibrar tanta tierra y agua. Los panes pesados, los pasteles y los dulces gelatinosos aplastan a estas personas.

En cuestión de sabor, los alimentos dulces, ácidos o salados son los más beneficiosos para vata. Lo dulce, amargo o astringente ayuda más a pitta. Lo picante, amargo y astringente beneficia efectivamente a kapha.

Los alimentos calientes y húmedos ayudan a arraigar al fresco y aéreo vata, mientras que lo fresco y calmante equilibra a pitta. Los alimentos más ligeros, sopas y ensaladas, equilibran a kapha. Pues bien, ¿qué tipos de alimentos son estos? En las recetas que siguen hay muchos ejemplos beneficiosos para cada tipo. Cada una de esas recetas está codificada: «-» significa que calma o favorece la constitución mencionada; «+», que la agrava; «0», que tiene un efecto neutro sobre ese dosha. Básicamente, el ayurveda ha comprobado que ciertos alimentos, debido a su composición elemental, sus sabores y textura, son muy equilibrantes para cada dosha. En *El libro de cocina ayurvédica* hay un extenso análisis de este tema, si al lector le interesa. Y en el Apéndice II encontrará listas detalladas de alimentos para cada constitución, a fin de que pueda crear sus propias elecciones.

Los atributos de los alimentos y su influencia sobre los doshas

Cada alimento tiene diferentes propiedades, texturas y cualidades. En sánscrito, estos atributos de las sustancias se denominan *gunas*. Los alimentos cuyas cualidades o gunas son similares a las características de nuestro tipo constitucional tienden a aumentarlo o agravarlo, sobre todo en exceso. Los que tienen las cualidades opuestas a las de un dosha tienden a reducirlo o, empleados con moderación, lo equilibran. Por ejemplo: el dosha vata tiende a ser ligero y seco. Las palomitas de maíz son también ligeras y secas. Comidas en exceso, pueden agravar a una persona de constitución vata, lo cual provocará un exceso de aire: hinchazón o gas. Comer algo con las cualidades opuestas a las de vata ayuda a calmar a este dosha: una pequeña porción de arroz con leche, digamos, que es caliente, húmedo y algo pesado.

El ayurveda trabaja con veinte atributos: diez pares de opuestos. La tabla siguiente proporciona un resumen introductorio de esos atributos y su influencia sobre los doshas.

TABLA 6. LOS ATRIBUTOS (GUNAS) Y SU INFLUENCIA EN LOS DOSHAS

ATRIBUTO (*GUNA*): PESADO (GURU)
Con moderación, calma: vata y pitta.
En exceso, agrava: kapha.
Ejemplos del atributo y otra información: higos, dátiles.

ATRIBUTO (*GUNA*): LIGERO (*LAGHU*)

Con moderación, calma: kapha.

En exceso, agrava: vata y pitta.

Ejemplos del atributo y otra información: basmati (en acción), palomitas de maíz (en textura).

ATRIBUTO (*GUNA*): FRÍO (*SITA*)

Con moderación, calma: pitta.

En exceso, agrava: vata y kapha.

Ejemplos del atributo y otra información: bebidas heladas, agni reducido.

ATRIBUTO (*GUNA*): CALIENTE (*USHNA*)

Con moderación, calma: vata y kapha.

En exceso, agrava: pitta.

Ejemplos del atributo y otra información: alimentos calientes, agni incrementado.

ATRIBUTO (*GUNA*): OLEOSO (*SNIGDA*)

Con moderación, calma: vata.

En exceso, agrava: pitta y kapha.

Ejemplos del atributo y otra información: pescado, sésamo, humectantes en acción.

ATRIBUTO (*GUNA*): SECO (*RUKSHA*)

Con moderación, calma: kapha y pitta.

En exceso, agrava: vata.

Ejemplos del atributo y otra información: cebada (en acción), galletas (en textura).

ATRIBUTO (*GUNA*): LENTO (*MANDA*)

Con moderación, calma: vata y pitta.

En exceso, agrava: kapha.

Ejemplos del atributo y otra información: requesón (en acción).

ATRIBUTO (*GUNA*): AGUDO (*TIKSHNA*)

Con moderación, calma: kapha.

En exceso, agrava: vata y pitta.

Ejemplos del atributo y otra información: pimientos picantes.

ATRIBUTO (*GUNA*): **ESTÁTICO** (*STHIRA*)

Con moderación, calma: vata y pitta.

En exceso, agrava: kapha.

Ejemplos del atributo y otra información: ritual diario y postergar un poquito la comida.

ATRIBUTO (*GUNA*): **MÓVIL** (*CHALA*)

Con moderación, calma: kapha.

En exceso, agrava: vata y pitta.

Ejemplos del atributo y otra información: un laxante o un viaje en metro.

ATRIBUTO (*GUNA*): **SUAVE** (*MRUDU*)

Con moderación, calma: vata.

En exceso, agrava: pitta y kapha.

Ejemplos del atributo y otra información: pudin.

ATRIBUTO (*GUNA*): **DURO** (*KATHINA*)

Con moderación, calma: pitta.

En exceso, agrava: vata.

Ejemplos del atributo y otra información: tabletas de calcio.

ATRIBUTO (*GUNA*): **CLARO** (*VISHADA*)

Con moderación, calma: kapha.

En exceso, agrava: vata y pitta.

Ejemplos del atributo y otra información: purificador en acción.

ATRIBUTO (*GUNA*): **TURBIO** (*AVILA O PICCHILE*)

Con moderación, calma: vata y pitta.

En exceso, agrava: kapha.

Ejemplos del atributo y otra información: compuesto del elemento agua.

ATRIBUTO (*GUNA*): **VISCOSO** (*SLAKSHNA*)

Con moderación, calma: vata.

En exceso, agrava: pitta y kapha.

Ejemplos del atributo y otra información: okra cocida.

ATRIBUTO (*GUNA*): **ÁSPERO** (*KHARA*)

Con moderación, calma: pitta y kapha.

En exceso, agrava: vata.
Ejemplos del atributo y otra información: granola.

ATRIBUTO (GUNA): SUTIL (SUKSHMA)
Con moderación, calma: kapha.
En exceso, agrava: vata y pitta.
Ejemplos del atributo y otra información: aumenta la emoción (su acción), alcohol (un ejemplo).

ATRIBUTO (GUNA): GRUESO (STHULA)
Con moderación, calma: vata y pitta.
En exceso, agrava: kapha.
Ejemplos del atributo y otra información: pasteles dulces.

ATRIBUTO (GUNA): DENSO (SANDRA)
Con moderación, calma: vata y pitta.
En exceso, agrava: kapha.
Ejemplos del atributo y otra información: mantequilla.

ATRIBUTO (GUNA): LÍQUIDO (DRAVA)
Con moderación, calma: vata.
En exceso, agrava: kapha y pitta.
Ejemplos del atributo y otra información: leche fresca caliente o un largo baño caliente.

RESUMEN: CÓMO COMER DE MANERA AYURVÉDICA GUÍA PASO A PASO

1. Comience por limpiar su dieta: reduzca los productos químicos, las comidas rápidas, lo frío, lo fermentado y las comidas congeladas.
2. Familiarícese con las diferencias entre los alimentos sátvicos, rajásicos y tamásicos; comience a incluir más platos sátvicos en sus menús.
3. Tómese algún tiempo para los momentos de comer, relajarse y digerir la buena comida.

4. Con la ayuda de un facultativo ayurvédico, empiece a emplear alimentos que atiendan sus desequilibrios actuales (*vikriti*).

5. Al permitir que su dieta evolucione hacia lo que beneficie a todo su organismo, usted tenderá a ser más claro en sus pensamientos y sus actos. Esto, a su vez, le permitirá afinar mejor su manera de comer. A esta altura podrá apoyar y fortalecer más específicamente su constitución personal (*prakriti*).

6. Tranquilícese, no trate de ser perfecto ni de seguir la dieta perfecta; su dieta cambiará junto con usted. Basta con que siga comiendo de esta manera más saludable, del modo que funcione mejor para usted, cambiando lo que sea necesario.

7. Deje que toda esta energía positiva acumulada obre estupendamente por usted, por el prójimo y el planeta.

Segunda parte

Jugando con la comida: las recetas

Medidas y equivalencias

Las cantidades del presente recetario están expresadas mayormente en tazas y cucharadas, que son medidas de capacidad –no de peso–, cuyas equivalencias se encuentran a continuación:

Tazas

1/4 taza	62,5 ml
1/3 taza	83,3 ml
1/2 taza	125 ml
2/3 taza	166,6 ml
3/4 taza	187,5 ml
1 taza	250 ml
2 tazas	500 ml
3 tazas	750 ml
4 tazas	1 l

Cucharadas

1/2 cucharadita	2,5 ml
1 cucharadita	5 ml
2 cucharaditas	10 ml
3 cucharaditas	15 ml
1 cucharada	15 ml
2 cucharadas	30 ml
3 cucharadas	45 ml
4 cucharadas	60 ml

Desayunos

Símbolos utilizados

«-» significa que calma o ayuda a la constitución mencionada;

«+» , que la agrava o incrementa.

«0» indica efecto neutro.

*DIETA DE ROTACIÓN puede ser útil para personas con alergias alimentarias.

**PLATO DE POLARIDAD indica recetas que favorecen el trabajo de la terapia de polaridad.

⊛ Primavera
☀ Verano
♌ Otoño
❄ Invierno

Ensalada de fruta fresca

Tiempo de preparación: 20 minutos
SÁTVICO, 0 vata, -pitta, 0 kapha
Raciones: 4
❀ ✳

Lave y prepare:

- 1 taza de cada uno:
- Melón cantalupo
- Melón rocío de miel
- Melocotones
- Arándanos
- Cerezas (opcional)

Corte en rodajas el melón, luego quítele la cáscara y córtelo en trozos. Corte en rebanadas y luego en trozos los melocotones. Use enteros los arándanos y las cerezas. Ponga en un tazón bonito. ¡Sirva!

*PLATO DE ROTACIÓN DÍA 2.
** PLATO PARA DIETA DE POLARIDAD PURIFICADORA.

Comentario: para crear un tazón sátvico de fruta fresca, hecho a medida para su constitución, combine simplemente cualquier fruta de la lista de alimentos calmantes para su tipo (véase Apéndice II), omitiendo las frutas frescas que sean rajásicas, como el mango no maduro, la guayaba, el pomelo, la lima, el limón (se puede agregar un chorrito) y el ruibarbo. Por ejemplo:

Ensalada de fruta calmante de vata

Albaricoques, plátanos, bayas, uvas y cerezas.
SÁTVICO, -vata, 0 pitta, 0 kapha
❀ ✳ ౠ ❄

También:

- Mango maduro, papaya, melocotones y fresas

SÁTVICO, -vata, 0 pitta, 0 kapha
❀ ✳ ౠ ❄

Ensalada de fruta calmante de pitta

- Rodajas de manzana dulce, albaricoques, bayas y peras

SÁTVICO, +vata, -pitta, -kapha
❀ ✳ ૹ ❁

También:
    • Ciruelas, granadas, uvas moradas dulces y melón verde rocío de miel
SÁTVICO, +vata, -pitta, -kapha
✳

ENSALADA DE FRUTA CALMANTE DE KAPHA
    • Manzanas, cerezas, peras y fresas
SÁTVICO, +vata, -pitta, -kapha
❀ ✳ ૹ ❁

También:
Granadas, zarzamoras, melocotones y arándanos
SÁTVICO, 0 vata, -pitta, -kapha
✳ ૹ ❁

**Todas las ensaladas de fruta que preceden son PLATOS DE POLARIDAD PURIFICADORES.

ENSALADA DE FRUTA TRIDÓSHICA
(Tridóshico significa que equilibra los tres tipos constitucionales).
    • Frambuesas y zarzamoras con mango maduro en rodajas
SÁTVICO, -vata, -pitta, -vata
✳ ૹ

También:
    • Cerezas dulces, arándanos y albaricoques dulces en mitades
SÁTVICO, -vata, -pitta, -kapha
✳

**Las dos ensaladas de fruta tridóshicas son PLATOS DE POLARIDAD PURIFICADORES.

ALGUNAS IDEAS

Comer sano puede ser claramente divertido. Verifique qué productos están disponibles en su zona; apoye el mercado de los agricultores locales al tiempo que equilibra sus doshas. Si tiene algún dinero que le sobre, llévese una bolsa más de fruta para el refugio más cercano o para algún comedor popular y déjelo allí camino a casa. Desde el punto de vista ayurvédico, compartir el amor fortalece el corazón y la inmunidad. Actuando de esta forma no puede perder.

¿Y qué más se puede desayunar en un programa ayurvédico? Cualquier cereal imaginable, desde la familiar avena, que calienta la barriga, hasta el exótico teff. Pruébelos todos.

Sabrosas gachas de avena

Tiempo de preparación: 15 minutos
SÁTVICO, -vata, -pitta, moderadamente +kapha
Raciones: 2
❀ ༀ ❄

En una cacerola de tamaño medio, lleve a hervor:
- 2-3 tazas agua pura
- ¼ cucharadita de sal
- ¼ taza de pasas de uva

Agregue revolviendo:
- ⅔ tazas de copos de avena, preferentemente orgánica
- 1 cucharadita de canela
- ¼ cucharadita de cardamomo molido* o ¼ cucharadita de nuez moscada*

Cuando el cereal vuelva a hervir, reduzca el calor a bajo, cubra y deje cocer hasta que parezca un puré. Sirva con miel o jarabe de arce.

** PLATO DE POLARIDAD PARA FORTALECER LA SALUD.
*PLATO DE ROTACIÓN PARA DÍA 1. Cuando se esté en una rotación estricta, sáltéense las especias que están marcadas con un asterisco y endúlcese con malta de cebada.

Copos de cebada: para un plato más calmante para kapha, sustituya la avena por cebada y utilice mayor cantidad de agua. Cueza hasta que se ablande, 20 minutos o más. Sirva con miel cruda.

SÁTVICO, +vata, -pitta, -kapha

** PLATO DE POLARIDAD PARA FORTALECER LA SALUD.

*PLATO DE ROTACIÓN PARA DÍA 1. Cuando se esté en una rotación estricta, saltéense las especias que están marcadas con un asterisco y endúlcese con malta de cebada.

SOBRE EL DERROCHE DE COMIDA Y LA ABUNDANCIA PARA TODOS

Una parte intrínseca de la práctica culinaria ayurvédica es la advertencia de no malgastar la comida. Sin embargo, paradójicamente, para los cocineros indios es muy importante tener siempre comida fresca en abundancia para todos. Lograr las dos cosas es en sí una *sadhana*. Cómo alcanzar estos objetivos será creación única de cada uno. Compartir, alimentar a otros, cuidar de que cualquier sobrante vuelva a la tierra, ya como alimento para animales o mezclado con el abono orgánico, son maneras ayurvédicas de cocinar.

Crema de centeno

Tiempo de preparación: 5-10 minutos
SÁTVICO, +vata, +pitta, -kapha
Raciones: 2
⊛ ऴ ❀

Ponga a hervir en una cacerola:
- 2 tazas agua pura
- 1/8 cucharadita de sal
- 2 cucharaditas de fruta seca: pueden ser pasas de uva o manzana seca
- Vierta revolviendo en el agua hirviente
- 2/3 taza de copos de centeno integrales
- 1/4 cucharadita de cardamomo molido

Reduzca el calor a medio. Cueza sin cubrir durante 3 minutos. Luego tape y deje descansar durante 1 minuto o 2. Sirva con miel cruda o un poco de malta de cebada.

*DÍA DE ROTACIÓN 1. Variante: si usted sigue una estricta dieta de rotación para alergias (véase Apéndice V), sustituya el cardamomo por canela y utilice malta de cebada o cualquiera de los edulcorantes enumerados para el DÍA 1.

**PLATO DE POLARIDAD PARA FORTALECER LA SALUD.

Crema de trigo

Tiempo de preparación: 5 minutos
SÁTVICO, -vata, -pitta, +kapha
Raciones: 2
❄ ૠ ✺ ✳

En una cacerola pequeña, cubierta, ponga a hervir:
  • 3-4 tazas de agua
  • Vierta revolviendo:
  • 1 taza de harina de trigo sarraceno
  • Pizca de sal
  • Cuando vuelva a hervir, apague el calor, cubra y deje descansar durante 2-3 minutos. Agradable con mantequilla y malta de cebada.

*PLATO PARA DÍA DE ROTACIÓN 1.
**PLATO DE POLARIDAD PARA FORTALECER LA SALUD.

Quinua caliente

Tiempo de preparación: 30 minutos
SÁTVICO, 0 vata, 0 pitta, -kapha
Raciones: 4
✺ ૠ ❄

Ponga en un colador o filtro de malla fina:
  • 1 taza de quinua seca
Aclare bien. Este es un paso importante cuando se trata de preparar este cereal; hay que quitarle las saponinas, que podrían causar molestias en la barriga. Ponga la quinua bien lavada en una cacerola con:

• 2 ½ tazas de agua pura

• 2 cucharadas de albaricoques o melocotones secos, picados (opcional)

Lleve a hervor. Cubra y cueza a calor bajo hasta que el cereal haya absorbido toda el agua y esté tierno, 20-30 minutos. Sabroso con un poco de jarabe de arce.

*PLATO PARA DÍA DE ROTACIÓN 2.
**PLATO DE POLARIDAD PARA FORTALECER LA SALUD.

Variante

Amaranto caliente: se puede sustituir la quinua por amaranto en la misma cantidad. El tiempo de cocción es aproximadamente el mismo. También es agradable con jarabe de arce.

SÁTVICO, -vata, levemente +pitta, -kapha

*PLATO PARA DÍA DE ROTACIÓN 2.
**PLATO DE POLARIDAD PARA FORTALECER LA SALUD.

Comentario: si he de ser totalmente sincera, quizá uno de cada cuatro personas entre mis conocidos gusta del amaranto; entre ellas, yo. Para saber si usted es uno de estos pocos elegidos, tendría que probarlo.

Crema de mijo

Tiempo de preparación: 35 minutos, 90% sin que requiera atención
Sátvico, 0 vata, +pitta, 0 kapha
Raciones: 4

ৡ ❄

En una cacerola pequeña, ponga:

• 1 taza de mijo seco

• 2 ½ tazas de agua

• ½ cucharadita de sal

Lleve a hervor. Cubra y reduzca el calor a mínimo, cueza hasta que esté hecho, unos 30 minutos. Justo antes de servir, mezcle en la licuadora:

• 2 cucharaditas de manteca de almendras cruda

• 1 plátano maduro

- 1 cucharada de jarabe de arce
- 4 cucharadas de agua

Incorpore poco a poco el mijo cocido, a velocidad mínima, agregando agua caliente si fuera necesario para obtener la textura de su preferencia. Sirva. Rinde 4 raciones de ½ taza.

*PLATO DE ROTACIÓN PARA EL DÍA 2.
**PLATO DE POLARIDAD PARA FORTALECER LA SALUD.

Comentario: comience a prepararlo cuando se levante y permítase galopar en derredor, con los preparativos para la escuela o el trabajo, o atendiendo a los animales; luego regrese y efectúe el último paso cuando ya esté lista para comer. ¡Que tenga un buen día!

Teff caliente

Tiempo de preparación: 15 minutos o menos
SÁTVICO. Aún no estoy segura de sus efectos sobre los doshas
Raciones: 2
❀ ૠ ❄

Ponga en una cacerola:
- ¾ taza de harina integral de teff

Tueste a temperatura mínima en un quemador hasta que, 2-3 minutos después empiece a despedir un aroma maravilloso. Incorpore revolviendo con un tenedor hasta que esté homogéneo:
- 2 tazas de agua
- ⅛ cucharadita de sal

Lleve a hervor con temperatura máxima, luego redúzcala a mínima y añada:
- ⅛ cucharadita de nuez moscada (opcional)

Cubra la cacerola y deje hervir a fuego lento durante 5 minutos revolviendo de vez en cuando. Sabroso con miel o jarabe de arce y leche.

*PLATO DE ROTACIÓN PARA DÍA 3
**PLATO DE POLARIDAD PARA FORTALECER LA SALUD.

Sobre el teff

El teff es un cereal diminuto, originario de las tierras altas de Etiopía, miembro de la familia de las gramíneas, como la mayoría de los cereales; entre sus parientes se cuenta la hierba búfalo y la hierba bermuda. Es notablemente rico en calcio para ser cereal: un cuenco bien grande de teff (100 g) tiene tanto calcio como ⅔ tazas de leche. También es generoso en hierro, zinc y cobre. Y sabe muy bien. Como sucede con cualquier cereal desconocido, al principio su sabor puede resultar extraño. He comprobado que si se introduce endulzado, como en un pastel de plátano especiado, generalmente se acepta bien. Contiene un 12% de proteínas, mucho para un cereal.

Viene en varios colores: uno es el blanco y el otro, un bonito marrón chocolate oscuro. He cocinado el marrón, que tiene un sabor ligeramente dulce y como de nuez. El teff va bien en panes rápidos, tortitas y postres. En Etiopía se utiliza para hacer un sabroso pan plano llamado *injera*. El teff es decididamente sátvico y su efecto sobre los doshas (constituciones) aún debe ser explorado más a fondo. Quien me presentó al teff fue la excelente cocinera y escritora Rebecca Wood. La mayor parte de esta información proviene de su extenso libro sobre cereales.

Arroz para el desayuno

Tiempo de preparación: 25 minutos
SÁTVICO*
Raciones: 1
❄ ঽ ❀ ✳

Composición:
Arroz basmati sencillo, página 248
Tome ¾ taza del arroz cocido y caliéntelo en una cacerola pequeña, con:
- ½ taza de leche (de vaca, cabra, soja o nuez)
- ¼ cucharadita de coriandro molido
- ⅛ cucharadita de cardamomo molido
- cucharadita de ghee (opcional, beneficioso)

Lleve todos los ingredientes a hervor; luego reduzca la temperatura a mínima y deje hervir durante 5 minutos o menos. Sirva entero o licuado hasta lograr una textura suave, como usted prefiera. Sabroso con un poquito de jarabe de arce o miel.

*-vata, -pitta, +kapha (con leche de vaca)
*+vata, -pitta, 0 kapha (con leche de cabra)
*0 vata, -pitta, 0 kapha (con leche de soja)
*-vata, 0 pitta, +kapha (con leche de nuez)

Variante

Como PLATO DE ROTACIÓN PARA DÍA 3, utilice arroz basmati sencillo, leche de soja o castaña, coriandro y/o nuez moscada, y miel cruda o jarabe de arroz moreno. Omita el ghee y el cardamomo.

SÁTVICO, 0 vata, -pitta, 0 kapha (con leche de soja)
SÁTVICO, -vata, 0 pitta, +kapha (con leche de nuez)

Sobre los lácteos

En los textos clásicos ayurvédicos hay muchas referencias a las virtudes de la leche y sus propiedades nutritivas y terapéuticas. Fueron registradas hace miles de años, literalmente, antes de que existieran la pasterización, la homogeneización, la ultrapasterización, la radiación, las hormonas de crecimiento bovino, la dioxina, las drogas de sulfa y los pesticidas, ninguno de los cuales es recomendable en una dieta ayurvédica. Bien puede ser que la intolerancia a la leche, tan extendida en la actualidad, sea a menudo intolerancia a lo que la leche contiene y lo que se ha hecho con ella, tanto como a la leche en sí. Si usted puede conseguir leche fresca, pura y cruda, mantequilla o yogur que hayan sido elaborados el mismo día en que va a usarlos, aún será recomendable consumir esos lácteos, sobre todo la leche. Si no puede, es mejor evitarla, por desgracia, o utilizarla muy de vez en cuando.

Si usted puede conseguir leche fresca, puede hervirla inmediatamente antes de utilizarla, mejor aún con una rodaja de raíz de jengibre fresco por taza, para incrementar el fuego digestivo y favorecer la eliminación. Déjela hervir de 20 a 30 segundos. La leche debe ser consumida en el mismo día. La pasterización se adoptó originariamente como recurso para eliminar organismos de enfermedades, sobre todo bacterias. Hervirla concienzudamente en casa también sirve para eliminarlas y hace que el producto sea más fácil de digerir. Beberla fría, cruda y sin hervir, tiene el peligro de contraer una infección bacterial; además, así es más difícil de digerir que la leche cruda caliente, previamente hervida. Si una receta requiere leche fría, se puede hervir la leche cruda y dejarla enfriar antes de la preparación.

Los quesos procesados, duros o blandos, el yogur comercial, la nata batida ultrapasterizada, el queso cremoso, la crema agria, etcétera, pueden ser sabrosos, pero lamentablemente, consumidos con regularidad no son buenos para la salud. El yogur fresco se puede hacer en casa con leche cruda hervida; el queso de yogur (*paneer*) y el grumoso se pueden utilizar ocasionalmente. (Véase en el Glosario cómo tratar el paneer y el queso grumoso). Tienden a ser más ácidos y pesados que la leche; por lo tanto, se recomienda que su consumo no sea regular, sino ocasional.

Desayuno de arroz y almendra

Tiempo de preparación: 10 minutos
SÁTVICO, -vata, levemente +pitta, moderadamente +kapha
Raciones: 2
⊛ 𝕩 ❊

Muela en la licuadora:
- ⅔ taza arroz basmati o blanco, crudo

Luego muela:
- ⅔ taza almendras crudas (preferiblemente puestas en remojo durante la noche)

Tal vez necesite licuar con tres pulsaciones breves para obtener un molido uniforme. Reserve por un momento. Ponga a hervir:
- 3 tazas de agua pura
- Pizca de sal

Cuando el agua hierva, agregue el arroz molido y las almendras, revolviendo con un tenedor. Reduzca la temperatura a media y continúe cociendo sin cubrir hasta que esté hecho, unos 5 minutos. Sabroso con un toque de ghee y un poco de jarabe de arce.

Comentario: es un buen desayuno para esos días en que se necesita una ayuda para continuar la marcha, pero que no sea demasiado pesada.

DESAYUNO DE MIJO CON ALMENDRA

⊛ ❄

Prepare igual que en el caso anterior, pero utilizando mijo seco en vez de arroz. Agregue agua si prefiere una consistencia más cremosa.
SÁTVICO, +vata, +pitta, -kapha

*PLATO DE ROTACIÓN PARA DÍA 2.
**PLATO DE POLARIDAD PARA FORTALECER LA SALUD.

VARIANTE

DESAYUNO DE ARROZ CON AVELLANA

⊛ ॐ ❄

Prepare igual que en el caso anterior, pero utilizando avellanas en vez de almendras.
SÁTVICO, -vata, levemente +pitta, +kapha

*PLATO DE ROTACIÓN PARA DÍA 3.
**PLATO DE POLARIDAD PARA FORTALECER LA SALUD.

SOBRE EL GHEE Y LA MIEL

En cantidades diferentes, el ghee y la miel tienen varios usos terapéuticos. Por ejemplo: para aumentar de peso, se utiliza más ghee que miel; para incrementar el fuego digestivo, se utiliza «el doble de miel que de ghee». Linda Banchek, en *Cooking for Life* [Cocinando para la vida], ha hecho un buen análisis de esto. Señala que, tradicionalmente, estos dos alimentos sátvicos nunca se dan en proporciones iguales, pues pueden agravar los trastornos de piel. Para aplicar esto de manera práctica, vea **Arroz para el desayuno** en la página 67. Si necesita incrementar su agni, puede tomar este cereal con dos cucharaditas de miel y una de ghee. Si está más interesado en aumentar de peso, mezcle una cucharada de ghee y una cucharadita de miel. Evite utilizar estos productos en cantidades iguales. Para obtener resultados, debería usar estas proporciones con regularidad, no de vez en cuando o esporádicamente. Para mayor información sobre las propiedades curativas del ghee, véase la página 156.

Gachas de maíz azul con pasas de uva

Tiempo de preparación: 15 minutos
SÁTVICO, +vata, 0 pitta, -kapha
Raciones: 4
⊛ ♋ ❄

Antes de acercar siquiera la cacerola al fuego, mezcle en ella:
- 1 taza harina de maíz azul
- 3-4 tazas de agua fría

Esto es importante; de lo contrario se formarán grumos muy desagradables. Si previamente se revuelve la mezcla con un tenedor, se crea la base para un cereal suave y sedoso, muy satisfactorio. Luego agregue:
- ½ cucharadita de sal
- ¼ taza de pasas de uva*

Lleve la mezcla a hervor a temperatura media o alta. Reduzca el calor a bajo y cueza hasta que esté hecho, revolviendo periódicamente con un tenedor para que se mantenga suave. Se sirve caliente, con ghee o mantequilla y/o jarabe de arce.

*Para obtener un PLATO DE ROTACIÓN DÍA 4, omita las pasas de uva.
**PLATO DE POLARIDAD PARA FORTALECER LA SALUD.

Comentario: el maíz azul tiene fama de aportar un poco menos de calor que su hermano amarillo.

SOBRE LAS SOPAS COMO DESAYUNO

Si bien para algunos es un concepto extraño, la sopa caliente puede ser un estupendo desayuno cuando el clima es fresco. Esto vale sobre todo para los kapha, a quienes los cereales concentrados suelen aplastar. El lector puede inventar su propio repertorio de recetas favoritas o buscar ideas en la sección Sopas de esta obra o jugar con las saludables sopas secas individuales que ofrece el mercado.

Los mismos que graviten hacia las sopas en el otoño pueden querer experimentar con desayunos de fruta fresca, más ligeros, cuando el clima es cálido.

Kala chana y patatas

Tiempo de preparación: en olla a presión, 1 hora o un poco menos; en cacerola abierta, 3-4 horas
Moderadamente RAJÁSICO (kala chana), +vata, -pitta, -kapha
Raciones: 2-4
ॐ ❋

Lave y remoje durante toda la noche:
- 1 taza de garbanzos negros secos

Póngalos en una olla a presión de acero inoxidable con:
- 5 tazas de agua
- ¹/₈ cucharadita de asafétida
- 1 cucharada aceite de sésamo

Llévelo a presión y cueza durante 30-40 minutos o hasta que esté tierno. Mientras se cocinan, puede lavar y cortar en cubitos:
- 2 tazas de patatas nuevas crudas, en cubos de 1,5 cm. No es necesario pelarlas

Cuando los garbanzos estén cocidos, reduzca la presión haciendo correr agua fría sobre la tapa cerrada. Abra la cacerola, agregue las patatas y continúe cociendo a temperatura media. Cueza hasta que las patatas estén hervidas, unos 15 minutos.

En una sartén pequeña, caliente:
- 1 cucharada de aceite de sésamo

Agregue revolviendo:
- 1 cucharadita semillas de comino
- ½ cucharadita de cúrcuma
- 1 cucharadita de sal

Deje tostar durante 1 o 2 minutos. Agregue:
- 1 ½ cucharaditas de coriandro molido
- ¹/₈ cucharadita de cayena (opcional)
- 1 cucharadita de zumo de limón fresco

Agregue, revolviendo, la mezcla de especias a los garbanzos con patatas, una vez que estén cocidas. Decore con:
- 3 cucharadas de hojas de cilantro fresco, finamente picadas

Tradicionalmente, esto se sirve como pequeños tacos, con los garbanzos con patatas dentro de:
- 6 chapatis de trigo integral o tortillas

Doble y sirva. Los garbanzos (kala chana) también se pueden servir solos, como guiso espeso.

Comentario: kala chana y patatas es uno de mis desayunos favoritos entre todos los del mundo, y lo incluyo por motivos enteramente sentimentales. Aún recuerdo la primera vez que me lo sirvieron, en una fría mañana de octubre, en las montañas de Uttar Pradesh, en el norte de India; el fuego de la cocina nos soplaba en la cara y un sol color limón comenzaba apenas a espiar por encima de los nubarrones grises. Me sentí en el paraíso. Por eso, esta receta va dedicada a todos los de India Oriental que han sido tan amables con nosotros, los occidentales que viajamos a esa zona. ¡Benditos seáis y muchas gracias!

La primera vez que encontré esta receta en Estados Unidos de América, poco faltó para que me zampara, yo sola, toda la cacerola. No me había percatado de lo mucho que la echaba de menos.

Sabroso revuelto de tofu

Tiempo de preparación: 10 minutos
Moderadamente RAJÁSICO, 0 vata, 0 pitta, levemente +kapha
Raciones: 3-4
✼ ✳ 𐊇 ✳

Caliente en una sartén grande:
- 1 cucharada de ghee
- 1 cucharada aceite de oliva virgen extra

Rehogue en el ghee, sin que se tuesten:
- 1 cebolla pequeña fresca, picada (con los brotes verdes, si los tiene), o 2 cebolletas picadas (alrededor de una cucharada)
- 1 diente de ajo pequeño, picado fino
- 1-2 cucharaditas de hojas de salvia fresca, bien picadas

Aplaste con un tenedor, directamente en el contenido de la sartén:
- 1 cubo (½) de tofu fresco

Sofría hasta que esté todo caliente. Un momento antes de servir, mezcle al tofu, aplastando bien:
- 1 cucharada colmada de miso amarillo

Agregue:
- Sal y pimienta negra recién molida, a gusto

Si se desea más equilibrante para kapha, omita el ghee y utilice un máximo de 1 cucharada de aceite de oliva. Revuelva con frecuencia. Utilice una cucharada escasa de miso, aun menos, si así lo prefiere. Mezcle una cucharada de agua al tofu justo antes de servir. Es igualmente sabroso, pero menor en contenido graso.

Moderadamente RAJÁSICO, suavemente +vata, -pitta, 0 kapha.

Comentario: es una buena alternativa para reemplazar los cereales calientes. ¡Y es rápido! Si usted tiene a mano un poco de perejil y rúcula fresca, queda muy bien mezclarle un manojillo de hojas de rúcula finamente picadas y una cucharada de perejil picado.

Tacos como desayuno

Tiempo de preparación: 10 minutos
RAJÁSICO*
Raciones: 2
✳ ✺ ༞ ❄

Esta es una comida rápida y fácil. Hay que usar dos sartenes. Ponga una sartén de hierro o una plancha a calentar sobre temperatura media o alta. Bata:
- huevos frescos no fertilizados
- o prepare una sartenada de **Sabroso revuelto de tofu**

Los huevos van a la segunda sartén, a temperatura media, con:
- 1 cucharadita de ghee

Vierta los huevos (o el tofu) en este recipiente a temperatura media y revuélvalos. Mientras se cuecen, eche un poquito de ghee a la primera sartén y caliente rápidamente:
- 4 tortillas de maíz o trigo integral

Solo unos pocos segundos por cada lado. No deben quedar crujientes, sino blandas. Ponga una o dos cucharadas de huevos o tofu revueltos dentro de la tortilla caliente y pliegue. Prepare así tres tortillas más. Sirva inmediatamente. Muy sabroso con **Salsa de cilantro fresco**, página 263.

*Con huevos y tortillas de maíz: RAJÁSICO, -vata, +pitta, moderadamente +kapha
*Con huevos y tortillas de trigo integral, RAJÁSICO, -vata, moderadamente +pitta, +kapha

*Con **Sabroso revuelto de tofu** y tortillas de maíz: levemente RAJÁSICO, levemente +vata, 0 pitta, levemente +kapha

*Con **Sabroso revuelto de tofu** y tortillas de trigo integral: levemente RAJÁSICO, 0 vata, 0 pitta, levemente +kapha

*Con huevos revueltos, tortillas de maíz y aceite de sésamo en vez de ghee, es un PLATO DE ROTACIÓN PARA DÍA 4. Para obtener un sabor diferente, se puede rehogar un poquito de cebolla o ajo en el aceite antes de revolver los huevos.

Sobre el miso

El miso, pasta fermentada de habichuelas de soja, es desconocido para la mayoría de indios. Y puesto que está fermentado, se supone que es rajásico. Además, se recomienda comerlo solo de vez en cuando. Sin embargo, yo pediría que se reconsiderara esta postura.

Vivo en las montañas del norte de Nuevo México, una zona donde abundan los elementos radiactivos, tanto los naturales como los creados por el hombre, y en invierno me sorprendo sirviendo miso con más frecuencia. Es cálido, rico en proteínas y vitaminas B (¡y en sal!). También posee zybicolina, un agente aglutinante efectivo para desintoxicar y limpiar la radiación del cuerpo. Según las normas japonesas, la cantidad beneficiosa de miso sería media cucharadita al día.

El miso es un alimento desconocido en la práctica nutritiva ayurvédica. Sin embargo, debido a la realidad de los desechos radiactivos de baja potencia diseminados por todo el globo, podría convertirse en una parte valiosa de la práctica ayurvédica. Queda por ver.

Huevos revueltos y hortalizas

Tiempo de preparación: 5-7 minutos
RAJÁSICO, -vata, +pitta, moderadamente +kapha (apto para uso ocasional)
Raciones: 3
❄ ✳ ♌ ❄

En un bol de tamaño mediano, bata:
• huevos frescos no fertilizados (si los consigue)

En una sartén pesada, caliente:

- 1 cucharada de ghee o aceite de oliva

Ponga a rehogar en la sartén:

- 1 cucharada de cebolla bien picada (opcional)
- ½ cucharadita de tomillo seco

Cuando la cebolla esté tierna y traslúcida, agregue:

- ½ -1 calabacín mediano (depende de cuánto le agraden las hortalizas por la mañana), cortado en cubos de 1 cm o en juliana

Rehogue durante 1 o 2 minutos. Agregue los huevos batidos y revuelva. Cueza hasta que esté listo. Sabroso con bollitos o tajadas de melón fresco, si usted tiene buen agni (fuego digestivo).

Para desayunos tardíos especiales, véase: **Quiche de cilantro**, página 160, y *Frittata* **de patatas,** página 161.

Sobre los huevos

Los huevos son calientes, pesados y rajásicos. Si se comen muchos sale a relucir el guerrero, antes que el mediador interior. Son una buena fuente de proteínas equilibradas baratas. Los médicos ayurvédicos difieren en sus opiniones al respecto. Algunos dicen que van bien ocasionalmente, ningún problema. Otros, sobre todo los que honran las prácticas hindúes tradicionales, no los utilizan. Como en todo, al fin será el lector quien decida. Existen varios sustitutos buenos para los huevos, como las semillas de lino molidas y cocidas, que se pueden utilizar con bastante facilidad en las masas para el horno y algunas comidas.

La yema es la parte más caliente y pesada del huevo. Por lo tanto, los cálidos pitta deben ser medidos con los alimentos ricos en yema. A menudo toleran mejor una clara ocasional, más refrescante, seca y liviana. Los alimentos que contienen yema de huevo también son malos para kapha, por ser ricos y pesados. Tanto la yema como la clara son de acción rajásica y tienen un efecto posdigestivo picante. Es decir: en caso de inflamación, cualquier parte del huevo empleada en exceso puede agravar ese calor. Los vata y kapha suelen tolerar sin dificultad dos o tres huevos por semana, sobre todo en platos horneados, suflés y similares. Los huevos fritos y duros son los más difíciles de digerir.

Pasta básica para tortitas

Tiempo de preparación: unos 30 minutos
SÁTVICO*
Piezas: 10 tortitas de 7 u 8 cm
✳ ✳ ☽ ✳

Bata en la licuadora:
- ½ plátano maduro
- 1 huevo
- 1 cucharada de aceite de girasol
- 1 cucharada (o menos) de jarabe de arce
- 1 ½ tazas de leche cruda y fresca, hervida (o leche de soja)
- ½ cucharadita de canela
- ⅛ cucharadita de nuez moscada

Mezcle en una taza medidora y luego agregue al licuado:
- 1 ¼ -1 ⅓ taza de harina de trigo integral (o harina de cebada)
- ¼ cucharadita de sal
- 1 cucharadita de polvo de hornear (al ras en altitudes elevadas)

Revuelva la pasta con una espátula de madera si necesita separar la harina de los costados de la licuadora. Caliente un par de sartenes a temperatura media-alta, ya ligeramente aceitadas o antiadherentes, y vierta en ellas la pasta, formando círculos de 7-8 cm. Cuando la cara superior empiece a burbujear y la de abajo esté dorada, dé vuelta a la tortita. Sirva caliente, con ghee y jarabe de arce.

*Con leche, trigo integral y sartén levemente aceitada, SÁTVICO, -vata, -pitta. +kapha

*Con leche de soja, harina de cebada y sartén antiadherente, 0 vata, -pitta, -kapha

Comentario: hay muchas variantes posibles. Tal vez las más memorables sean las tortitas de arándanos, hechas con diminutas bayas recogidas por nuestros hábiles chicos e intrépidos consortes en las sierras de California, el otoño pasado. Esparza unas cuantas bayas frescas (una taza por preparación) en cada tortita, después de haber vertido la pasta en la sartén o plancha. Dé vuelta como de costumbre. Para esto van bien los arándanos, las frambuesas, las pecanas o los melocotones frescos en rodajas finas.

Para DÍA DE ROTACIÓN 1: omita el plátano y la nuez moscada. Utilice:
- Un sustituto de huevo
- 1 cucharada de ghee, mantequilla fundida o aceite de nuez para aceitar
- 1 cucharada de malta de cebada, sorgo o azúcar de caña integral como edulcorante
- 1 ½ taza de leche
- ½ cucharadita de canela
- 1 ⅓ taza de harina de trigo integral
- ¼ cucharadita de sal
- 1 cucharadita de polvo de hornear (sin maíz)

Prepare como anteriormente.
SÁTVICO, -vata, -pitta, +kapha
*PLATO PARA DÍA DE ROTACIÓN 1

Otro DÍA DE ROTACIÓN 1: exactamente igual que el primero, pero utilice:
- 1 ⅓ taza de harina de cebada o avena en vez del trigo integral

SÁTVICO, 0 vata, -pitta, 0 kapha (con harina de cebada)
SÁTVICO, 0 vata, 0 pitta, 0 kapha (con harina de avena)
PLATO PARA DÍA DE ROTACIÓN 1.
PLATO PARA DÍA DE ROTACIÓN 2: Véase **Panecillos de plátano y melocotón**, página 215, como pasta para tortitas.

DÍA DE ROTACIÓN 4: TORTITAS DE ALFORFÓN
Mezcle:
- 1 huevo
- 1 cucharada de aceite de sésamo prensado en frío
- Omita el edulcorante o utilice 1 cucharada de azúcar de dátiles o fructosa
- 1 cucharada de tahini de sésamo crudo
- 1 ⅓ taza de agua
- 1 ⅓ taza de harina de alforfón
- ¼ cucharadita de sal
- 1 cucharadita de polvo para hornear

Prepare como anteriormente.
SÁTVICO, 0 vata, levemente +pitta, -kapha

*PLATO PARA DÍA DE ROTACIÓN 4

DÍA DE ROTACIÓN 4: Tortitas de maíz: igual que anteriormente, pero con 1 ⅓ taza de maíz azul en lugar de la harina.
SÁTVICO, 0 vata (con jarabe de arce), 0 pitta (con jarabe de arce), -kapha (con miel cruda)
*PLATO PARA DÍA DE ROTACIÓN 4
Véase también **Crepes**, página 79 y **Bollitos de manzana**, página 82.

Pasteles de manzana

Tiempo de preparación: 45 minutos
Sátvico, 0 vata, -pitta, +kapha
Piezas: 16 pasteles
❁ ✳ ৯ ❄

En un bol más o menos grande, aplaste:
- 1 plátano maduro

Agregue batiendo:
- 2 huevos

Luego añada:
- 2 cucharadas de aceite de girasol
- 2 cucharadas de jarabe de arce
- 1 taza de leche fresca cruda, hervida

Revuelva bien. Mezcle:
- 2 tazas harina de cebada o trigo integral
- 1 cucharada de polvo para hornear (2 ½ cucharaditas en altitud elevada)
- 1 cucharadita de sal

Lave y ralle:
- 2 tazas de manzana rallada (unas 2 manzanas)

Agregue la manzana a la pasta y:
- 2 cucharaditas de canela
- ¼ cucharadita de nuez moscada

Agregue revolviendo los ingredientes secos. Vierta en una plancha levemente aceitada o en una sartén antiadherente y cueza a temperatura media hasta que empiecen a aparecer las burbujas; entonces déle la vuelta. (Generalmente cocino la mayor parte a temperatura media-alta, algo más baja que la mayoría. La fruta necesita tiempo adicional para cocerse). Cueza hasta que esté dorada; sirva con jarabe de arce y/o arándanos.

VARIANTE

Se puede sustituir la leche de vaca por leche de soja. Con harina de cebada, es lo más calmante para kapha. El edulcorante y el aceite se pueden reducir a 1 cucharada cada uno.
SÁTVICO, 0 vata, -pitta, levemente +kapha
Se pueden emplear peras maduras en vez de manzanas.
SÁTVICO, 0 vata, -pitta, +kapha

SOBRE LOS VIAJES EN AVIÓN

Como cabe esperar, viajar por aire es duro para el dosha vata. Viajamos por el propio elemento de vata, el aire, lanzados por el espacio a gran velocidad, con algunos cambios de altitud bien marcados durante la marcha. Por lo tanto, todos los tipos constitucionales harán bien en atender al dosha vata, en estos casos. En cuanto a comida, esto significa escoger bebidas calientes o, cuanto menos, no carbonatadas y sin hielo. Es conveniente llevar consigo un litro de agua pura. Nos beneficiará tomar comidas calmantes de vata antes y después del vuelo. Es preferible elegir sopas, guisos o cualquier plato apaciguador de vata, antes que ensaladas, palomitas de maíz, alimentos congelados y bebidas heladas o burbujeantes. Lo interesante es que uno de los remedios modernos para el *jet lag* son las cápsulas de ajo, tomadas a razón de dos, tres veces al día, durante los tres días anteriores, el del viaje y el siguiente (útil sobre todo si el vuelo es largo). El ajo es un calmante específico de vata, aunque rajásico o tamásico en su acción. Su efecto de arraigo, literalmente, resulta muy útil para estos casos. Posteriormente, un masaje de aceite, especialmente de pies, y un baño caliente son muy buenos para minimizar los efectos de este medio de transporte.

Crepes

Tiempo de preparación: 30-40 minutos
RAJÁSICO, levemente +vata, +pitta, 0 kapha
Piezas: 13 crepes de 12 o 13 cm
✳ ✳ ♌ ✳

Bata en la licuadora:

- 3 huevos

Agregue y bata a marcha baja durante 2-3 minutos:

- 1 taza leche fresca cruda hervida o de leche de soja
- ½ taza de agua
- ⅛ cucharadita de sal
- 1 taza de harina de alforfón

Deje reposar la pasta durante 15 minutos. Vierta ¼ taza de pasta en una sartén ligeramente aceitada, con:

- Aceite de sésamo

Incline la sartén con un movimiento circular, para que la crepe la cubra bien y quede redonda. Deje que se dore por una cara, alrededor de un minuto, y luego déle la vuelta. Ponga cada crepe terminada en el horno a 120 ºC, para mantener caliente mientras prepara el resto. Sirva con mermelada de frambuesas o fresas preparada con edulcorante de frutas y un chorrito de jarabe de arce, o el relleno que prefiera.

*PLATO PARA DÍA DE ROTACIÓN 4. Si usted sigue una dieta de rotación, las crepes se pueden servir con **Salsa de mango**, página 255.

Variante

Se puede sustituir la harina de trigo integral por alforfón. Sirva las dos variantes en el desayuno tardío de un día de fiesta.
RAJÁSICO, -vata, +pitta, +kapha

Comentario: si tiene prisa, puede omitir el reposo de la pasta, aunque así se liga mejor; se arriesgará a perder uno de cada tres, porque será más difícil darles la vuelta en el aire. También puede reemplazar la mitad de los huevos por sustituto de huevo.

Rellenos para crepes

Salsa de manzana, página 255, **Deliciosa manteca de manzana**, página 253, **Salsa caliente de albaricoque**, página 253, **Sopa de ñame**, página 129, **Stroganoff vegetariano**, página 186, o **Verduras Punjabi**, página 225, son buenas opciones, según el tipo de comida que usted haya pensado.

Rollitos de canela

Tiempo de preparación: 1 hora o más
SÁTVICO, 0 vata, -pitta, +kapha
Piezas: 6 rollitos
⊛ ૠ ❋

Prepare:
- Una parte de **Bollitos de Liz**, página 211, con el edulcorante opcional

Divida la masa en seis trozos y aplástelos con la mano hasta darles forma rectangular, de 1 cm de grosor o poco más, 4 cm de ancho y 15 cm de longitud. Esparza sobre ellos:
- ½ taza de pasas de uva
- ½ taza de nueces o pecanas crudas, picadas

Luego rocíe sobre ellos:
- 1 cucharada de canela

Enróllelos y póngalos erguidos en una fuente para horno ligeramente aceitada. Deje enfriar durante 30 minutos o más.

Precaliente el horno hasta 200 °C. Antes de poner los rollitos a hornear, rocíelos suavemente con:
- 6 cucharadas de jarabe de arce real (aproximadamente una cucharada por rollo)

Hornee hasta que queden dorados, unos 15 minutos. De rechupete.

Variante

Para un DÍA DE ROTACIÓN 1, sustituya el jarabe de arce por malta de cebada.

SOBRE NUESTRO ESPACIO SAGRADO

¿En qué parte de su vida está el espacio sagrado? ¿Está en los momentos tranquilos, a solas, con su familia o amigos, en la comunidad? ¿Está en las ruidosas celebraciones de los templos, en iglesias, bosques, desiertos, montañas? Tal vez lo encuentra en cada aliento.

¿Dónde está el tiempo y el espacio que alimentan esas ansias interiores? Pues lo sagrado nos alimenta, como lo saben desde siempre los pueblos de cualquier raza, religión y época. Para el ayurveda, el tiempo y el espacio sagrados ayudan a fortalecer el ojas, nuestro edredón y reserva de energías. El espacio sagrado es esencial para sanar, vivir y morir.

Bollitos de manzana

Tiempo de preparación: 1 hora
SÁTVICO*
Raciones: 6-8
⊛ ৡ ❄

Prepare:
- Doble hornada de **Bollitos de Liz**, página 211, con el edulcorante opcional

Divida la masa en dos partes iguales. Aceite ligeramente y enharine dos bandejas de horno. Con golpecitos de palma, aplane un poco cada una de las bolas de masa para formar un disco de 4-5 cm de altura, en la fuente. Enfríe durante 30 minutos o más. Precaliente el horno a 200 °C.
Mientras la masa se enfría, ralle:
- 2 manzanas orgánicas

Mezcle las manzanas con:
- ½ taza de azúcar de caña integral o concentrado de manzana
- 1 cucharada de canela
- ¼ taza de pasas de uva (opcional)**

Esparza el relleno de manzana rallada sobre un bollito. Ponga el otro encima. Hornee durante 20 minutos o hasta que esté ligeramente dorado. Sirva en triángulos, caliente o frío.

*PLATO PARA DÍA DE ROTACIÓN 1
*levemente +vata, -pitta, +kapha (con harina de trigo integral)
*moderadamente +vata, -pitta, moderadamente +kapha (con harina de cebada)
**Las pasas de uva incrementan a vata y es mejor evitarlas para ellos en este plato.

Bollitos de melocotón: prepare el bollito como arriba. Corte en rodajas finas:
- 2 tazas de melocotones o nectarinas

Mezcle con:
- ½ taza de azúcar de caña integral, concentrado de manzana o jarabe de arce
- 1 cucharadita de cardamomo molido

Hornee como arriba.

SÁTVICO, 0 vata, -pitta, +kapha

Comentario: Bollitos de melocotón, Bollitos de manzana y **Rollitos de canela** son platos ricos, aptos para postre. Por tanto, aunque se hacen sin levadura, resultan lo bastante pesados y dulces como para que sea mejor evitarlos en una dieta libre de candidiasis.

Sobre la comida y la constitución

Aunque se pone mucho énfasis sobre la comida y la constitución, me gustaría proponer que nos relajemos, en vez de alborotar tanto sobre el tema, a fin de ir familiarizándonos con el ayurveda. Si usted se alimenta con una dieta sátvica, en general podrá efectuar adaptaciones efectivas para su propia constitución sin descartar por completo un alimento.

Supongamos, por ejemplo, que usted es huésped de una familia kapha, en cuya casa se queda por algunos días. Una mañana, en vez del habitual arroz caliente, le sirven una crema caliente de centeno. El centeno es caliente, ligero y seco, bueno para kapha, no tan equilibrante para vata y pitta. Usted, vata, ¿se saltará el desayuno con la esperanza de tener mejores opciones en el almuerzo? ¡Espero que no! Basta con que ponga un poco más de ghee y algo de edulcorante al plato y todo irá perfectamente. Si usted fuera pitta, podría enfriar un poquito las cualidades del cereal endulzando con el jarabe de arce que sus anfitriones le han ofrecido gentilmente. Tanto vata como pitta podrían suavizarse acompañando la comida con un té o un poco de leche fresca caliente.

Por otra parte, supongamos que usted, vata, tiene por costumbre desayunar con crema de centeno todas las mañanas. Es realmente deliciosa: le gusta el sabor de cardamomo de la receta. Durante un tiempo todo está bien, pero luego nota algo de estreñimiento; tal vez se le secan y agrietan los labios, otra señal de que hay sequedad en el colon. Sobre una base regular, es mejor que usted equilibre su dosha con un cereal caliente y húmedo, como arroz, trigo o avena. En el ayurveda, todo con moderación. Si no somos lo bastante moderados, el cuerpo nos lo hará saber.

Por otro lado, si usted sabe que basta un poquito de patata para causarle gases, o que las fresas le provocan sarpullido, no insista. Confíe en su experiencia y evite ese alimento.

Las listas de alimentos para los tipos constitucionales (Apéndice II) se ofrecen como información para que los pruebe en su propio cuerpo. Pruebe usted mismo y vea qué alimentos le sientan mejor. Comience a desarrollar su propia experiencia y a comprender esta ciencia de la autosanación.

Almuerzos

Símbolos utilizados

«-» significa que calma o ayuda a determinada constitución;

«+» significa que la agrava o incrementa.

«0» indica efecto neutro

*DIETA DE ROTACIÓN puede ayudar a personas con sensibilidad alimentaria.

**PLATO DE POLARIDAD se refiere a recetas que apoyan el trabajo con terapia de polaridad.

⊛. = Primavera

✳ = Verano

♌ = Otoño

❄ = Invierno

Tradicionalmente, para el ayurveda la comida principal es la del mediodía. A esta hora la digestión está en su punto máximo y es más capaz de vérselas con una variedad de alimentos. Sin embargo, en muchos países se reserva menos tiempo para el almuerzo y más para la cena. Cediendo a la realidad cotidiana de las mayorías, ofrezco aquí platos rápidos, ligeros y fáciles de preparar, más sus efectos sobre los doshas, para el almuerzo. Es preciso tener en cuenta que, según la tradición, estos serían más aptos para servir al final de la jornada, no en el medio. Por rápido y fácil entiendo lo que lleva 25 minutos o menos, desde el comienzo hasta el final.

Cocinar según el clima

El ayurveda nos ve como un microcosmos dentro de un macrocosmos mayor, que incluye nuestro clima y el sitio donde vivimos. Podemos emplear la cocina como medio para adaptarnos más cómodamente a nuestro territorio. En un clima fresco y seco, como este donde vivo yo, se guisa con más líquidos y aceites para equilibrar las altas condiciones vata que se desarrollan aquí con facilidad. También se recomienda aumentar el aceite de uso externo, como el masaje de aceite para los tejidos blandos, que pueden secarse con facilidad en el desierto de la alta montaña. También es equilibrante tener mayor cantidad de agua en el hogar, como puede ser un pequeño estanque para peces o una diminuta fuente de reciclaje de agua.

En un clima caluroso, lluvioso y húmedo, se requieren medidas más secantes. Un poco menos de aceite y más maíz, judías pintas y arroz. Una ensalada abundante favorece el equilibrio, y se deben reducir los alimentos ácidos, que retienen la humedad.

En un clima húmedo y fresco, necesitamos a la vez calentarnos y secarnos. Lo que sirve son los platos calientes, algo picantes, con generosas cantidades de jengibre fresco. Una intensa iluminación interior, con bombillas de luz de espectro total, añadirá el fuego necesario para estimular el organismo. Las saunas pueden ser útiles, así como un masaje con un cepillo seco, terapias habitualmente reservadas para el lento kapha.

Debemos evaluar primero nuestras necesidades individuales. Los pitta que vivan en Seattle harán bien en comer menos alimentos picantes que los kapha de la misma ciudad. Pero esos mismos pitta pueden consumir más comidas picantes en el Noroeste que si viajaran a las calurosas Tucson o Miami, donde el calor es tan húmedo.

Quienes viven en zonas urbanas suelen impresionarse primero por la energía que crean la ciudad y sus habitantes; en segundo término, por el clima (salvo cuando llega a extremos, como julio en Nueva York o enero en Chicago). En casi todas las zonas metropolitanas existe la necesidad general de calmar a vata y a pitta. Esto se puede hacer con cualquiera de las recetas ligeras, calmantes y fáciles de digerir que se ofrecen aquí. El pranayama y el masaje con aceite también son beneficiosos para lograr un mayor equilibrio.

Platos rápidos y fáciles para el almuerzo

Coliflor a la crema de anacardo moderadamente	+V	0P	OK
Salsa cremosa de espinacas en tostada	0V	0P	–K
Brillante ensalada de alcachofas de Jerusalén	0V	0P	–K
Ensalada de calabacines	0V	0P	OK
Ensalada de calabaza de verano	0V	–P	–K
Ensalada de col china fresca	+V	–P	–K
Ensalada de jícama y mandarina	–V	0P	OK
Ensalada de judías mungo germinadas	0V	–P	–K
Ensalada de pasta de maíz	0V levemente +P	–K
Ensalada de pasta de trigo	–V	–P	+K
Ensalada de zanahoria y pasas de uva	–V	0P	OK
Ensalada fresca de calabacín baby	–V	–P	OK
Ensalada fresca de pepino y espinaca	0V	0P	OK
Fideos de celofán con guisantes chinos	–V	0P	OK
Fideos soba con ajo y hortalizas	0V levemente +P	OK
Garbanzos a la libanesa	+V	–P	–K
Hummus y galletas	+V	0P	OK
Judías azuki sencillas	0V	–P	–K
Pasta con salsa cremosa de orégano	–V	–P	OK
Pasta con salsa pesto	–V	+P	+K
Pasta con salsa ligera de albahaca	–V	–P	OK
Pasta muy simple	–V	0P	–K
Pasta primavera	–V	0P	–K

Salsa de almendras y jengibre sobre hortalizas	–V	+P	+K
Salsa rápida de judías con tortillas	0V	–P	–K
Sopa de calabacín de Luciano	–V	–P	0K
Sopa de judías mungo germinadas	0V	–P	0K
Sopa rápida de judías negras	+V	0P	0K
Sopa cremosa de brécol	0V	0P	0K
Tofu Z con hortalizas y basmati o kasha y puerros	0V	0P	0K
Zanahorias recién ralladas	–V	0P	–K

PLATOS PARA EL ALMUERZO PARA PREPARAR CON ANTICIPACIÓN

Rollitos nori y salsa para mojar	–V	–P	0K
Áspic de zanahorias frescas	–V	+P	–K
Bufé de ensaladas Supreme	0V	–P	–K
Borscht de remolacha muy básico	–V	+P	–K
Dal reductor de ama	–V	–P	–K
Ensalada de boniato	–V	0P	+K
Ensalada ligera de patatas moderadamente	+V	0P	–K
Ensalada de quinua y cilantro	0V	–P	–K
Ensalada gelinizada de frambuesa y kiwi	0V	–P	0K
Ensalada gelinizada de fresa y piña	–V	–P	+K
Gazpacho ligero de pepino	–V	–P	0K
Kichadi	–V	–P	–K
Manteca de almendras y mermelada de fruta con edulcorante sobre pan irlandés	–V	0P	+K
Pan de maíz azul y judías pintas de Santa Fe	+V	0P	–K
Paneer y bollitos	–V	–P	+K
Pilaf de quinua y espárragos	–V	–P	–K
Quiche de cilantro	–V	0P	0K
Sabrosa hamburguesa	0V	0P	0K
Sopa cremosa de espárragos	–V	–P	–K
Sopa de ñame	–V	–P	+K
Sopa de guisantes partidos	0V	–P	–K
Sopa de judías mungo partidas	–V	–P	levemente +K
Suculenta sopa de hortalizas	0V	–P	–K
Salsa rápida tahini, bollitos y miel	–V	0P	+K

Ensaladas

Símbolos utilizados

«-» significa que calma o ayuda a la constitución mencionada;

«+» , que la agrava o incrementa.

«0» indica efecto neutro

*DIETA DE ROTACIÓN puede ser útil para personas con alergias alimentarias.

**PLATO DE POLARIDAD indica recetas que apoyan el trabajo con terapia de polaridad.

⊛= Primavera

✱ = Verano

℞ = Otoño

❄= Invierno

Ensalada veraniega arco iris

Tiempo de preparación: 20 minutos
SÁTVICO, 0 vata, ´pitta, -kapha
Raciones: 4
✲ ✳ ❄

Combine:

- 1 taza de hojas de endivia, finamente cortadas
- 2 tazas de hojas de lechuga pequeñas y tiernas, finamente cortadas o rotas
- 8 rosetas de canónigo
- 2 cucharaditas de menta fresca, finamente picada
- ¼ taza (o menos) de hojas y flores de rúcula
- Hojas de albahaca finamente picadas
- 1 calabaza de verano amarilla, pequeña, cortada en rodajas finas y en juliana
- 1 zanahoria pequeña, rallada
- 6 hojas de espinaca finamente picadas

Aderezar con:

- **Aderezo de perejil y estragón para ensaladas**, página 116

Decorar con:

- Flores de borraja azul, capuchina anaranjada y semillas de girasol tostadas (¡todo opcional, pero divertido!)

** PLATO DE POLARIDAD PARA DIETA PURIFICADORA

Comentario: obviamente, esta es una ensalada de la huerta; ofrece alguna idea de cómo se puede jugar con el jardín propio para crear manjares coloridos y ligeros. Puede usted divertirse con sus propias combinaciones. Una huerta en casa, aunque solo sea una diminuta jardinera en la ventana, puede ofrecer una variedad y una frescura que no hay en ningún supermercado.

Ensalada de calabacines

Tiempo de preparación: 15 minutos
SÁTVICO, 0 vata, 0 pitta, 0 kapha
Raciones: 3-4
✳ ⏻

Lave y prepare:
- 2 calabacines medianos, en rodajas finas
- 1 cucharada de puerros en rodajas finas
- 2 cucharadas de perejil italiano, finamente picado

Ponga el calabacín y el puerro en una vaporera y cueza durante 2 minutos, más o menos (el calabacín también se puede consumir crudo, si se prefiere). Coloque en un bol mediano para servir; agregue el perejil italiano y revuelva con **Aderezo cremoso de pesto**, página 117.

**PLATO DE POLARIDAD PARA DIETA PURIFICADORA

Ensalada fresca de calabacines baby

Tiempo de preparación: 10 minutos
SÁTVICO, -vata, -pitta, 0 kapha
Raciones: 2

☀ ၇

Lave:
- 2-3 calabacines baby frescos
- 1 pepino; si no es orgánico, pelado
- 6-12 hojas nuevas de consuelda o medio manojo de espinaca fresca, lavada

Corte los calabacines en rodajas a lo largo y luego a lo ancho, en forma de medialunas muy finas. Pele el pepino y córtelo de manera similar (si es más grande, en cuatro antes de cortarlo en rodajas). Pique bien la consuelda o las hojas de espinaca.

En una sartén pequeña y pesada, ase a temperatura baja:
- ¼ taza de semillas crudas de calabaza

Tueste hasta que comiencen a reventar, entre 1 y 3 minutos. Mezcle las semillas con todas las hortalizas en un bol bonito. Rocíe directamente con:
- 1 cucharada de aceite de oliva
- 1 ½ cucharaditas de zumo de limón o lima, fresco*

Revuelva y sirva.

**PLATO DE POLARIDAD PARA DIETA PURIFICADORA

Si usted sigue una dieta de rotación estricta, omita el zumo de lima o limón y utilice en cambio ¼ cucharadita de vitamina C en polvo y 1 cucharadita de agua fresca. No es ortodoxo ni tradicional, por cierto, pero sí útil en un apuro, si las alergias son extremas.
*PLATO DE ROTACIÓN PARA DÍA 2

Ensalada de calabaza de verano

Tiempo de preparación: 10 minutos (incluida la preparación del aderezo)
SÁTVICO, 0 vata, -pitta, -kapha

Lave y corte en rodajas finas:
 • 4 calabazas pequeñas, muy frescas, ya sean scallopini o amarillas de cuello torcido
Cueza al vapor:
 • ½ taza de guisantes frescos, sin cáscara, crudos*
Mezcle con la calabaza. Marine con:
 • **Aderezo de perejil y estragón para ensalada**, página 116
Sirva. Agradable ensalada refrescante y ligera.

**PLATO DE POLARIDAD PARA DIETA PURIFICADORA

*Nota: los guisantes crudos son buenos para pitta y kapha; a algunos vata les resultan un poco difíciles de digerir. En ese caso los puede cocer al vapor en una cacerola pequeña, tapados, durante 1 o 2 minutos.

¿QUÉ ENTENDEMOS POR FRESCO?

Como me preguntó Margie Hughes, mi estimada correctora de pruebas y vieja amiga. «¿A qué te refieres cuando dices fresco? ¿A comprar o recolectar las verduras o la fruta cada día? ¿O te refieres a cocinarlas cada día? Es decir: ¿se podría comprar brécol un martes, usar la mitad para un revuelto esa noche y guardar el resto (crudo) en el refrigerador, para usarlo en otro plato el jueves?».
Claro. Lo más importante, en este tema, es el efecto transformador del fuego, de la cocción. Una vez que el alimento está cocido, queda abierto a procesos de descomposición y fermentación mucho más rápidos. Por eso se recomienda

comer un plato cocido (o crudo, cortado y marinado) el mismo día en que se haya preparado.

La fruta fresca, cruda y entera, se puede almacenar a temperatura ambiente cuando sea adecuado; la mayoría de las verduras se pueden guardar enteras en el refrigerador durante pocos días.

Para tener comida más fresca, lo ideal es, desde luego, usar productos recién recogidos en la huerta propia o ajena. Son los que contienen más vitalidad y nutrientes. (Como a tantos cocineros, esta búsqueda de frescura ha incitado mi interés por la horticultura, sobre todo la ayurvédica. Si hemos de clasificarlos, lo recién recogido es lo mejor; luego vienen los productos frescos recogidos previamente y, por fin, los productos crudos que se hayan almacenado enteros en frío. Sin embargo, todo esto sería considerado «fresco» comparado con un plato que hubiera sido preparado un día y servido al siguiente. Esto último no es fresco desde una perspectiva ayurvédica.

―――――――――

Brillante ensalada de alcachofas de Jerusalén

Tiempo de preparación: 10 minutos
SÁTVICO (la cantidad de ajo utilizada es mínima), 0 vata, 0 pitta, -kapha
Raciones: 2-3
❀✻🐍❀

Lave muy bien:
  • 12 alcachofas de Jerusalén, grandes, crudas
Tienen una decidida tendencia a acumular polvo detrás de las orejas, por así decirlo. Rállelas dentro de un cuenco, con cáscara.
Agregue mezclando:
  • 1 diente de ajo picado
Revuelva agregando:
  • **Aderezo de perejil y estragón para ensalada**, página 116

Y sirva inmediatamente.

**PLATO DE POLARIDAD PARA DIETA PURIFICADORA

Comentario: en este caso, ¡lo brillante no es el color, sino el sabor!

Ensalada fresca de pepino y espinaca

Tiempo de preparación: 15 minutos
SÁTVICO*
Raciones: 3
✦ ✳ 𝕣 ❄

Lave bien y seque:
* 2 tazas de espinaca fresca

Lave y pele:
* ½ pepino

Corte a lo largo y luego en rodajas finas, en forma de medialunas.
Disponga la espinaca en platos de ensalada, con las rodajas de pepino encima.

Sirva con:
* **Rico aderezo de almendra y pepino**, página 118
* **Aderezo de estragón, miel y mostaza**, página 119

Y esparza por encima almendras tostadas picadas.
*0 vata, 0 pitta, +kapha (con aderezo de pepino y almendra)
*0 vata, 0 pitta, 0 kapha (con aderezo de estragón, miel y mostaza)

Comentario: para que esto sea más calmante para kapha, utilice mayor cantidad de espinaca fresca. También puede diluir con agua el aderezo de almendra y pepino o usarlo en menor cantidad.

Ensalada de col china fresca

Tiempo de preparación: 10-15 minutos, incluido el aderezo
SÁTVICO, +vata, -pitta, -kapha
Raciones: 4
✦ ✳ 𝕣 ❄

Lave y corte en rodajas de 1 ½- 2 cm a través de las nervaduras:
* ½ col china fresca, alrededor de dos tazas

Aparte, prepare:
* **Aderezo de naranja y sésamo**, página 119

Vierta la mitad del aderezo sobre la col china cortada, revolviendo bien. El resto se puede reservar para otro uso.

*PLATO DE ROTACIÓN PARA DÍA 4
**PLATO DE POLARIDAD PARA DIETA PURIFICADORA

Comentario: esta ensalada es suave y más fácil de digerir que la mayoría; gusta a los niños.

Ensalada de zanahoria y pasas de uva

Tiempo de preparación: 15 minutos
SÁTVICO, -vata, 0 pitta, 0 kapha
Raciones: 2-3
❀ ✳ ❄

Ponga en una taza y cubra con agua caliente:
• 2 cucharadas de pasas de uva, preferiblemente orgánicas
Déjelas remojar al menos 10 minutos. Esto ayuda a que se esponjen y las torna más fáciles de digerir. Lave bien y ralle:
• 2 zanahorias medianas
Bata juntos:
• 1 cucharada de zumo de limón fresco
• ½ cucharadita de miel cruda
Luego agregue batiendo:
• 2 cucharadas de aceite de oliva prensado en frío
Escurra las pasas de uva y agréguelas a las zanahorias en un cuenco. Vierta el aderezo sobre la ensalada. Revuelva bien.

**PLATO DE POLARIDAD PARA DIETA PURIFICADORA

Entrante de zanahorias

Tiempo de preparación: 30 minutos, más 1 hora para enfriar
SÁTVICO, -vata, 0 pitta, -kapha *
Raciones:4
❀ ✳ ℧ ❄

Ponga a hervir en una cacerola mediana:
- ½ cucharadita de sal
- ½ cucharadita de azúcar de caña integral o fructosa
- 4 tazas de agua

Lave y corte en juliana:
- 4 zanahorias orgánicas de tamaño medio (unas cuatro tazas)

Échelas en el agua hirviente y blanquee con tapa durante 3 minutos. Seque y ponga en un bol que se pueda tapar con facilidad. Mezcle:
- 1 ½ cucharadas de zumo de limón fresco
- 3 cucharadas de aceite de oliva
- 1 diente de ajo pequeño, picado (se puede omitir)*
- 2 cucharaditas de menta verde, fresca y picada
- ½ cucharadita de romero fresco, finamente picado
- Sal y pimienta a gusto (se puede omitir)

Vierta el aderezo sobre las zanahorias y revuelva o agite bien. Marine en el refrigerador hasta que los sabores se hayan entremezclado. Sirva.

*SÁTVICO, -vata, -pitta, 0 kapha, si se omite el ajo

Comentario: esta es una antigua receta siciliana, aportada por mi amiga Dolores Chiappone. La original utiliza vinagre de vino tinto en vez de zumo de limón.

Variante
ZANAHORIAS FRESCAS RALLADAS CON MENTA VERDE Y LIMA
Tiempo de preparación: 10 minutos
SÁTVICO, -vata, 0 pitta, -kapha
Raciones: 4
✵ ✳ ♋ ✺

Lave y ralle en un cuenco mediano:
- 4 zanahorias medianas; las orgánicas son las más sabrosas

Lave y pique finamente:
- 1 cucharadita de menta verde fresca

Agregue a las zanahorias y revuelva. Rocíe sobre las zanahorias con menta:
- 1 cucharada de aceite de oliva virgen extra, prensado en frío
- 1 ½ cucharadita de zumo fresco de lima o limón

Revuelva bien.
**PLATO DE POLARIDAD PARA DIETA PURIFICADORA

¿Y cómo se consiguen las hortalizas más frescas? Las verduras frescas tienen mucha más energía vital, *prana*, que las congeladas o enlatadas. Y pueden compartir esa energía vital con usted. Un libro delicioso para empezar a cultivar sus propias verduras frescas para ensalada durante todo el año es *The New Organic Grower's Four-Season Harvest* [La cosecha de cuatro estaciones del nuevo cultivador orgánico], de Eliot Coleman. Coleman utiliza medios sencillos, prácticos, ecológicamente sensatos para proteger las hortalizas hasta del clima más frío, sin invernáculos complicados ni calor entubado. Con una cosecha de cuatro estaciones, no se trata de comer espárragos en primavera ni tomates en pleno invierno: se come con el ritmo de las estaciones. Y cada estación tiene sus propias verduras para disfrutar: lechuga y espinaca en primavera, principios de verano y otoño; espinaca de Nueva Zelandia y cenizo en pleno verano; rúcula, canónigo y lechuga de minero cuando se instala el frío intenso. Los brotes se pueden cultivar todo el año, si se quiere. Véase Sobre los germinados, página 137.

Ensalada de boniato

Tiempo de preparación: 30-45 minutos
SÁTVICO, -vata, 0 pitta, +kapha
Raciones: 4
❀ ✳ ᘰ ❄

Hierva enteros o corte en varios trozos:
- 4 tazas de boniatos (2 grandes)

Bata juntos en un bol pequeño:
- 1 cucharada de raíz de jengibre fresco, finamente rallado
- ½ cucharada de cáscara de limón orgánico, finamente rallada
- ¼ taza de zumo de limón fresco (1 ½ limón)
- 1 ½ cucharaditas de miel cruda
- 2-3 cucharadas de aceite de sésamo
- Sal a gusto

Cuando los boniatos estén lo bastante tiernos como para que sea fácil clavarles un tenedor, escurra el agua (muchas veces la guardo para usarla en algún caldo futuro) y pele los boniatos. Las cáscaras se desprenderán con facilidad, ya sea con los dedos o un cuchillo pequeño. Corte los boniatos en trozos de 1 ½-2 cm. Póngalos en una ensaladera y revuelva bien con el aderezo. Sirva caliente o frío.

**PLATO DE POLARIDAD PARA DIETA PURIFICADORA
Comentario: esta ensalada, rica en beta-caroteno, es especial para fortalecer los pulmones.

Aguacate relleno con judías negras y cilantro

Tiempo de preparación: 10 minutos
RAJÁSICO (debido al aguacate), moderadamente +vata, levemente +pitta y kapha
Raciones: 2 (como entrada, 4 como aperitivo)
❀ ✳ ༄ ❅

En una cacerola mediana, ponga:
- 1 taza de agua
- 1 vaporera
- 1 cucharada de cebolla colorada, finamente picada, dentro de la vaporera

Cueza la cebolla al vapor entre 2-5 minutos. Retírela de la vaporera y mezcle con:
- 1 taza de judías negras cocidas, sin sal
- ½ taza de apio orgánico, finamente picado
- ½ ¾ cucharaditas de sal (omitir si las judías tienen sal)
- ¼ taza de zumo de limón fresco
- ⅓ taza de cilantro fresco picado
- Una pizca de pimienta de Cayena

Ponga a cucharadas en:
- 1 o 2 aguacates, cortados por la mitad

**PLATO DE POLARIDAD PARA FORTALECER LA SALUD

Ensalada ligera de patatas

Tiempo de preparación: 40 minutos
SÁTVICO, moderadamente +vata, 0 pitta, -kapha
Raciones: 4
❀ ✳

Frote bien para retirar los «ojos» de:
- 6 patatas rojas medianas

Cubra con agua hirviente en una cacerola mediana y honda; cueza sin tapa a temperatura media hasta que estén blandas, unos 30 minutos. Mientras las patatas se cuecen, prepare:
- **Aderezo de estragón, miel y mostaza**, página 119

Y cueza al vapor:
- 1 taza de guisantes frescos

Deje enfriar. Pique finamente:
- 2 tallos de apio
- ¼ taza de perejil

Reserve.

Cuando las patatas estén cocidas, escúrralas (el líquido de cocción se puede usar como buen caldo para sopa) y deje que se enfríen. Córtelas en cubos o rodajas, como prefiera. Póngalas en un cuenco grande, con el resto de los ingredientes, y mezcle bien. Sirva.

Ensalada de arroz salvaje

Tiempo de preparación: 90 minutos, mayormente sin atención
SÁTVICO, -vata, 0 pitta, 0 kapha
Raciones: 4
ॐ❅

Lave:
- 1 taza de arroz salvaje crudo o ½ taza de arroz salvaje y ½ de basmati integral

Póngalo a hervir en una cacerola mediana con:
- 3 ½ tazas de caldo de verduras*
- 1 cucharadita de sal o menos

Reduzca la temperatura a media-baja, cubra y cueza hasta que esté a punto, cerca de 1 hora. Cuando el arroz esté casi a punto, regrese a la cocina para lavar y picar:
- 1 calabaza pequeña, amarilla, de cuello torcido, en rodajas
- 1 pimiento rojo dulce, muy pequeño, en cubos pequeños

Cuando el arroz salvaje esté tierno y fácil de masticar, agregue las hortalizas a la cacerola. Cubra y cueza a temperatura baja durante 10 minutos más.

Escurra el arroz si es necesario (casi toda el agua debería haber sido absorbida) y agregue revolviendo:

- ¼ taza de piñones crudos
- 1-6 cucharadas de **Aderezo cremoso de ajo para ensaladas**, página 116, según sus preferencias
- ⅛ cucharadita de pimienta de Cayena

Sirva caliente o frío

**PLATO DE POLARIDAD PARA FORTALECER LA SALUD

*Cuando no tengo un buen caldo de verduras a mano, pongo en la cacerola una zanahoria cruda y lavada, partida en tres trozos, y tres pequeñas setas secas shiitake, para que se cuezan junto con el arroz salvaje. Esta receta requiere algún tipo de caldo o verdura para que le dé el mejor sabor. Quien siga una dieta estrictamente sátvica puede omitir las setas.

¿POR QUÉ EVITAR LA CARNE?

Hay razones de sobra. La primera de ellas (para nosotros estadounidenses) es que nuestra costumbre de comer y criar ganado está restando enormes cantidades de hábitat (y de comida) a otras especies en el mundo. Estados Unidos de América es el principal importador de carne vacuna y el principal exportador del estilo de vida basado en las hamburguesas rápidas. Criar ganado requiere mucha tierra. Esas tierras son más vulnerables a la erosión y a la compactación. Y los desechos nitrogenados de las vacas contaminan muchas reservas de agua.

Las vacas crean demanda de alimentos ricos en proteína y agua. La cantidad equivalente a la mitad de las reservas de grano y oleaginosas producidas en una zona acaba rutinariamente como pienso para el ganado en países de todo el mundo. Luego esta carne se embarca para nosotros, los glotones «del norte». Tal como señalaba Francis Moore Lappé en *Diet for a Small Planet* [Dieta para un planeta pequeño], esta desigualdad repugnantemente rutinaria se puede condensar en lo siguiente: imagínese arrellanado en un restaurante, frente a un bistec de 400 gramos. Luego visualice, junto con usted, de 45 a 50 personas con los platos vacíos. Tal es el «costo de alimentación» de ese único bistec: entre 45 y 50 tazas de arroz integral cocido.

Y una vez que usted se lanza sobre ese bistec o esa hamburguesa, ¿qué sucede en su interior? La carne roja se está volviendo más peligrosa para su salud. Por ejemplo: una nueva cepa de bacteria existente en las hamburguesas, la E. coli 0157:H7, se ha vuelto tan mortífera que, en 1994, un grupo de científicos, representantes de la industria cárnica y funcionarios de gobierno recomendaron al Departamento de Agricultura de Estados Unidos de América que la mayor parte de la carne picada fuera radiada antes de su venta.

En su opinión esa radiación de cobalto era el único modo de matar a los mortíferos microbios y asegurar que la carne picada fuera segura para los consumidores. (La bacteria investigada era la misma que, en 1993, infectó a setecientas personas en el Noroeste del Pacífico). Es horroroso que la carne haya llegado a estar tan pútrida que la única manera de esterilizarla sea radiarla.

Eso también indica hasta qué punto se ha hundido la industria cárnica, en cuanto a la crianza de animales sanos y la oferta de productos limpios. Un factor que no parece haber sido tomado en cuenta es la posibilidad de que, a largo plazo, se creen cepas de bacterias aún más mortales y resistentes, mediante mutaciones inducidas por la radiación.

Si bien el consumo de carne roja se asocia, desde hace mucho tiempo, con una mayor probabilidad de contraer cáncer de colon, dolencias cardiacas, osteoporosis y otras enfermedades, en la escena van apareciendo, lamentablemente, otro aspectos espeluznantes. La enfermedad de las vacas locas es epidémica en Gran Bretaña. En Estados Unidos de América llamamos vacas caídas a las vacas que caen y no pueden volver a ponerse en pie, por diversas razones. La gran mayoría de las vacas caídas de este país son sacrificadas y su carne se envía, ya para consumo humano, ya para ser utilizada en la fabricación de pienso. Estos alimentos para animales, ricos en proteínas, son luego suministrados a otros animales, incluidas las vacas.

En Gran Bretaña existe el grave temor de que este procedimiento de alimentar a las vacas con otras vacas esté diseminando la EEB (encefalopatía espongiforme bovina), una enfermedad degenerativa del cerebro por la cual los animales comienzan por tambalearse, para luego enloquecer y morir. A día de hoy no existe cura para esa dolencia, invariablemente fatal. Lo más preocupante es que, al parecer, puede infectar a otros mamíferos.

En Gran Bretaña, por ejemplo, se cree que las vacas afectadas contrajeron la enfermedad por haber consumido pienso hecho con ovejas reutilizadas. (Las cabras y las ovejas pueden portar una enfermedad cerebral espongiforme conocida como tembladera). Y desde entonces, cuanto menos uno de los granjeros británicos cuyos rebaños contrajeron la EEB ha muerto de la enfermedad de Creutzfeldt-Jakob, forma humana del «cerebro esponjoso». En Gran Bretaña cunde la alarma. Más de dos mil escuelas públicas del Reino Unido dejaron de servir carnes rojas a los niños. En la primavera de 1993 murieron de ese mal 885 vacas británicas cada semana, frente a las 675 del año anterior. La EEB no es un problema en Estados Unidos de América, según el gobierno. Sin embargo, teniendo en cuenta nuestras prácticas alimentarias, se diría que esta u otras enfermedades podrían propagarse aquí con facilidad.

Ahora bien: usted no come carne vacuna desde hace años. ¿Qué hay de otros tipos de carne? Una vez más, los animales han sido presa de las prácticas humanas, tanto por lo sucio de la producción como por los contaminantes planetarios. Puesto que ocupan puestos altos en la cadena alimentaria, muchos animales concentran en sus tejidos toxinas de circulación común, como el mercurio y los BPC (bifenoles policlorados). Los peces de mayor tamaño que el salmón, como el pez espada y el atún, pueden tener niveles de mercurio peligrosamente elevados. Los peces de los Grandes Lagos han acumulado BPC a tal punto que se recomienda oficialmente no comerlos más de una vez por semana, nunca durante el embarazo.

El salmón, un alimento extraordinariamente nutritivo, rico en calcio, proteínas y ácidos grasos esenciales, ha sido pescado hasta su extinción en muchas zonas. ¿Quiere usted contribuir a la extinción de esta especie? El pollo, debido a los sucios métodos de producción, corre el riesgo de contraer infecciones por salmonella resistentes al antibiótico. Y en esta última década, los cerdos presentan en sus tejidos niveles crecientes de residuos de sulfa. En la actualidad, el pavo es el que tiene los niveles más bajos de pesticidas y residuos químicos. Si usted cría sus propios animales y los cuida bien, o si tiene otra fuente fiable de productos orgánicos, esta puede ser una opción.

No obstante, si usted trabaja con un médico ayurvédico, lo más probable es que sea vegetariano, al menos en esta década. Y casi todos los facultativos ayurvédicos que se han formado en India están bien familiarizados con la dieta vegetariana. Saben mejor que nadie cómo interactúan estos regímenes con las prácticas que recomiendan y con los preparados de hierbas que pueden recomendar. Saben que la carne es un alimento pesado y que a menudo provoca fermentación interna en el intestino. Y es probable que se entiendan mejor con el paciente que siga una dieta con la que estén familiarizados. Al mismo tiempo, debe ser una dieta que a usted le agrade.

Por lo tanto, si usted continúa comiendo carne, pero está interesado en reducirla o suprimirla del todo, tal vez le convenga probar la práctica ayurvédica de ¼, ¼ y ¼: calcule su consumo actual de carne y redúzcalo en un 25%. Cuando este nivel le resulte confortable, reduzca su consumo en otro cuarto, y así. Permítase estabilizar cada nivel antes de continuar reduciéndolo.

Algunas personas han descubierto que parecen necesitar realmente más proteínas; por esta razón vacilan en renunciar a la carne roja. Los niños y las mujeres embarazadas ansían a menudo productos animales; como nutricionista, tiendo a apoyar esto y a recomendar que se empleen los productos más limpios, frescos y puros que sea posible. En este punto, cualquier cocinero ayurvédico tradicional disentiría conmigo. Por otra parte, en mi práctica he visto a muchos adultos que sienten necesidad de incluir carnes en su dieta. A menudo esta necesidad surge por un problema de digestión y absorción poco eficientes, lo cual suele mejorar notablemente con un programa ayurvédico. Si usted considera que esta descripción podría aplicársele, mi recomendación es que busque a un médico ayurvédico en el que pueda confiar y le explique su situación; ya verá qué le recomienda. Con frecuencia, los preparados ayurvédicos para la digestión facilitan el acceso a las proteínas y a otros nutrientes de la dieta vegetariana, acceso que no se ha tenido en el pasado. Es posible que note con sorpresa una mejoría general en su salud y su vitalidad.

En las últimas décadas, muchos estadounidenses han reducido mucho su consumo de carne animal; reservan las carnes rojas, de ave o de pescado para las ocasiones especiales en que comen en el restaurante.

Para ser una miserable aguafiestas, debo apuntar que es raro el establecimiento donde se sirva carne o pollo limpios u orgánicos (Ah, ¿cómo puedo ser tan práctica, tan insensible?)

¿Y qué hay de la vitamina B12? Si usted consume huevos y leche fresca, ya tiene este nutriente. Si es un vegetariano estricto (de los que no comen productos animales de ningún tipo), el alga espirulina es una buena fuente de esta vitamina B. Si nada de esto le sienta bien, tal vez necesite un suplemento de B12 de vez en cuando. Sin embargo, si en el pasado ha consumido productos animales, es bueno saber que el hígado normal acumula suficiente vitamina B12 como para cubrir nuestras necesidades por un período de seis o siete años. En mi práctica de nutricionista, a menudo veo vegetarianos estrictos en ese momento crítico, unos siete años después de haber adoptado esa dieta. Tras años de sentirse bien, declaran sentirse cada vez más cansados, irritables o desequilibrados. Por lo general mejoran mucho cuando se introducen en la dieta fuentes adicionales de

B12, así como otros alimentos ricos en minerales y en el complejo B. Una de mis preocupaciones son los niños que se han criado en un régimen vegetariano estricto, o que han escogido ese estilo por su propia cuenta. Puesto que no han acumulado reservas de esta vitamina, necesitan una fuente constante de B12 en su dieta; puede ser un licuado realzado con espirulina. Algunas familias suelen regresar a los huevos y la leche para satisfacer esta necesidad.

En último término, por supuesto, comer o no comer carne es una decisión que corresponde a cada uno.

Ensalada de pasta

Tiempo de preparación: 20 minutos
SÁTVICO*
Raciones: 4
✤ ✲ ☈

Cueza:
- 2 tazas de pasta rotini, de trigo o maíz integral

Mientras se cuece la pasta, puede lavar, picar o rallar:
- 1 taza de hortalizas frescas ralladas: zanahoria, jícama, calabaza de verano (todas sirven)
- 1 taza de hortalizas frescas picadas: van bien un tomate, algunos guisantes, un calabacín cortado en rodajas finas, mizuna y/o perejil

Cueza al vapor durante 1-2 minutos, en una vaporera de acero inoxidable, dentro de una cacerola con 2-3 cm de agua:
- ¼ cebolla, finamente picada (opcional)
- 1 diente de ajo picado (opcional)

Si prefiere (supongamos que debe calmar a vata, aire), puede poner el calabacín o los guisantes al vapor, junto con la cebolla y el ajo, durante ese par de minutos. Para pitta o kapha no es necesario, pero hace que el plato sea más fácil de digerir para vata.

Cuando la pasta esté a punto, escúrrala y haga correr agua fría sobre ella.
Mezcle:
- ½ taza de **Aderezo de naranja y sésamo**, página 119

Con:
- 1 cucharada de tahini de sésamo crudo

Ponga la pasta y todas las verduras en un cuenco. Rocíelas con el aderezo y:
- 1 cucharadita de semillas frescas de apio
- Sal a gusto
- 1 cucharada de nueces picadas

Revuelva bien y sirva.

*Con rotini de trigo: SÁTVICO, -vata, -pitta, +kapha
*Con rotini de maíz: SÁTVICO, 0 vata, levemente +pitta, -kapha
**PLATO DE POLARIDAD PARA FORTALECER LA SALUD

Variante

Como PLATO DE ROTACIÓN PARA DÍA 4, use pasta rotini de maíz, hortalizas para DÍA 4, como berros, rúcula, espárragos y/o chalotes; omita el apio y sustituya las nueces por pistachos. Para más información sobre las dietas de rotación, véase la página 390.

SÁTVICO, 0 vata, +pitta, 0 kapha
**PLATO DE POLARIDAD PARA FORTALECER LA SALUD.

Ensalada favorita de judías a la italiana

Tiempo de preparación: 1 hora
SÁTVICO, +vata, -pitta, -kapha
Raciones:6
❀ ✳ ꝏ

Cueza en una olla a presión de acero inoxidable:
- ½ tazas de judías rojas secas
- ½ taza de judías blancas secas
- 4 ½ tazas de caldo, véase **Caldo para sopa vegetariana 1**, página 144
- 1 hoja de laurel
- Pizca de paico o asafétida
- 1 cebolla pequeña entera (opcional)
- ½ cucharadita de semillas de coriandro enteras
- 5-6 granos de pimienta negra
- 1 cucharada de aceite de oliva o sésamo

Cueza hasta que las judías estén a punto, unos 30 minutos a presión. Mientras tanto, lave y prepare:
- 1 taza de brécol fresco, finamente picado

- 2 zanahorias medianas, finamente cortadas en medialunas o cuartos
- ¼-½ taza de verduras frescas: mostaza o col
- 1-3 tazas de calabacín picado
- 1 cucharada de cebolleta fresca o cebolla colorada, finamente picadas (opcional)

En una cacerola o sartén grande, caliente:
- 1 cucharada de aceite de oliva virgen extra

Rehogue las verduras en el aceite a temperatura media, no más de 5 minutos. Cuando las judías estén a punto escúrralas y mézclelas con las verduras. Agregue:
- 2 cucharadas de perejil italiano fresco, finamente picado
- 2 cucharaditas de albahaca fresca, picada o una cucharadita seca
- 1 cucharadita de orégano fresco o seco, picado
- ¼ cucharadita de pimienta negra molida
- ½ cucharadita de sal
- 2 cucharadas de zumo de limón fresco
- 1-2 cucharadas de aceite de oliva virgen extra

Revuelva. Sirva caliente o frío.

Comentario: para una buena cena, esto se puede servir con una simple pasta con aceite de oliva y una ensalada de rúcula y tomate. Para una comida más ligera, se puede comer sola, con unas cuantas galletas y ghee. Las generosas cantidades de pimienta negra, albahaca y orégano están pensadas para incentivar el agni, de manera que al cuerpo le sea más fácil digerir las judías.

VARIANTE 1

Si cuece las verduras al vapor en vez de rehogarlas, este es un PLATO DE POLARIDAD PARA FORTALECER LA SALUD. Agregue el aceite de oliva al final, crudo.

VARIANTE 2. ENSALADA DE JUDÍAS MUNGO GERMINADAS

Si busca algo más neutro para vata, pruebe con 2 tazas de judías mungo germinadas en vez de las judías blancas y rojas. Omita la cocción a presión y limítese a agregar las judías mungo en el último minuto de rehogar las hortalizas. Cubra y deje cocer durante un minuto; luego agregue el resto de las hierbas, el limón y el aceite, como antes. Esto es calmante también para pitta y kapha. Tiempo total de preparación para esta última variante: 10-15 minutos

SÁTVICO, 0 vata, - -pitta, - -kapha
**PLATO DE POLARIDAD PARA DIETA PURIFICADORA

Ensalada de jícama y mandarina

Tiempo de preparación: 15 minutos
SÁTVICO, -vata, 0 pitta, 0 kapha
Raciones: 4
✳ ૠ

Prepare el aderezo mezclando:
- Zumo de 2 limones (alrededor de ⅓ taza)
- 2 cucharaditas de miel cruda
- 1 cucharadita de coriandro molido
- 2 cucharadas de aceite de sésamo o girasol

Pele y corte en rodajas muy finas:
- 2 tazas de jícama

Pele y divida en gajos:
- 2 tazas de mandarinas dulces

Agregue a la jícama y a la mandarina ½ taza del aderezo, revolviendo. Ponga en una ensaladera bonita y decore con:
- 2 cucharadas de hojas de cilantro fresco, finalmente picado
- Sal a gusto (opcional). Sirva.

**PLATO DE POLARIDAD PARA DIETA PURIFICADORA, omita la sal
Comentario: para que esto sea aún más calmante para kapha y pitta, utilice más jícama en proporción con las mandarinas. Se trata de una vieja receta mexicana favorita, liviana y sabrosa. Si las mandarinas son ácidas, la ensalada seguirá beneficiando a vata, pero lo ácido agrava a pitta y a kapha, de modo que para ellos debería evitarse.

Áspic de zanahorias frescas

Tiempo de preparación: 20 minutos, más 30 minutos para enfriar
SATTVICO, -vata, 0 pitta, -kapha
Raciones: 4
✳

En una sartén, tueste a temperatura baja hasta dorar levemente:

- 2 cucharadas de semillas de girasol crudas revolviendo ocasionalmente

Esto puede llevar 5 minutos. Retire del fuego.

Lave y prepare:

- 1 ½ taza de zanahorias crudas (aproximadamente 2 zanahorias medianas), recién ralladas
- 2 cucharadas de apio crudo, picado fino
- 1 cucharada de perejil fresco, picado fino

Revuelva en una cacerola pequeña:

- 1 taza de agua
- 2 cucharaditas de agar agar

Lleve a hervor; luego reduzca la temperatura a baja y deje cocer durante 5 minutos. Retire del fuego y añada revolviendo:

- ¼ taza zumo de limón fresco
- 2 cucharaditas de miel cruda

Agregue las verduras, las semillas de girasol y:

- 1 cucharadita de estragón seco
- ⅛ cucharadita de comino molido
- ½ taza de jugo de zanahoria fresco

Mezcle bien. Humedezca ligeramente un molde o un cuenco de acero inoxidable y vierta allí el áspic. Enfríe hasta que cuaje, durante 30 minutos.

*PLATO DE ROTACIÓN PARA DÍA 3
**PLATO DE POLARIDAD PARA DIETA PURIFICADORA

Variante

Se pueden utilizar nueces crudas finamente picadas en vez de semillas de girasol.

SÁTVICO, -vata, levemente +pitta, 0 kapha
**PLATO DE POLARIDAD PARA DIETA PURIFICADORA

Comentario: esto equivale a más de 12.000 u. i. de beta-caroteno por porción. Estupendo para la inmunidad, fortalece el hígado y sirve para prevenir el cáncer.

Ensalada gelinizada de frambuesa y kiwi

Tiempo de preparación: 15-20 minutos, 1 hora para enfriar
SÁTVICO, 0 vata, -pitta, 0 kapha
Raciones: 4-6
✳

Lleve a hervor en una cacerola pequeña:
* 3 tazas de néctar de frambuesa con edulcorante de fruta
Vierta el zumo en la licuadora y agregue:
* 1 cucharada de pectina
* 1 cucharada de solución de calcio (viene con la pectina)
Mezcle durante 1 minuto entero. Vierta en un cuenco o molde de acero inoxidable y añada revolviendo:
* 3 melocotones frescos, pelados y cortados en rodajas
* 2 kiwis frescos, pelados y cortados en rodajas
Enfríe hasta que cuaje, unos 30 minutos o más.

**PLATO DE POLARIDAD PARA DIETA PURIFICADORA

Sobre la elección de las piñas

Es mejor no decidirse por un plato de piña hasta tener en la mano esa fruta de maravillosa fragancia. En otras palabras, no planee el próximo plato sin haber visto la piña, pues es posible que no halle ninguna digna de ser usada. (Como los aguacates al norte de nuestra frontera, puede no haber ninguna que esté madura y deliciosa).

Si camina sin rumbo por la sección productos de su mercado y de pronto le sorprende un estupendo aroma a piña, encamínese hacia allí. Si la fruta está firme, no demasiado blanda y huele muy bien, las perspectivas son prometedoras. Haga otra prueba: arranque una hoja del centro o la corona de la piña. Si se desprende con facilidad, esa fruta está a punto para comer. Si pasa todas las pruebas menos esa, unos cuantos días en casa la madurarán.

Para que una piña madure uniformemente, guárdela en posición invertida. Cuando el fondo empieza a madurar y a tornarse fragante, los azúcares de la parte superior también se desarrollarán con más rapidez y estabilidad que si la apoya sobre el fondo. Nunca se moleste en preparar una receta de piña fresca si no cuenta con una dulce y buena; los resultados solo serán buenos en la medida en que lo sea la fruta.

En el ayurveda, las piñas no se comen con regularidad, sino ocasionalmente, debido a su acidez. Esta acidez puede ser caliente, cosa a evitar si hay alguna inflamación presente en el organismo.

Ensalada gelinizada de fresa y piña

Tiempo de preparación: 20 minutos, más 30 minutos para enfriar
SÁTVICO, -vata, -pitta, levemente +kapha con zumo de piña
Raciones: 4-6

✳

Revuelva juntos en una cacerola pequeña:
- 1 cucharada agar agar
- 1 taza de zumo de piña fresco (se puede usar zumo de melocotón)*

Lleve a hervor; luego reduzca la temperatura y deje cocer durante 5 minutos. Cuando el agar agar se haya disuelto en el zumo, retire la cacerola del fuego. Lave y prepare:
- 1 taza de fresas frescas
- 1 taza de piña dulce fresca, pelada y cortada, dejando las fresas enteras

o en mitades, como guste, y la piña en trozos del tamaño que prefiera Revuelva la fruta en la solución de agar agar. Vierta a cucharadas a un molde o cuenco, o en tazas individuales para servir. Enfríe hasta que cuaje, 30 minutos o más.

*PLATO DE ROTACIÓN PARA DÍA 3, si se utiliza piña.
*SÁTVICO, suavemente +vata, -pitta, 0 kapha (si se utiliza zumo de manzana).
**PLATO DE POLARIDAD PARA DIETA PURIFICADORA, con uno u otro zumo.

Comentario: le va bien una decoración de hojas frescas de menta.

Un bufé de ensaladas frescas puede ser lo mejor para todas las constituciones, cuando se sabe escoger. La gente vata puede limitarse a lo que digiera con facilidad, como el aguacate, algunas verduras de hoja, un buen aderezo cremoso de aceite o de limón, algunas frutas secas o semillas y hortalizas al vapor. Los pitta y kapha pueden preferir las judías, mucha verdura de hoja, las hortalizas que les gusten y quizá una patata al horno. Frente a un bufé tentador, confíe en su experiencia de lo que su propio cuerpo puede gestionar. A veces no es tan fácil recordar esta sabiduría, pero el cuerpo la agradecerá siempre.

Bufé de ensaladas Supreme

Tiempo de preparación: 10-45 minutos, según lo que sirva
SÁTVICO, 0 vata, -pitta, -kapha*
Raciones: 6-8
❁ ✳ 🐍 ❋

Ponga lo que le atraiga de lo que sigue:
- 4-8 tazas de verduras de hoja frescas, lavadas
- Espinaca, rúcula o achicoria
- Aguacates en dados, en un bol
- Brotes en boles
- Unos cuantos tomates cherry
- 1 taza de judías cocidas: judías mungo germinadas, blancas, habas, a gusto
- Semillas de calabaza o girasol, tostadas
- Piñones
- Cogollitos de coliflor o brécol (ligeramente cocidos al vapor)
- Guisantes frescos
- Pimienta negra molida grueso
- 2 o 3 aderezos para ensalada recién preparados: **Aderezo de perejil y estragón**, el **Cremoso de ajo para ensaladas** o el **Aderezo de naranja y sésamo**, posibilidades sabrosas todas

Basta con lavar lo que sea necesario, cortar y disponer los productos en boles atractivos, con cucharas para servir. Si alguno de los comensales tiene exceso de aire (vata) en su composición, le agradecerá que cueza rápidamente al vapor la coliflor, el brécol o los guisantes durante un par de minutos.

Prepare todos los aderezos que necesite reclutando ayuda de quienes se ofrezcan.

Si quiere derrochar un poco, puede hacer una o dos ensaladas especiales, como el **Entrante de zanahorias**, la **Ensalada favorita de judías a la italiana** o la **Ensalada de arroz salvaje**. Pero si se encuentra en apuros, permítase relajarse y limítese a lo simple.

**PLATO DE POLARIDAD PARA FORTALECER LA SALUD

Aderezo básico de limón y aceite de oliva

Tiempo de preparación: 5-10 minutos
SÁTVICO, 0 vata, 0 pitta, 0 kapha (si se come con verduras de hoja)*
Raciones: 1 taza
❀ ✳ ᘔ ❊

Bata con un tenedor, en un bol pequeño:
- ⅓ taza de zumo de limón recién exprimido (aproximadamente 2 limones)
- ⅓-½ taza de aceite de oliva virgen extra
- 1 cucharadita de miel cruda (opcional)
- Sal y pimienta a gusto

SÁTVICO, -vata, +pitta, +kapha (si se lo come solo, lo cual es improbable)
**PLATO DE POLARIDAD PARA DIETA PURIFICADORA

VARIANTE
Agregue un diente de ajo pequeño picado.
SÁTVICO CON ALGUNA CUALIDAD RAJÁSICA, 0 vata, +pitta, 0 kapha (con verduras de hoja)
**PLATO DE POLARIDAD PARA DIETA PURIFICADORA

Comentario: este es el dúo básico que tengo en la cocina en todo momento: unos cuantos limones orgánicos y algo de aceite de oliva virgen extra. Luego es fácil añadir algunas hierbas frescas o secas, como estragón, romero, salvia, perejil u orégano, para hacer un aderezo con más personalidad.

Aderezo cremoso de ajo para ensaladas

Tiempo de preparación: 10 minutos
RAJÁSICO, 0 vata, +pitta, 0 kapha (con ensalada)
Revuelva juntos:
- 1 ½ cucharadas de tahini de sésamo
- 1 ½ cucharadas de zumo fresco de limón
- 1-2 dientes de ajo, picados
- 2-4 cucharadas de agua
- 2-3 cucharaditas de aceite de sésamo tostado
- ⅛ cucharaditas de pimienta negra recién molida*

Sirva. Va muy bien con una simple ensalada de crujiente lechuga francesa, espinaca y trozos de aguacate.

*ADEREZO DE ROTACIÓN PARA DÍA 4, omita la pimienta si está siguiendo una rotación estricta.
**PLATO DE POLARIDAD PARA DIETA PURIFICADORA, si omite el aceite de sésamo tostado.

Aderezo de perejil y estragón para ensaladas

Tiempo de preparación: 10 minutos
SÁTVICO, 0 vata, 0 pitta, 0 kapha (con ensalada)
Raciones: 6
❀ ✳ ଷ ❄

Bata juntos en un bol pequeño, agregando el aceite al final:
- ¼ taza de zumo fresco de lima o limón
- ½ cucharadita de sal
- ¼ cucharadita de pimienta negra recién molida
- 1 cucharadita de estragón fresco, finamente picado
- 1 cucharadita de perejil fresco, finamente picado
- ½ taza de aceite de oliva virgen extra (también van bien los de sésamo o girasol)

O bien mezcle en la licuadora. Da para ¾ taza de aderezo para ensalada. Se puede consumir inmediatamente o guardar en el refrigerador hasta el momento de servir.

**PLATO DE POLARIDAD PARA DIETA PURIFICADORA, si omite la sal.

Variante 1

Esta receta se puede utilizar fácilmente para hacer un aderezo de ROTACIÓN PARA DÍA 3. Sustituya el zumo de limón o lima por ¼ taza de vinagre de arroz y utilice aceite de girasol.
RAJÁSICO, 0 vata, 0 pitta, 0 kapha (con ensalada)
**PLATO DE POLARIDAD PARA FORTALECER LA SALUD.

Variante 2

Otro sencillo aderezo de estragón se puede hacer con ½ cucharadita de estragón seco en vez del fresco. La sal, la pimienta y el perejil se pueden omitir en esta versión, si usted prefiere.
SÁTVICO, 0 vata, 0 pitta, 0 kapha
**PLATO DE POLARIDAD PARA DIETA PURIFICADORA, sin la sal.

Aderezo cremoso de pesto

Tiempo de preparación: 10 minutos
SÁTVICO, 0 vata, 0 pitta, 0 kapha (con ensalada)
Raciones: alrededor de 1 ¼ taza
✿ ✳ ☊

- Muela fino en la licuadora:
- ¼ taza de nueces o piñones crudos
- Agregue a la fruta seca y licue hasta que esté suave:
- 1 taza de hojas frescas de albahaca, picadas
- 1 diente pequeño de ajo
- ¼ taza de zumo fresco de limón
- ¼ taza de aceite de oliva virgen extra
- ¼-³⁄₈ taza de agua

Sirva.

**PLATO DE POLARIDAD PARA FORTALECER LA SALUD

Rico aderezo de almendra y pepino

Tiempo de preparación: 15 minutos
SÁTVICO, 0 vata, 0 pitta, levemente +kapha (con ensalada)
Raciones: 3

✳ ༘

En una sartén pequeña y pesada, tueste ligeramente durante 3-4 minutos a temperatura media-baja:
- ½ taza de almendras blanqueadas

Deje cocer. Aparte ¼ taza para usar como adorno con el aderezo. Muela el resto en la licuadora hasta obtener un polvo fino. Agregue a las almendras molidas en la licuadora:
- 2 cucharadas-¼ taza de aceite de oliva virgen extra (a gusto)
- ¼ taza de zumo fresco de limón
- ½ pepino mediano, pelado y en rodajas
- ¼ cucharadita de sal
- 1-2 cucharadas de agua

Mezcle hasta que esté homogéneo. Es mejor consumir inmediatamente. Va muy bien con **Ensalada fresca de pepino y espinaca**.

VARIANTE 1
Se puede agregar al licuado un diente de ajo cocido al vapor.
UN POCO RAJÁSICO, 0 vata, levemente +pitta, levemente +kapha (con ensalada)

*VARIANTE 2
Para PLATO DE ROTACIÓN PARA DÍA 2: prepare la receta básica de arriba, omitiendo el zumo de limón. A cambio utilice ¼ taza de agua (total) y ¼ cucharadita de cristales de vitamina C libres de maíz. La idea de utilizar vitamina C en vez de limón o vinagre en un aderezo para ensalada ha sido tomada del libro The Allergy Self-Help Cookbook [Libro de cocina de autoayuda par las alergias] de Marjorie H. Jones. La vitamina C no es tradicionalmente ayurvédica, por cierto; sin embargo, puede ser un útil sustituto para quienes reaccionan mal ante los cítricos o el vinagre.

Aderezo de estragón, miel y mostaza

Tiempo de preparación: 10 minutos
SÁTVICO, 0 vata, 0 pitta, 0 kapha (con ensalada)
Raciones: 6
✿ ✳ ❧ ❄

Procese en la licuadora:
- 1 cucharadita de estragón seco o 1 cucharada fresco
- ¼ taza de zumo fresco de limón
- ¼-½ cucharadita de sal
- ¼ cucharadita de pimienta negra recién molida
- 1 diente de ajo, picado
- ⅛ cucharadita de mostaza seca
- 1 cucharaditas de miel cruda
- ½ taza de aceite de oliva (también puede usar el de girasol)

Sirva.

Aderezo de naranja y sésamo

Tiempo de preparación: 10 minutos
SÁTVICO, -vata, 0 pitta, 0 kapha (con ensalada)
Raciones: alrededor de 1 taza
✿ ✳ ❧ ❄

Mezcle juntos en un frasco o cuenco de ½ litro:
- Zumo de ½ naranja
- Zumo de ½ limón
- 1 cucharadita cáscara de naranja orgánica rallada
- ⅛ cucharadita de romero fresco, finamente picado (opcional)*
- 1 cucharadita de fructosa o azúcar de dátil
- Sal a gusto

Eche batiendo:
- ⅓-½ taza de aceite de sésamo prensado en frío

Sirva. Es un aderezo suave, ligeramente dulce.

*Omita el romero si está en dieta de rotación estricta. Este es un PLATO DE ROTACIÓN PARA DÍA 4.

**PLATO DE POLARIDAD PARA DIETA PURIFICADORA.

Variante
El edulcorante se puede reemplazar por una cucharadita de miel y el aceite de sésamo por el de girasol.
SÁTVICO, 0 vata, 0 pitta, 0 kapha
**PLATO DE POLARIDAD PARA DIETA PURIFICADORA

SOBRE LA ECUANIMIDAD VEGETARIANA

Tomemos por un momento el tema de quienes comen carne. Esta vida es una oportunidad para respetar y honrar a todos los seres vivos, incluidos aquellos que podrían no estar de acuerdo con nosotros. El ayurveda, tal como se practica hoy, es un camino vegetariano. Casi todos los médicos ayurvédicos que conozco han sido vegetarianos desde el nacimiento. La carne, tal como se la prepara en la actualidad, fermenta en muchos organismos y ralentiza muchos procesos ayurvédicos de curación. Es probable que en un programa ayurvédico, usted mejore más deprisa si adopta un régimen vegetariano. Sin embargo, el ayurveda de los tiempos antiguos no era un arte curativo vegetariano. Sus textos recomendaban diversos tipos de animales con propósitos medicinales específicos. Y es verdad que, en la actualidad, algunas personas mejoran con un poco de carne animal en la dieta; el ejemplo más famoso es, quizá, el Dalai Lama. También hay muchos lugares del mundo en que es más económico y práctico comer un pollo o un huevo que haya criado uno mismo en su patio trasero, en vez de subsistir con hectáreas de judías.

Además, esto es una apelación muy básica a la tolerancia. Tras haber trabajado con muchas personas y muchas dietas, nunca he visto que culpar a alguien por lo que comiera fuera útil para esa persona o para mí. Esto no viene a condonar las miserables prácticas que se aplican actualmente en el planeta. Es una solicitud de que usted, lector, utilice sus conocimientos con todo el humor, el equilibrio y la ecuanimidad que pueda reunir.

Sopas

Símbolos utilizados

«-» significa que calma o ayuda a determinada constitución;

«+» significa que la agrava o incrementa.

«0» indica efecto neutro

*DIETA DE ROTACIÓN puede ayudar a personas con sensibilidad alimentaria.

**PLATO DE POLARIDAD se refiere a recetas que apoyan el trabajo con terapia de polaridad.

❀ = Primavera

☀ = Verano

♋ = Otoño

❄ = Invierno

Gazpacho ligero de pepino

Tiempo de preparación: 30 minutos, más tiempo para enfriar
SÁTVICO, -vata, -pitta, 0 kapha (con pimienta de Cayena extra para kapha)
Raciones: 3-4 tazas

❋

Ponga una vaporera de acero inoxidable en una pequeña cacerola de agua; lleve a hervor. Lave y corte en rodajas:
- 1 puerro fresco

Póngalo en la vaporera junto con:
- 1 diente de ajo, picado

Cubra y cueza al vapor durante 5 minutos, para calmar algo de su cualidad picante. Retire del calor cuando esté a punto.
Lave, pele y quite las semillas a:
- 3 pepinos más bien pequeños

Y córtelos en trozos más bien grandes.
Lave y pique finamente:
- ½ taza de perejil italiano fresco

Ponga en la licuadora el pepino, el perejil, el puerro y el ajo y bata hasta que quede suave, con:
- Zumo de 1 limón
- 1 taza de caldo de verduras, frío
- ¼ taza de aceite de oliva
- ½ cucharadita de sal
- ⅛ cucharadita de pimienta de cayena o menos, a gusto
- ⅛ cucharadita de pimienta negra, molida

Esto requeriría entre 20 y 30 segundos. Ajuste el sabor con la sal y las pimientas. Mantenga en el frigorífico el tiempo suficiente para servirlo frío.

**PLATO DE POLARIDAD PARA DIETA DE PURIFICADORA.

HONRAR LOS ELEMENTOS

Lo reconozcamos o no, con cada bocado que comemos nos conectamos con el planeta. Si la energía y la colaboración de la tierra, ningún alimento llegaría a nosotros. Hace unos cuantos años me impresionó descubrir esto. Tras el nacimiento de nuestra hija nos habíamos mudado al campo y, en nuestro hogar rural, teníamos muchos problemas con el agua. Había una creciente sensación de enfado proveniente de algún lugar de nuestro terreno; hasta yo podía sentirlo. Inicié entonces un diálogo con la tierra por medio de dibujos y sueños y comprendí que el elemento agua estaba muy enfadado con nosotros. Habíamos abierto un pozo para tomar su agua sin pensar en agradecerle ni en pedirle permiso. Como continuamos tomando sin tenerla en consideración, su ira aumentó. Para alguien criado, como yo, con el criterio científico de Occidente, esto puede parecer una fantasía. Sin embargo, era nuestra realidad, una realidad fácil de ver desde un punto de vista ayurvédico o indígena.

Tal como dijo Verna Williamson, ex gobernadora de Isleta Pueblo, aquí en Nuevo México: «El tema ambiental es muy espiritual; requiere reconocer el agua y todos esos recursos naturales que son realmente espíritus. El pueblo indio lo reconoce; por eso, cuando esos espíritus son heridos o mancillados*, sienten una gran humillación. Todos pagamos por eso, razón por la cual es muy importante que reconozcamos el poder de estos espíritus. No tenemos control sobre ellos. Son muy poderosos y, si no ponemos mucho cuidado en nuestra manera de tratarlos, puede que tengamos un final muy grave, pues los espíritus solo pueden tolerar hasta cierto punto y es preciso ser muy cuidadosos al trabajar con ellos. Son muy reales; los pueblos indígenas lo reconocen […]».
*Verna Williamson se refiere a los desechos radiactivos y humanos que se arrojan al Río Grande, el río que nutre a su comunidad. (Citado con permiso de *Seeds of change*, Catálogo de 1994).

Sopa cremosa de brécol

Tiempo de preparación: 10 minutos
SÁTVICO, 0 vata, 0 pitta, 0 kapha
Raciones: 2
✺ ✳ ༘ ✿

En una cacerola mediana, ponga una vaporera de acero inoxidable y:
   • 1 taza de agua pura
Lleve a hervor. Lave y corte en trozos grandes:
   • 1 planta pequeña de brécol, aproximadamente 1 ½-2 tazas una vez picada, incluyendo alrededor de ⅔ del tallo en la preparación

Lave y corte en rodajas:
- 1 cucharada de puerros verdes (opcional)

Cuando el agua esté hirviendo, ponga el brécol y el puerro en la vaporera y cubra. Cueza al vapor durante 3-5 minutos máximo, hasta que el brécol tome un color verde brillante.

Muela juntos en la licuadora, en seco, hasta convertir en polvo fino:
- 2 cucharadas de nueces crudas o anacardos*
- ½ cucharadita de sal

Vierta allí las hortalizas al vapor y el agua caliente. Mezcle hasta que quede homogéneo.

Sirva con:
- Pimienta blanca recién molida

*Para PLATO DE ROTACIÓN PARA DÍA 4, use anacardos.
**PLATO DE POLARIDAD PARA FORTALECER LA SALUD.

Comentario: este plato constituye un almuerzo rápido y muy satisfactorio, servido con un par de tortillas de maíz calientes o **Pan de maíz azul**, página 219.

Suculenta sopa de hortalizas

Tiempo de preparación: alrededor de 1 hora
SÁTVICO, 0 vata, -pitta, -kapha
Raciones: 4
❀ ꙮ ❄

Lave y ponga en una cacerola grande:
- ½ taza de centeno sin cocinar

Agregue:
- 8-10 tazas de agua pura
- 1 cucharadita de hoja de laurel triturado (2-3 enteras)
- 1 cucharadita de sal
- 1-2 cucharadas de aceite de oliva virgen extra (omita si es para kapha)

Lleve la cacerola a hervor a temperatura alta, luego reduzca a media. Mientras hierve lentamente, agregue:
- 2 zanahorias orgánicas con su penacho

Ponga los penachos enteros, luego corte las zanahorias en dados. Si no consigue zanahorias orgánicas, no utilice los penachos. Agregue:

- 2 tallos de apio finamente picados
- 1 taza o más de perejil fresco, finamente picado
- 2 cucharadas de cebolla, picada (opcional)
- 1 diente de ajo, sin pelar
- 3 tazas de patatas o nabos (tan frescos como sea posible) en dados

Deje cocer la sopa con tapa, a temperatura moderada, durante 50 minutos, poco más o menos. Retire los penachos de zanahoria. Agregue revolviendo:

- 1 manojito de espinaca fresca, lavada y cortada
- 1 cucharadita de perifollo seco (opcional)
- ½ cucharadita de tomillo seco
- Pimienta negra recién molida, a gusto

Deje que la sopa hierva a fuego lento durante 5 minutos más. Sirva con ghee, sobre todo para vata.

**PLATO DE POLARIDAD PARA FORTALECER LA SALUD

Comentario: si usted tiene patatas nuevas frescas, este plato se elevará de ordinario a suntuoso. Uno de nuestros favoritos en días húmedos y fríos.

VARIANTE

PLATO DE ROTACIÓN PARA DÍA 1: comience como se explica arriba con el centeno, el agua, las hojas de laurel y la sal. Lleve a hervor con:

- 6 tomates secados al sol
- 4-6 setas shiitake secas

Agregue las patatas en dados, pero omita las otras verduras. Deje cocer durante 50 minutos. Luego agregue revolviendo:

- ½ cucharaditas de romero seco
- ½ cucharadita de mejorana seca
- ⅛ cucharadita de pimienta de cayena (opcional)

Si prefiere, puede poner todo esto en un saquito de hierbas, para que sus sabores impregnen la sopa sin esparcir las ásperas hojas de romero por toda ella. Deje hervir durante 5 minutos más. Añada revolviendo:

- 1-2 cucharadas de ghee

Sirva.
ALGO DE RAJAS Y TAMAS, 0 vata, 0 pitta, -kapha

Sopa minestrone

Tiempo de preparación: 90 minutos, desde el principio
SÁTVICO, 0 vata, 0 pitta, -kapha
Raciones: 4-6
⊛ꕤ❄

Cueza en una olla a presión de acero inoxidable:
- ²/₃ taza de judías secas: rojas, mungo enteras o garbanzos van bien
- 8 tazas de agua pura
- Pizca de asafétida o epazote (opcional, facilita la digestión)
- 1 hoja de laurel

Cueza hasta que esté a punto, unos 30 minutos. También puede usar 2 tazas de judías precocidas en su líquido más 6 tazas de agua.
- Lave y corte:
- 2 patatas en cubos
- 1 zanahoria en daditos
- 7 u 8 cm de puerro, picado
- 1 taza de verduras frescas: calabacín, guisantes o judías verdes

Una vez que las judías estén a punto, agregue las hortalizas a la olla de judías con:
- 1 taza de **Salsa básica de tomate al pétalo de rosa**, página 199
- ½ taza de arroz basmati blanco, seco, lavado
- 1 cucharadita de sal
- 2 cucharaditas de albahaca dulce seca
- ½ cucharaditas de tomillo seco

Deje hervir la sopa a fuego lento hasta que todo esté tierno, unos 45 minutos. Agregue agua si fuera necesario para el caldo. Sirva caliente con:
- Pimienta recién molida

SOBRE EL MASAJE CON ACEITE

El masaje con aceite es uno de los mejores recursos para calmar a vata. Solo se requiere un poquito de aceite de sésamo frotado en los pies y las piernas antes de acostarse, con regularidad. El aceite de coco puede resultar sumamente calmante.

Sopa oriental de Ivy

Tiempo de preparación: 30-40 minutos
SÁTVICO, -vata, 0 pitta, 0 kapha
Raciones, 4
❀✳︎ᘐ✳︎

En una cacerola grande para sopa, caliente:
  • 4 cucharadas de ghee o aceite de girasol
Agregue:
  • 5 cm de raíz de jengibre fresco, pelado y rallado
  • 4-6 dientes de ajo, picado (omita o reduzca si pitta está alto)
  • 1-2 manojos de cebolletas (cebolla tierna), en rodajas finas (opcional)
(Reserve ½ taza de cebolletas cortadas para decorar después).
Rehogue todo esto durante 1 o 2 minutos. Agregue:
  • 3-4 tazas de hortalizas varias, cortadas
(Para mantener el estilo oriental, escoja hortalizas como: pak choi, col china (Napa, Savoy), guisantes, nabos, brotes de judías mungo, hojas de mostaza. Agregue unas cuantas de estas hortalizas a las que usamos habitualmente, como zanahoria, apio, cebolla, espárragos, calabacines, coliflor. Evite los pimientos verdes y las berenjenas).
Agregue primero las hortalizas más duras; cerca del final, las que se cocinen más rápido, como los guisantes, los brotes de mungo y los espárragos. Agregue:
  • 6-8 tazas de agua
  • 1 cucharadita de pimienta negra recién molida
  • Aproximadamente 80 g de fideos: udon, soba o pasta
Lleve a hervor. Deje cocer a fuego lento hasta que las hortalizas y los fideos estén tiernos, revolviendo ocasionalmente. Apague el calor. Rocíe con:
  • 1 cucharadita de aceite de sésamo tostado
Agregue revolviendo:
  • 4 cucharadas de salsa de soja o a gusto
Decore con las cebolletas y 1 manojo de berros frescos, enteros o picados.

VARIANTE 1
Se pueden sustituir los fideos por ⅓ taza de arroz crudo o dal amarillo.

Para PLATO DE ROTACIÓN PARA DÍA 4, utilice aceite de girasol, fideos soba 100% alforfón o spaghetti de maíz, y cualquiera de las hortalizas que figuran en la lista del Día 4. Si está siguiendo un Día 4 estricto, omita el jengibre, la pimienta líquida y la salsa de soja.

Comentario: este es un plato estupendo y rápido, que proviene de Ivy Amar, directora del centro *Ayurveda for Radiant Health*, en Santa Fe. Ivy es una cocinera ayurvédica sobresaliente. Habitualmente sirve esta sopa en cuencos grandes como plato principal, con un poco más de ghee añadido para vata, justo antes de servir.

Sopa de ñame

Tiempo de preparación: 1 hora, casi siempre sin atención
SÁTVICO, -vata, -pitta, +kapha
Raciones: 4
❀🐚❄
Limpie frotando:
 • 3 ñame grandes
Póngalos en una cacerola grande, con suficiente agua hirviente como para cubrirlos. Agregue:
 • 2-3 cm de raíz de jengibre fresco, pelado y en rodajas
Lleve a hervor los boniatos y el jengibre, luego reduzca la temperatura a moderada y cueza hasta que las patatas estén blandas, 35-40 minutos.
En una cacerola pequeña, lleve a hervor:
 • 1 ½ taza de leche de soja o leche de vaca cruda y fresca
Reserve 1 ½ taza del agua de la cocción de los ñames (el resto servirá para un buen caldo). Eche en la licuadora esa agua de cocción, la leche caliente, el ñame cocido y el jengibre, junto con:
 • ¼ cucharadita de pimienta de Jamaica recién molida
 • 1 cucharada de jarabe de arce (opcional)
 • Sal a gusto
Agregue más leche o agua, según se desee, para lograr una consistencia cremosa. Reduzca la sopa terminada a puré hasta lograr una textura satinada. Sirva caliente con verduras frescas y un pan rápido.

**PLATO DE POLARIDAD PARA FORTALECER LA SALUD

VARIANTE 1

SOPA DE BONIATO: este plato se puede adaptar para PLATO DE ROTACIÓN PARA DÍA 2. Utilice boniatos en vez de ñames, omita la leche y use solo el agua de cocción. Use las especias y el edulcorante como en lo anterior.
SÁTVICO, -vata, -pitta, moderadamente +kapha
*PLATO DE ROTACIÓN PARA DÍA 2.
**PLATO DE POLARIDAD PARA DIETA PURIFICADORA.

VARIANTE 2

Prepare como arriba, omitiendo el jengibre y utilizando simple leche de soja. Licue la sopa con ¼ de cucharadita de macia o nuez moscada, 1 cucharada de miel cruda (opcional) y sal a gusto.
SÁTVICO, -vata, -pitta, moderadamente +kapha
*PLATO DE ROTACIÓN PARA DÍA 3.
**PLATO DE POLARIDAD PARA FORTALECER LA SALUD.

EL CUERPO Y SUS MENSAJES

A veces puede parecernos que nuestros cuerpos nos han traicionado: se derrumban o no se conducen como quisiéramos. Cada vez pienso más que lo que ha sucedido es un fallo en la comunicación. Si un buen amigo o nuestro cónyuge viniera a decirnos: «Oye, mira, esto no está funcionando. No me gusta cómo marchan las cosas aquí», lo escucharíamos, supongo. Sin embargo, cuando el cuerpo nos comunica algo así, con frecuencia no nos enteramos o no le prestamos atención, en parte porque utiliza un lenguaje diferente del que conocemos.

La congestión crónica de los senos nasales, los pies doloridos, el dolor en la parte baja de la espalda, nos están diciendo: «¡Eh, presta atención, por favor! Aquí hay algo que no resulta funciona. ¿Qué podemos hacer tú y yo para mejorarlo?». A menudo, nuestra reacción a estas señales físicas es ignorarlas, con la esperanza de que desaparezcan. Y a veces es así. Pero ¿puede el lector imaginar qué pasaría si tratáramos así, todo el tiempo, a un socio o un amigo? El cuerpo no es diferente. La frustración, la fatiga y el desequilibrio se acumulan dentro y al quedar sin atención, muchas veces empeoran.

Si bien el ayurveda frecuentemente puede ayudar en los casos graves, su brillante poder está en la prevención. Si estamos dispuestos a hacernos amigos del cuerpo y tomar en serio sus mensajes, el ayurveda tiene muchas herramientas para ayudarle a recobrar la salud y el equilibrio. A nosotros nos toca escuchar lo que está pasando en el cuerpo, nuestro propio enlace directo con la naturaleza. Al principio los mensajes pueden ser sutiles, pero más adelante puede que el cuerpo se vea obligado a «gritar» para llamarnos la atención. ¿Hasta qué punto tiene usted comunicación abierta con su cuerpo?

Sopa cremosa de espárragos

Tiempo de preparación: 1 ½, mayormente sin atención
SÁTVICO, -vata, -pitta –kapha
Raciones: 4
⊛ ✳ ༅

Cueza juntos en una sartén de fondo pesado, durante un par de minutos:
- 1 cebolla pequeña, finamente picada (1-2 cucharadas)
- 2 dientes de ajo, picados

Extremos (no puntas) de ½ kg de espárragos* (1-2 tazas)
- 1-2 cucharadas de aceite de oliva

Agregue:
- 4 tazas de agua

Cubra y deje cocer a fuego lento durante 1 hora.
Muela en la licuadora hasta obtener un polvo fino:
- ½ taza de semillas de girasol crudas, descascaradas

Vierta gradualmente el caldo y las hortalizas en la licuadora con las semillas molidas y vaya mezclando poco a poco. Procese bien. Pase la sopa por un pasapurés o un colador de acero inoxidable, revolviendo con una cuchara de madera para que pase por la malla.
Agregue:
- 1 cucharadita de sal
- Pimienta negra recién molida, a gusto
- ¼ taza de nuez moscada olida, fresca si la tiene

Sirva, tanto caliente como fría.

Comentario: esta es una sopa agradablemente ligera que preparo cuando he usado puntas de espárrago en otro plato, como el **Pilaf de quinua y espárragos**, página 150, o **Rehogado thai**, página 178. Si usted busca algo más sustancioso, puede añadir dos tazas de espárragos cocidos al vapor en trocitos de 2-3 cm, o reemplazar parte del agua por leche.

Para convertir esto en un PLATO DE ROTACIÓN PARA DÍA 4, sustituya el aceite de oliva por aceite de sésamo y las semillas de girasol por ½ taza de anacardos molidos. Omita la pimienta y la nuez moscada; a cambio use ¹/₁₆ cucharadita de azafrán.
Sátvico, -vata, 0 pitta, 0 kapha

Sopa de maíz

Tiempo de preparación: 30 minutos con caldo
SÁTVICO*
Raciones: 4
✳

Pele y desgrane con un cuchillo de trinchar afilado:
- 4 mazorcas de maíz dulce fresco, crudo. Si lo corta dentro de un cuenco evitará que los granos vuelen en derredor.

Lave y corte:
- 5 cebolletas, finamente picadas
- ½ manojillo de cilantro fresco, finamente picado (alrededor de ¹/₃ taza)

Aparte los penachos picados de las cebolletas con el cilantro, para usar como decoración; los bulbos blancos picados se utilizarán en la sopa.

Caliente en una cacerola de 4 litros, a temperatura moderada-baja:
- 1 cucharada de aceite de oliva virgen extra o ghee

Revuelva durante 1 minuto en el aceite la parte blanca de las cebolletas. Luego agregue, sin dejar de revolver:
- 1 cucharada de harina de centeno o trigo integral

Caliente durante un par de minutos a temperatura baja. Vierta allí:
- 1-2 tazas de caldo de verduras. Yo uso **Caldo para sopa vegetariana 1**, página 144

Y aumente la temperatura a moderada-alta. Una vez que el caldo esté bien caliente, agregue el maíz fresco y cueza alrededor de 5 minutos. Agregue revolviendo, poco a poco, hasta obtener la consistencia deseada:
- 2-3 tazas de leche fresca o leche de soja

Lleve la sopa a hervor. Agregue:
- 2 chiles poblanos o ¼-½ cucharadita de guindilla molida, preferiblemente poblana
- 1 cucharadita de semillas de coriandro recién molidas o 2 cucharaditas si lo compra ya molido

Reduzca el fuego a un hervor lento y deje cocer durante otros 10-15 minutos. Decore con las hojas de las cebolletas picadas y el cilantro. Sirva.

*SÁTVICO, 0 vata, -pitta, levemente +kapha (con leche de vaca)
*SÁTVICO, levemente +vata, -pitta, -kapha (con leche de soja)

Comentario: esta es una sopa deliciosa y gratificante. Tradicionalmente se servía con queso fresco y, a veces, con tiras de chiles poblanos. Si su digestión es fuerte y no tiene problemas con el moho o la fermentación, puede agregar ocasionalmente un poquito de esto. Sin embargo, es sabrosa sin ellos.

Borscht de remolacha muy básico

Tiempo de preparación: unos 50 minutos, mayormente sin atención
SÁTVICO, -vata, levemente +pitta, -kapha
Raciones: 2
ॐ❄

Lleve a hervor en una cacerola grande:
  • 4 tazas de agua
Lave bien y corte en rodajas, reservando las hojas si son frescas:
  • 3 remolachas medianas
Ponga a hervir en el agua:
  • 1 trozo de raíz de jengibre pelado, del tamaño de una moneda de 1 euro
Cubra y deje hervir a temperatura moderada durante 45 minutos. Vierta la sopa en una licuadora y reduzca a puré homogéneo.
Añada y mezcle:
  • 1 cucharada de aceite de oliva virgen extra
  • Sal y pimienta negra recién molida a gusto*
  Sirva.

*PLATO DE ROTACIÓN PARA DÍA 1, omita la pimienta si está en una rotación estricta.
**PLATO DE POLARIDAD PARA DIETA PURIFICADORA, omita la sal.

Sobre menaje de cocina

El menaje para la cocina ayurvédica no tiene por qué ser costoso ni sofisticado. Lo preferible son las cacerolas de acero inoxidable, sartenes y fuentes para servir, en los tamaños que usted necesite. También se pueden usar ollas de vidrio resistentes al calor, esmaltadas o de hierro. El aluminio de cualquier tipo, liviano, pesado o en aleación, no es recomendable, pues se considera perjudicial para los sistemas inmunológico, digestivo y nervioso. Para su próxima comida, descarte esa vieja cacerola de aluminio para arroz y rescate una sopera de acero inoxidable.

Sobre los brotes o germinados

Los médicos ayurvédicos más jóvenes que conozco recomiendan ahora los germinados como parte vital de la cocina ayurvédica. Si usted nunca ha hecho germinar alubias, es probable que le resulte más fácil de lo que ha imaginado. Si bien las judías necesitan diferentes tiempos para germinar, su inclinación natural es hacerlo, puesto que son semillas.

Para hacer germinar judías mungo, remoje durante toda la noche una taza o menos de judías mungo enteras (aproximadamente 1/3 de taza por persona) en varias tazas de agua pura. Por la mañana, escurra las judías. Escurrirlas en un colador de malla da buen resultado. El agua de remojo se puede usar para cocinar. Aclare las judías en el colador con agua fresca; luego póngalas, ya escurridas, en un recipiente cubierto a temperatura ambiente. Bien puede ser una cacerola o un cuenco cubierto con un plato, siempre que no deje pasar la luz. Es necesario proteger las semillas del sol hasta que broten, como si estuvieran en la tierra. Aclare las semillas en el colador una o dos veces cada día. Una vez que hayan comenzado a brotar, tras dos o tres días de proceso, estarán listas para utilizar en sopas y otras recetas. Se pueden usar tantas como desee y dejar que el resto continúe creciendo, siempre aclarando una o dos veces cada día,

De esta manera se puede obtener una fuente de germinados proteínicos frescos, fáciles de asimilar, de una sola preparación de judías mungo enteras; si se utiliza un puñado cada día alcanzará hasta para una semana. De igual manera se pueden poner a germinar otras judías, guisantes y lentejas; algunas brotan con más facilidad que otras y otras necesitan ser aclaradas más a menudo que las mungo, hasta tres veces al día.

Si a usted le apetece jugar con semillas más pequeñas, como la alfalfa, puede servirse de las sencillas cubiertas de malla para brotar, ofrecidas en las tiendas dietéticas, que caben en los frascos de cristal. Solo es preciso no olvidarse de mantener las semillas en la oscuridad hasta que comiencen a brotar.El germinado realza considerablemente la digestibilidad de las legumbres y otras semillas. Incrementa el contenido de vitamina C y del complejo B. También puede reducir a la mitad el tiempo necesario para la cocción.

Lo irónico es que los textos antiguos desaconsejaban el uso de germinados, pues los asociaban con los cereales «echados a perder» por la humedad, que pasan de brotar espontáneamente a criar moho. (Esto puede suceder. Conviene mantener los brotes frescos y bien aclarados). El germinado intencional es diferente; el ayurveda lo utiliza para realzar el valor nutritivo de los alimentos.

Sopa de calabacín de Luciano

Tiempo de preparación: 15-20 minutos
SÁTVICO, -vata, -pitta, 0 kapha
Raciones: 2-4
✳ ࿕

Lave:
   • 2 calabacines medianos
Con una cuchara, retire cuidadosamente TODAS las semillas, hasta la última. Corte los calabacín.
Pique:
   • ½ cebolla pequeña
Ponga el calabacín y la cebolla en una sartén de hierro, a temperatura media, con:
   • 1 cucharada de aceite de oliva virgen extra
Revuelva para recubrir las hortalizas con aceite. Agregue:
   • ¼ taza de agua
Cubra. Cueza hasta que esté tierno, unos 5 minutos. Triture las hortalizas en la licuadora hasta obtener una pasta suave; agregue:
   • Sal y pimienta a gusto
Sirva.

Comentario: al hacer esta sopa por primera vez, mi pareja y yo tuvimos uno de esos momentos que pueden tensar una relación o al menos una velada. Mientras que a mí me encantaban el color, el sabor y la textura de esta sopa, Gord tuvo la audacia de rotularla como «limo verde» a primera vista. Luego el muy bárbaro se zampó dos grandes cuencos. ¡Decida usted mismo!

Sopa de judías mungo germinadas

Tiempo de preparación: 15 minutos, más 3 días para hacer germinar las judías
SÁTVICO, 0 vata, -pitta, 0 kapha
Raciones: 4
❀ ✹ ꠸ ✳

En una cacerola pesada, cueza hasta que estén bien blandos:
- 1 ½ taza de judías mungo frescas, germinadas
- 3 tazas de agua
- Una pizca de epazote o asafétida
- 2 -3 cm de raíz de jengibre fresca, finamente picada

Con las judías germinadas, esto requiere 10-15 minutos. Vierta esta mezcla cocida caliente en la licuadora, junto con:
- ½ taza de cilantro fresco, finamente picado
- 1 cucharadita de comino molido
- ½ cucharadita de sal
- 2-4 cucharadas de aceite de oliva virgen extra (menos cantidad para kapha, más para vata)

Mezcle bien. Sirva caliente.

** PLATO DE POLARIDAD PARA DIETA PURIFICADORA.

Sopa de judías mungo partidas

Tiempo de preparación: 1 hora
SÁTVICO, -vata, -pitta, levemente +kapha
Raciones: 4
❀ ✹ ꠸ ✳

En una cacerola pesada, cueza hasta que estén bien blandos:
- 1 taza de judías mungo partidas, secas
- 6 tazas de agua o más
- Una pizca de epazote o asafétida
- 2 -3 cm de raíz de jengibre fresca, finamente picada

Con judías mungo partidas, esto puede llevar hasta 1 hora; si las judías están germinadas, 5 -10 minutos. Vierta esta mezcla cocida caliente en la licuadora, con:
- ½ taza de cilantro fresco, finamente picado
- 1 ½ cucharaditas de comino molido
- ½ -1 cucharadita de sal
- 3 cucharadas de aceite de oliva prensado en frío

Mezcle bien. Sirva caliente.

** PLATO DE POLARIDAD PARA FORTALECER LA SALUD.

Comentario: comencé a preparar estas sopas mientras mi padre hacía *panchakarma* aquí, en Nuevo México. Si es necesario, se puede aumentar la cantidad de aceite con propósitos terapéuticos, sin que se perjudique el sabor de la sopa.

Sopa equinoccio

Tiempo de preparación: 45 minutos
SÁTVICO, levemente +vata, -pitta, -kapha*
Raciones: 4

ॐ

Lave:
- 1 taza judías Mitla negras, secas

Póngalas en una olla a presión, con:
- 6 tazas de agua
- 1 hoja grande de laurel

Lleve a presión a temperatura media-alta. Reduzca la temperatura a media y cueza hasta que estén tiernas, unos 30 minutos. Mientras se cuecen las judías, lave y pique:
- ½ cebolla mediana, picada
- 2 dientes de ajo pequeños, picados
- 3 zanahorias frescas pequeñas, en rodajas finas
- ½ tazas de judías moradas, frescas, en trozos de 2,5 cm

- ½ manojo de hojas de mostaza (u otra verdura de hoja), picado

En una cacerola sopera grande, calentar:

- 2 cucharadas de aceite de oliva prensado en frío

Saltee la cebolla y el ajo en el aceite durante 1 o 2 minutos; luego agregue las hortalizas frescas y revuelva hasta que estén tiernas, entre 5 y 10 minutos. Cuando las judías estén cocidas, agréguelas a las verduras junto con el líquido de cocción y deje cocer a fuego lento entre 5 y 15 minutos. Justo antes de servir, agregue:

- 1 manojo (aproximadamente 1 taza) de rúcula fresca, picada (opcional)
- Pimienta negra recién molida, a gusto
- 1 cucharadita de sal

Sirva caliente. El contraste entre el negro lustroso de las judías, el anaranjado intenso de las zanahorias y el verde de las hojas resulta muy grato a la vista. * Para mejorar el resultado, vata debería agregar una cucharada de aceite a la cacerola.

VARIANTE

VERSIÓN DE POLARIDAD: cueza a fuego lento las hortalizas directamente con las judías cocidas, en vez de saltearlas antes. Siga la receta como se explica arriba. Agregue el aceite (opcional) justo antes de servir, junto con la sal, la rúcula y la pimienta. Tiempo de preparación: 1 hora. Sabroso por sí solo o servido con **Arroz basmati sencillo**.

SÁTVICO, LEVEMENTE +vata, -pitta, -kapha

**PLATO DE POLARIDAD PARA FORTALECER LA SALUD.

Comentario: antes de volverse loco buscando las judías Mitla negras, sepa que son difíciles y hasta imposibles de conseguir en los mercados normales. Es una estupenda judía, con sabor ahumado, que se cultiva en el sudoeste y alrededor de Oaxaca, México (donde a veces se puede encontrar en el mercado, en bolsas de tela). No se debe confundir con la judía tortuga negra, que es muy parecida, pero es una legumbre bien diferente. La manera más fácil de conseguir Mitla negras es cultivarlas.

Gentil guiso de pimientos verdes

Tiempo de preparación: 1 hora o poco más
SÁTVICO CON INCLINACIONES RAJÁSICAS, +vata, 0 pitta, -kapha
Raciones: 4
⚙ ૠ ❄

Lave y ponga en una cacerola grande para sopa:
- ½ taza de arroz basmati integral, sin cocer
- ½ taza de judías de Lima sin cocer

con:
- 8-10 tazas de agua pura, a temperatura alta

Pique:
- 2 cucharadas de cebolla

Lave y corte en cubos:
- 2 tazas de patatas nuevas

Agregue todo esto a la olla junto con:
- 1 tomate mediano, finamente picado
- 2 pimientos verdes largos secos
- 1 taza de verduras: espinaca, col baby, picadas
- 1 cucharadita de orégano seco
- ⅛ cucharadita de tomillo
- 1 diente de ajo, sin pelar para pitta o picado para los otros

Reduzca la temperatura a media y deje cocer hasta que las judías y las patatas estén tiernas. Salpimiente a gusto.

**PLATO DE POLARIDAD PARA FORTALECER LA SALUD-

Comentario: vale, seamos sinceros. En el lugar de donde provengo, en el norte de Nuevo México, esto no merecería siquiera el nombre de guiso de pimientos verdes. Herético o tonto, quizá. Una buena sopa suave, por qué no. Buen sabor, sí. Pero ¿guiso de pimientos verdes? No. Agregue otros diez pimientos verdes frescos, áselos, pélelos y cueza el guiso a fuego lento con 6 dientes de ajo más y tres cebollas grandes; entonces comenzará a acercarse. Además, ningún guiso de pimientos que se precie pondría algo verde (como verdura) junto al chile verde. Pero le aconsejo no entrar en este tradicional Parque Rajásico Neomexicano, a menos que usted sea kapha. Para los otros tipos es muy fuerte, tanto picante.

Para hacerlo menos agravante para vata, se pueden remojar las judías de Lima durante la noche y servir el guiso con un poco de ghee o un toque de aceite de oliva. Aun así desequilibrará un poco a vata (moderadamente +vata).

Sopa calmante

Tiempo de preparación: 1 hora
SÁTVICO, 0 vata, 0 pitta, 0 kapha
Raciones: 4
❁✹🍃❄

Lleve a hervor en una cacerola para sopa:
- ¼ taza de guisantes secos enteros
- ½ taza de judías mungo germinadas
- 1 taza de arroz integral de grano largo
- ⅛ cucharadita de epazote o asafétida
- 1-2 cucharadas de aceite de sésamo
- 2-3 cm de raíz de jengibre fresca, finamente picada
- 2 dientes pequeños de ajo, picados
- 8 tazas de agua pura

Reduzca la temperatura a media-baja y cueza sin tapa durante 50 minutos, añadiendo agua si es necesario. Agregue revolviendo:
- 1 taza de perejil italiano fresco, picado
- ½ taza de calabacín, en rodajas
- ½ cucharadita de orégano seco
- 2 cucharaditas de albahaca seca

Cueza hasta que las hortalizas estén tiernas. Sirva con ghee.

SOBRE LA COCCIÓN

Usha Lad, cualificada cocinera ayurvédica, recomienda dejar la cacerola destapada cuando se pueda, para despedir el exceso de *vayu*, aire, al aire circundante. Cocinar a fuego lento ayuda a que el exceso de vayu escape de los alimentos, tal como acertadamente apunta Melanie Sachs en *Ayurvedic Beauty Care* [Cuidados de belleza ayurvédica]. Esto resulta especialmente útil cuando se cuecen alimentos con mucho aire, como las legumbres, y para los tipos aéreos, como vata. También facilita a los otros tipos una digestión con menos «viento». Al mismo tiempo, la cocción a fuego lento da a los sabores mayor posibilidad de fundirse e integrarse.

A menudo he recomendado la olla a presión, un enfoque más rápido, economizador de energía, para cocinar los productos lentos. Cocinar a presión puede ser útil para estimular de una manera positiva a kapha, la tierra, que se mueve con lentitud. Cuando utilice la olla a presión, deje fuera la tapa de presión hasta que surja el primer escape de vapor. Luego ponga la tapa. Eso ayudará también a dispersar el exceso de aire. Aun así, los métodos de cocción más lentos son más útiles para calmar el aire. (Desde el punto de vista occidental, la desventaja es que en el vapor se pierden algunas vitaminas solubles en agua).

Sopa rápida de judías negras

Tiempo de preparación: 15 minutos
SÁTVICO LINDANDO CON LO RAJÁSICO (mucho limón)
Raciones: 3-4
⊛ॐ❄

Lleve a hervor en una cacerola mediana:
- 1 ½ taza de judías negras cocidas
- 1 ½ taza de agua pura
- 2 cucharadas de cebolla, finamente picadas

Reduzca a temperatura mínima y cueza sin tapa. (Esto ayuda a liberar algo del aire extra que contienen las judías). Después de unos 10 minutos, agregue revolviendo:
- 1 diente pequeño de ajo, picado (opcional)
- ⅛ cucharadita de semillas de comino
- ½ cucharadita de sal

Justo antes de servir, agregue revolviendo:
- 1 tomate pequeño, picado
- ⅓ taza de zumo de limón fresco
- 1 cucharada de aceite de oliva virgen extra

Decore con:
- Holas frescas de cilantro, picadas (opcional)

**PLATO DE POLARIDAD PARA FORTALECER LA SALUD.

Comentario: sabroso con tacos de aguacate.

Sopa de guisantes partidos

Tiempo de preparación: 90 minutos, mayormente sin atención
SÁTVICO, 0 vata, -pitta, -kapha
Raciones: 3-4
❀ ཉ ❄

Lleve a hervor en una cacerola mediana:
- 1 taza de guisantes partidos secos
- 6-8 tazas de agua (más, si fuera necesario)
- 1 zanahoria grande, en rodajas
- 2-3 cm de raíz de jengibre fresca, pelada y muy finamente picada
- ½ cucharadita de semillas de comino enteras
- ½ cucharadita de cúrcuma

Reduzca la temperatura a moderada y cueza sin tapa hasta que esté blando, 1 hora o más. Agregue más agua si fuera necesaria. Cuando esté bien denso, agregue:
- 1 cucharadita de sal
- Pimienta negra recién molida, a gusto

**PLATO DE POLARIDAD PARA FORTALECER LA SALUD.

Comentario: esta es una versión no ortodoxa, pero sabrosa y fácil de digerir, de la sopa de guisantes normal. Combina bien con **Galletas mariposa** y con una ensalada ligera.

Caldo para gumbo

Tiempo de preparación: 30 minutos o más
SÁTVICO, -vata, -pitta, -kapha
Rinde: 2 litros
❀ ✹ ཉ ❄

Lleve a hervor en una cacerola para sopa grande:
- 3 litros de agua
- 1 cebolla pequeña, entera
- 3 tallos de apio
- 2 hojas de laurel

- ½ cucharadita de hojas de tomillo secas
- 1 cucharadita de sal
- 2 tazas de hortalizas adicionales; pueden ser zanahorias, espinaca, perejil (¡ninguna de la familia de las coles!)
- 1 diente de ajo, sin pelar

Cubra, reduzca la temperatura y deje cocer a fuego lento durante 30 minutos o más. Cuanto más tiempo cueza, más sabroso será. Cuando esté hecho, retire las hortalizas y las hojas de laurel (constituyen una buena donación para el montón de abono); el caldo está listo para ser consumido.

**PLATO DE POLARIDAD PARA FORTALECER LA SALUD.

Sobre las cocinas

Recuerdo haber despertado un amanecer, en mi habitación del piso 32 de un gran hotel de Nueva Delhi, y haber mirado fuera, hacia la tierra. Allá, muy abajo, la gente ya había comenzado a encender las fogatas para el té y el cereal de la mañana, a la sombra que arrojaba el muro del rascacielos. Las paredes de sus moradas estaban hechas con cajas de cartón; si he de ser sincera, no sabía con certeza qué combustible utilizaban para esas fogatas. Pero el humo de las cocciones se elevaba hacia mí, testimonio de las muchas maneras en que los humanos calentamos nuestra comida.

En mi país, por lo general se puede escoger entre una cocina de gas y una eléctrica, o alguna barbacoa ocasionalmente. Si el presupuesto es limitado, basta con un hornillo eléctrico. Para los cuidadosos con el medio ambiente, las cocinas eléctricas son preferibles a las de gas, pues estas son conocidas por sus filtraciones y subproductos tóxicos. Sin embargo, como bien saben tantos buenos cocineros, es mucho más divertido utilizar una cocina de gas, pues responde rápidamente a los controles de temperatura, como no puede hacerlo ninguna eléctrica. Y las cocinas de gas son generalmente más económicas, si consideramos el consumo de energía. Si usted escoge la cocina de gas, es importante que tenga buena ventilación (extractor y ventilador). Me sorprende ver que tantas cocinas de mi país no los tengan. También debe estar en una habitación bien aislada de los dormitorios. Si en su familia hay problemas respiratorios crónicos, las filtraciones de gas pueden ser una causa.

Para cocinar limpio, a bajo costo y con eficiente aprovechamiento de energía, las cocinas solares se están extendiendo por todo el globo. Pueden considerarse un equivalente tecnológico de la olla de cocimiento lento: ponga su guiso allí por la mañana y retírelo horas después.

Caldo para sopa vegetariana 1

Tiempo de preparación: 30 minutos o más
SÁTVICO, 0 vata, -pitta, -kapha
Raciones: 6 tazas
✳ ❋ ৡ ❄

Lleve a hervor en una cacerola para sopa:
- 8 tazas de agua pura
- 2 tallos de apio
- 1 puerro pequeño
- 1 tomate mediano (opcional)
- 1 cucharadita de sal
- 1 boniato

Cubra, reduzca la temperatura y deje cocer a fuego lento durante 30 minutos o más. Retire todos los restos de verduras. Estará listo para utilizar en cualquier receta.

**PLATO DE POLARIDAD PARA FORTALECER LA SALUD.

Caldo para sopa vegetariana 2

Tiempo de preparación: 45 minutos o más
SÁTVICO; 0 vata, 0 pitta, -kapha
Rinde 2 litros
❋ ৡ

Lleve a hervor en una cacerola grande para sopa:
- 1 mazorca de maíz
- 1 cebolla pequeña
- 1 diente de ajo, sin pelar
- 1 zanahoria grande
- 1 hoja de laurel
- ½ cucharadita de semillas de comino

- 1 cucharadita de sal
- 2 patatas (opcional)
- 10 tazas de agua

Reduzca la temperatura a media-baja y deje cocer a fuego lento, cubierta, hasta que esté sabrosa. Este es el caldo básico para la Sopa de maíz, página 132.

**PLATO DE POLARIDAD PARA FORTALECER LA SALUD.

Comentario: si usted comienza con un caldo vegetariano ya preparado, limítese a agregar ½ cucharadita de comino para obtener un caldo más o menos comparable al de arriba.

COCINAR SEGÚN LA CLIMATOLOGÍA

Los cambios de tiempo requieren que uno cambie y se adapte. Nuestro cuerpo (el microcosmos) se mueve dentro de un macrocosmos mayor, el medio ambiente. A menudo, cuando se produce un brusco cambio atmosférico, como una inesperada tormenta de nieve ya avanzada la primavera, el cuerpo manifiesta señales de adaptarse a ese cambio. Podemos notar una congestión súbita, fatiga, dolor de cabeza o síntomas similares a los de la gripe (si no es así, tanto mejor). Sus doshas están reaccionando ante el cambio de equilibrio, buscando la salud. No hay por qué asustarse. Recuerde cómo ha estado comiendo y viviendo, observe los cambios y ajústese según convenga. En el ejemplo que acabo de dar predomina kapha: clima frío y húmedo, congestión, pesadez. Entonces conviene atender a kapha más de lo que normalmente lo haríamos, comiendo alimentos frescos más ligeros, secos y calientes. En momentos como estos, la Dieta de polaridad purificadora (véase Apléndice VI) resulta de utilidad.

Análogamente, si surge de pronto un período caliente y seco, o si el tiempo se torna frío y ventoso, se puede reaccionar de acuerdo con ello, apoyando respectivamente a los doshas pitta y vata. Estas alteraciones climáticas suelen provocar una respuesta más marcada en el cuerpo si se presentan en el cambio de estaciones, como es normal. Es una ocasión para conseguir un mayor equilibrio, que es posible si se quiere.

Para ser un poquito más específica: con clima caluroso utilizo más cilantro, azafrán y menta, que son refrescantes. En clima frío se puede utilizar más jengibre fresco y picante, para entrar en calor. Cuando el tiempo es húmedo, escojo alimentos más secantes, como la cebada, la quinua y el amaranto. Cuando es seco, busco sustancias más lubricantes, como el ghee o una mayor cantidad de aceite. Lo que se utilice deberá variar según los propios gustos y la constitución de cada uno.

———————————

Entrantes

Símbolos utilizados

«-» significa que calma o ayuda a la constitución mencionada;

«+» , que la agrava o incrementa.

«0» indica efecto neutro

*DIETA DE ROTACIÓN puede ser útil para personas con alergias alimentarias.

**PLATO DE POLARIDAD indica recetas que apoyan el trabajo con terapia de polaridad.

⊛ = Primavera

❋ = Verano

♌ = Otoño

❄= Invierno

Paella

Tiempo de preparación: 50 minutos
SÁTVICO, -vata, 0 pitta, 0 kapha
Raciones: 4
❀ ✳ ℞ ❅

Lave:
- 1 taza de arroz basmati integral sin cocer

Lleve a hervor con:
- ½ cucharadita de sal
- 2 ½ tazas de agua pura

Cubra y reduzca la temperatura a mínima. Cueza hasta que esté listo, unos 45 minutos. Lave y prepare:
- 1 taza de brécol en rosetas
- 2 tomates romanos, en cubos (se puede omitir)
- 1 cucharada de pimiento rojo, finamente picado (opcional)
- 1 taza de guisantes frescos, sin vainas
- 2 cucharadas de perejil fresco, finamente picado

Cuando al arroz le falten unos 20 minutos para estar a punto, se puede comenzar a saltear. Tener el arroz caliente y las hortalizas acabadas de cocer da a la paella un aspecto fresquísimo. Caliente en una sartén grande, a temperatura media-baja:
- 1 cucharada de ghee
- 1 cucharada de aceite de oliva virgen extra, prensado en frío

Agregue:
- ⅛ cucharadita de semillas de comino enteras
- 1 diente grande de ajo, picado

Deje saltear durante un par de minutos. Luego agregue las hortalizas: primero el brécol, luego los tomates, el pimiento y los guisantes. (Suba la temperatura a media-alta durante unos minutos después de añadir el brécol, a fin de que se dore un poquito; luego redúzcala nuevamente a media-baja). Asegúrese de que todas las hortalizas estén bien cubiertas con hierbas y aceite. Cuézalas cubiertas hasta que estén blandas y luego apague el fuego. Cuando el arroz esté listo, revuélvalo con las hortalizas, agregando el perejil y:
- $^1/_{32}$ cucharadita de azafrán
- ⅛ cucharadita de pimienta de Cayena (o menos)

Sirva.

Se puede utilizar arroz basmati blanco en vez de integral, lo cual reduce en unos 30 minutos el tiempo de preparación, durante un total de 20 minutos antes de la hora de las comidas. A veces le mezclo 2 cucharadas de anacardos crudos en trozos y un poquito de rúcula fresca, para cocer con las hortalizas, para darle un toque diferente.

SÁTVICO, -vata, 0 pitta, 0 kapha

Pilaf de quinua y espárragos

Tiempo de preparación: 20 minutos
SÁTVICO, -vata, -pitta, -kapha
Raciones: 4-6
❀ ✳ ℞

Aclare bien:
  • 1 taza de quinua seca
Esto es importante, pues deja un residuo jabonoso natural que puede alterar la digestión de algunas personas. Lleve la quinua a hervor en una cacerola pequeña, con:
  • 2 tazas de agua
  • ½ cucharada de sal
Reduzca la temperatura a mínima, cubra y cueza hasta que esté a punto, unos 15 minutos. Lave y pique:
  • ¼ -½ kg de espárragos, en trozos de 2 o 3 cm
  • 1 zanahoria grande, en medias lunas
  • 1 cucharada de hojas de romero frescas, finamente picadas, o 1 cucharadita si son secas
  • 2 cucharadas de cebolla, finamente picada
  • 1 cucharadita de hojas frescas de ajedrea, finamente picadas, o ½ cucharadita si son secas (esto es opcional, pero sabroso).
Mientras se cuece la quinua, caliente en una sartén de hierro grande:
  • 2 cucharadas de aceite de oliva prensado a frío
Agregue la cebolla y el romero; saltee hasta que la cebolla empiece a ponerse traslúcida. Es hora de echar la zanahoria. Deje cocer a temperatura media en la sartén cubierta hasta que esté blando, unos 5 minutos. Añada el espárrago, cubra y cueza otros 2-3 minutos hasta que esté tierno, pero aún algo crujiente. Cuando la quinua esté a punto, mézclela ligeramente

con las hortalizas de la sartén, utilizando un tenedor para esponjarla. Eche y revuelva la ajedrea recién picada. Sirva. Muy sabroso con **Judías azuki sencillas**, página 170.

VARIANTE

VERSIÓN DE POLARIDAD: cueza las hortalizas, la cebolla y el romero con la quinua. Agregue el aceite de oliva y la ajedrea cuando la quinua esté a punto, esponjándola con un tenedor. Es más ligera para el hígado que la versión anterior.

SÁTVICO, -vata, -pitta, -kapha

**PLATO DE POLARIDAD PARA FORTALECER LA SALUD.

Mi gumbo cajún favorito

Tiempo de preparación: 75 minutos, si se prepara el caldo desde cero. De otro modo, menos de una hora, mayormente sin atención.

SÁTVICO, 0 vata, 0 pitta, 0 kapha

Raciones: 12 tazas

✳ ૐ ❄

Prepare primero:

- **Caldo para gumbo**, página 142

Luego pase a preparar su *roux* quemado. Caliente en una cacerola grande, de fondo pesado:

- 1 cucharada de aceite (van bien los de oliva, sésamo o girasol)

Agregue revolviendo:

- 1 cucharada de harina (trigo integral, cebada o quinua servirán)

Deje que la harina se cueza en el aceite a temperatura media-baja, hasta que tome un tono de caramelo, revolviendo de vez en cuando. Cuando esté de ese color, agregue:

- 1 cebolla blanca pequeña, finamente picada
- 1 pimiento grande, rojo, amarillo o verde, picado

Cueza a temperatura media hasta que la cebolla y el pimiento estén blandos, pero no tostados. Vierta el caldo líquido en el *roux* y arroje las verduras del caldo en el cubo para abono, si lo tiene. Agregue:

- 1 tallo de apio, finamente picado
- 3 tomates frescos, picados
- 30 okras frescas, en rodajas de 0,5 cm

- ⅓ taza de arroz basmati sin cocer

Cueza hasta que las hortalizas y el arroz estén bien mezclados y blandos, unos 45 minutos a temperatura media. Agregue revolviendo:

- ½ cucharaditas de tomillo seco
- ⅛ cucharadita de pimienta de cayena
- 3 cucharadas de perejil fresco, finamente picado
- Sal a gusto

Sirva en boles previamente calentados, con:

- Gumbo filé a gusto (hojas de sasafrás molidas). Una pizca en cada cuenco aumenta el sabor

Comentario: juegue con los colores, si está de humor. Si tiene tomates dorados, pruebe a combinarlos con un pimiento rojo y el verde de la okra, o viceversa. ¡Es un plato bonito! Para chuparse los dedos en una cena con invitados, servido con **Pan de maíz azul** caliente o con o con **Galletas de boniato**, una simple ensalada y un **Aderezo cremoso de ajo**. ¿Con **¡Vaya pastel de bayas!** de postre? O bien, para hacerlo más ligero, deje que sus invitados descansen y conversen después de la cena, y algo más tarde sirva té y melón cantalupo con frambuesas frescas.

Dal reductor de ama

Tiempo de preparación: 3 días para que germinen las judías mungo
30 minutos a 1 hora para hacer la sopa
SÁTVICO*
Raciones: 5-6
❁ ✸ ♐ ❄

En una olla a presión, ponga:

- 2-3 tazas de judías mungo germinadas
- 3-4 tazas de agua

Lleve a presión y cueza durante 2 minutos. O cueza las judías en el agua en una cacerola cubierta hasta que estén blandas. Mezcle las judías con el líquido de cocción. Reserve aparte. En una cacerola de acero inoxidable para sopa, caliente:

- 1 ½ cucharada de ghee o aceite de oliva

Agregue:

- 3-4 cm de raíz de jengibre fresca (1-2 cucharadas), peladas y finamente picadas
- 1-3 dientes de ajo, picados (omita si pitta está alto)
- ½-1 cucharadita de semillas de comino
- 1 cucharadita de semillas de coriandro
- ½ a 1 cucharadita de cúrcuma
- ½ cucharadita de pimienta negra recién molida
- 2-3 hojas de laurel
- ⅛ charadita de, respectivamente, semillas de hinojo, asafétida, canela y cardamomo

Revuelva hasta que esté bien untuoso y surjan los aromas. Agregue al aceite con especias:

- 2-3 tazas de hortalizas en trocitos pequeños (van bien el brécol, zanahorias, verdura de hoja, brotes, judías verdes o espárragos)

Revuelva hasta que estén bien untados. Continúe revolviendo durante 2 minutos; luego añada:

- 4-6 tazas de agua adicional

Mezcle bien. Lleve a hervor; luego reduzca la temperatura y deje cocer lentamente, con tapa, hasta que las hortalizas estén a punto. Añada a la cacerola las judías mungo en puré. Revuelva. Lleve nuevamente a hervor. Reduzca el calor y deje cocer a fuego lento durante 5 minutos. Agregue agua si se desea una consistencia más ligera. Añada:

- ½ cucharadita de sal, o a gusto

Comentario: esta receta es de Ivy Amar basada en un plato hecho por los doctores Smita y Pakaj Naram, de Bombay. Está específicamente ideada para reducir *ama* y dar descanso al conducto digestivo durante una enfermedad, una convalecencia o una terapia de rejuvenecimiento. Las judías mungo son refrescantes por naturaleza, pero ganan calor con el jengibre y las otras especias calientes. Las cantidades de especias y el tipo de hortalizas utilizadas se pueden ajustar según convenga a cada individuo. También se puede añadir una varita de kombu para reducir el gas y añadir rastros de minerales. Es una excelente comida de plato único, que se puede servir varias veces por semana para dar descanso al organismo, si así se desea.

Nota: si utiliza este plato durante la terapia de panchakarma, aumente la cantidad de aceite o ghee a 5-6 cucharadas para logra mejores efectos. Durante este proceso se necesita una mayor cantidad de lubricación.

* -vata, -pitta, -kapha (sin ajo)

* -vata, +pitta, -kapha (con ajo)

(Reproducido con permiso de *El libro de cocina ayurvédica*, de Amadea Morningstar & Urmila Desai).

Kichadi

Tiempo de preparación: de 45 minutos a 1 hora
SÁTVICO, -vata, -pitta, -kapha
Raciones: 2-3

✵ ✺ ॐ ❄

Lave bien:
- ½ taza de arroz basmati
- ½ taza judías mungo germinadas

Ponga en una cacerola mediana con:
- 4 tazas agua pura (o más)
- 1 cucharadita-2 cucharadas de raíz de jengibre fresca, menos cantidad si pitta está alto
- 1 hoja de laurel
- Pizca de asafétida o epazote
- ¼ cucharadita de semillas de comino
- ½-1 cucharadita semillas de coriandro
- 1 cucharadita colmada de hojas de orégano seco

Lleve a hervor; luego reduzca la temperatura a moderada. Cubra y cueza. O cueza sin tapa, agregando más agua según haga falta. Mientras las judías y el arroz se cuecen, lave y corte:
- 2 zanahorias en dados
- 1 calabacín tierno, en dados
- ½ taza de brécol, picado
- 2 cucharadas de perejil, picado
- 1 diente de ajo, finamente picado (opcional)

Agregue inmediatamente los dados de zanahoria a las judías mungo y al arroz. Añada el calabacín, el brécol, el perejil y el ajo cuando el kichadi lleve más o menos 30 minutos de cocción. Cuando todos los ingredientes estén tiernos y a punto, retire la cacerola del fuego y agregue:

- 1 cucharada de ghee o aceite de oliva virgen extra (opcional)
- Sal a gusto

Revuelva. Se puede servir con:

- Hojas de cilantro fresco picadas, arriba, como decoración

**PLATO DE POLARIDAD PARA FORTALECER LA SALUD.

Comentario: *kichadi* es la comida básica de la curación ayurvédica; se puede consumir en cualquier momento que apetezca. Cuanto más espesa sea, tanto más fácil será de digerir. Siempre se puede agregar más agua para obtener la consistencia necesaria. Es relativamente fácil adaptar los kichadis para que resulten el máximo de calmantes para determinado dosha. Por ejemplo: si usted está trabajando especialmente con vata, utilice más agua, a fin de que el kichadi sea bastante caldoso; cueza durante una hora o más y decore generosamente con ghee y pimienta negra recién molida. Para pitta, reduzca el jengibre, modérese con la pimienta negra y aumente un poco la cantidad de semillas de coriandro y de cilantro. También en este caso, prolongue el tiempo de cocción, lo cual ayuda a calmar a pitta. Para kapha, utilice la máxima cantidad de jengibre, generosas cantidades de pimienta negra, más de cualquier especia que le atraiga, un poco menos de tiempo de cocción (según lo que le siente mejor) y una mínima cantidad de ghee o aceite y sal. Si descubre que le gusta esta receta, se pueden encontrar muchas variantes en *El libro de cocina ayurvédica* (Morningstar & Desai) o también, sin duda, en su propia mente creativa y en su cocina. El kichadi se puede preparar a primera hora de la mañana y consumirlo como almuerzo o cena. Es un plato fácil, que solo requiere una cacerola y es suave para todos los doshas.

Si, por el contrario, usted ha estado consumiendo fielmente kichadi día y noche durante meses enteros y está un poco cansado, le conviene tomarse un descanso con respecto a este reverenciado plato. Puede explorar algunas de las otras recetas que se ofrecen aquí.

Variante

Para DÍA 3 DE ROTACIÓN: lave el basmati y las judías mungo germinadas como se ha dicho. Póngalos en una cacerola con el agua, la asafétida, el comino y el coriandro, ¼ cucharadita de pimienta negra recién molida y 1 cucharada de aceite de girasol. Cueza como antes. Como hortalizas, utilice rodajas de zanahoria, boniato en cubos, chirivía y/o guisantes frescos. Omita el ghee o el aceite de oliva al final y decore, si gusta, con cilantro fresco picado grueso. Sal a gusto.

SÁTVICO, -vata, -pitta, -kapha
PLATO DE ROTACIÓN PARA DÍA 3.

LOS USOS TERAPÉUTICOS DEL GHEE

En India se reverencia la vaca como ser sagrado. Su leche y su mantequilla, clarificadas como ghee, son como leche de madre para el ayurveda, absolutamente esenciales para la salud y el bienestar. Por eso deben ser puras. A muchos occidentales les preocupa que el consumo de ghee les aumente el colesterol o agregue cantidades innecesarias de grasa a su dieta. Utilizada en el contexto de un estilo de vida ayurvédico, es bastante improbable que esto ocurra. Si se abusa de él, podría ser.

Para explicarme: el ghee, a diferencia de la mantequilla, ayuda a estimular el saludable flujo de fluidos por el cuerpo. La mantequilla puede congestionar; el ghee deshace los bloqueos. No hay otra sustancia que estimule el flujo de fluidos corporales como el ghee. El aceite de oliva prensado en frío es específico para estimular el flujo de la bilis desde el hígado y la vesícula biliar; por lo tanto, alivia la congestión de estos órganos. Pero el ghee lo hace en todo el cuerpo.

Al mismo tiempo, el ghee fortalece a *ojas*, nuestro cojín de energía vital, que está en la raíz de nuestro bienestar e inmunidad. Mediante ojas, el ghee nutre también a *tejas*, el fuego de la mente. De esa manera fortalece la inteligencia, la energía, la confianza en uno mismo, el entendimiento y la memoria.

El ghee rejuvenece a vata y a pitta; con moderación, fortalece también a kapha. En cuanto a las instrucciones sobre cómo preparar el ghee, véase la página 249. En estos tiempos parece importante conseguir mantequilla orgánica, su principal ingrediente, cuando sea posible. No es necesario refrigerar el ghee; de hecho, hacerlo puede retrasar un poco sus acciones positivas.

Existen muchas maneras prácticas de utilizar terapéuticamente el ghee. El Dr. Vasant Lad ha descrito muchas de ellas de manera excelente en *Ayurveda: la ciencia de curarse uno mismo*. Un toque de ghee, puesto en el dedo meñique, sirve para masajear suavemente las fosas nasales antes de acostarse y al levantarse. Esta terapia *nasya* despeja los senos, lo cual también aclara los sentimientos y puede mejorar la vista. Como simple laxante, bueno sobre todo para vata, el ghee se puede tomar a razón de una o dos cucharaditas por taza de leche caliente, siempre a la hora de acostarse. Ingerido con la comida, estimula a agni (el fuego digestivo), junto con todos los jugos y enzimas de la digestión.

Utilizado externamente, como ghee medicado con raíz de regaliz, *ghrita*, ayuda mucho a cicatrizar las heridas. En *Ayurveda: la ciencia de curarse uno mismo*, el Dr. Vasant Lad describe cómo preparar uno mismo ghritas de regaliz y cálamo. En la práctica ayurvédica existen muchos ghees medicados. Por ejemplo: se combina el ghee con una hierba amarga, como el agracejo, para aliviar a pitta, bajar la fiebre y la congestión hepática. En combinación con shatavari se utiliza para favorecer la fertilidad. Con las hierbas correctas, hasta se puede emplear par aliviar la colitis y las úlceras gástricas.

Es importante entender que el ghee se da y se toma en el contexto de un programa ayurvédico. Normalmente, una persona afortunada y sabia hará panchakarma (programas de purificación ayurvédica) una o dos veces al año, en el cambio de estaciones o cuando se le recomiende. Esto, sumado a un estilo de vida saludable, una alimentación equilibrada y tranquila y la atención a la comunidad y a los seres amados, refuerza el equilibrio interior y exterior. Sin embargo, todo este estilo de vida nos resulta nuevo, hasta cierto punto, como occidentales. Es probable que nos ayude añadir un poco de ghee fresco al arroz, al kichadi, a hortalizas al vapor o a la leche fresca caliente. Agregar ghee a nuestro entrante congelado es improbable (¡pese a que el ghee tiene fama de aliviar el envenenamiento!). Hacer diariamente ricos postres con ghee difícilmente tendrá el efecto deseado. Debemos utilizarlo con prudencia y sentido común, dentro de su contexto. Como siempre, eso nos corresponde a nosotros.

Rollitos nori

Tiempo de preparación: 1 hora o menos
SÁTVICO, -vata, -pitta, 0 kapha
Piezas: 7 rollitos nori o 35-42 trozos
❀ ✳ ཉ ❄

Prepare una receta de:

- **Arroz basmati sencillo**, página 248

Cuando esté cocido, retire del fuego. Déjelo reposar 10 minutos antes de quitar la tapa. Mezcle:

- 1 ½ cucharadas de zumo de limón fresco
- 2 cucharadas de jarabe de arroz integral

Cuando el arroz esté cocido, revuelva bien la mezcla en el arroz con un tenedor, aplastando un poquito el cereal. Deje que el arroz tome la temperatura ambiental. Mientras tanto, lave y corte en juliana:

- 2 zanahorias, 1 pepino, 2 tallos de apio, 1 aguacate (opcional) y 5 cm de raíz de jengibre fresca y pelada (opcional)

Cueza a vapor la zanahoria y los trozos de jengibre durante 5 minutos, dejando crudas las otras hortalizas. El aguacate se puede cortar en trozos más grandes que el resto. Tueste en una sartén pequeña:

- ½ taza de semillas de sésamo crudas

Ponga a enfriar aparte. Abra:

- 1 paquete de algas nori y tome 7 láminas

Si no están previamente tostada, tuéstelas por un momento sosteniéndolas sobre la llama durante uno o dos segundos de cada lado. Si tiene una esterilla de bambú para sushi, ponga allí una lámina de nori. Si no, puede trabajar sobre una tabla de picar de madera y enrollar con las manos.

Importante: tenga a mano un tazón de agua fría con sal para mojarse las manos, a fin de que el arroz no se pegue mientras trabaja.

Mójese las manos y ponga varias cucharadas grandes de arroz en la lámina de nori. Con las manos humedecidas, aplane el arroz a palmaditas, de modo que cubra todo el nori, formando una capa de algo más de 0,5 cm de grosor, salvo los 3-4 cm del borde opuesto, que debe quedar vacío.

Disponga el relleno de hortalizas en dos o tres hileras. Rocíe ligeramente toda la superficie con semillas de sésamo tostadas. Luego meta hacia dentro el borde más cercano a usted y continúe enrollando, con el mismo tipo de movimientos que utilizaría para enrollar un saco de dormir. Cuando llegue al final del arroz, humedezca ligeramente esos 3-4 cm del final y enrolle sobre ella, dejando que se selle con la presión del rollo y la de su mano.

Con un cuchillo afilado, corte el rollito en 5 o 6 trozos. Repita con el resto de las láminas de nori. Disponga el sushi en un plato y sirva con:

- **Salsa para mojar**, página 263

Pese a lo complejo de esta elaboración, los niños suelen disfrutar haciendo los rollitos y comiéndolos. Déjeles espacio para que fabriquen algunos de ellos con sus propias manos.

VARIANTE

Para PLATO DE ROTACIÓN PARA DÍA 3, prepare el arroz basmati simple como siempre. Mezcle ¼ cucharadita de concentrado de tamarindo y 2 cucharadas de miel cruda. Agregue la mezcla al arroz, revolviendo, una vez que esté cocido. Como relleno, utilice elementos para Día 3: zanahorias, apio, tofu, cilantro y/o jícama; omita el jengibre. Cueza la zanahoria al vapor, tal como se ha descrito; deje crudas las otras hortalizas. El tofu se puede cortar en palillos y saltear ligeramente en aceite de girasol y salsa de soja, antes de añadirlo al rollito. Omita las semillas de sésamo; por lo demás, prepare según se ha descrito. Sirva con **Salsa para mojar** para ROTACIÓN DÍA 3, página 263.

Hojas de col rellenas

Tiempo de preparación: 50 minutos en total
SÁTVICO, moderadamente +vata, levemente +pitta, -kapha
Raciones: 4-6
❄

Precaliente el horno a 150 °C. Cueza al vapor durante 10 minutos:
  • 1 col pequeña, roja o verde
Cueza al vapor las hojas durante el tiempo suficiente para que sean fáciles de manejar, pero sin que se desprendan. Reserve. Prepare una receta de:
  • **Kasha y puerros**, página 248 y una de:
  • **Salsa verde cremosa**, página 259.
Unte ligeramente con aceite una fuente para horno de 22 x 30 cm, de acero inoxidable o de vidrio. Retire suavemente las hojas de col del cogollo, reservando las mejores para los rollitos y las más pequeñas para forrar el fondo de la fuente. Eso impedirá que las rellenas se peguen.
Ponga una cucharada de relleno de kasha y puerro en cada hoja de col. Meta las puntas hacia dentro y enrolle ciñendo a lo largo de la nervadura. Póngalos en la fuente y vierta sobre los rollos la salsa verde cremosa. Hornee sin cubrir durante 20-25 minutos. Decore con:
  • Semillas de sésamo tostadas

También puede retirar el corazón de la col y rellenarla con kasha como si fuera un pequeño nido; es otra manera bonita de presentar este entrante. Si utiliza col roja, obtendrá el contraste de las hojas purpúreas y la salsa verde selva. También puede obtener un plato completamente verde si utiliza col verde.

*PLATO DE ROTACIÓN PARA DÍA 4

Quiche de cilantro

Tiempo de preparación: 75 minutos, mayormente sin atención
MODERADAMENTE RAJÁSICO*
Piezas: 1 quiche de 25 cm
✸ ✱ ⚕ ❄

Prepare y hornee:
- 1 base de pastel horneada, **Base para pastel kapha**, página 306

Cuando la masa esté cocida, disminuya la temperatura del horno a 180 °C. En una cacerola pequeña, caliente:
- 2 cucharadas de aceite de oliva o ghee

Saltee hasta que esté tierno, pero no tostado:
- 3 cucharadas de cebolla, finamente picadas
- 1 diente de ajo bien picado

Con un tenedor, revuelva dentro del aceite:
- 1 cucharada de harina integral de trigo o cebada

Agregue poco a poco:
- ½ taza de leche de arroz o soja, o leche fresca de vaca, cruda

Cueza a temperatura mínima hasta que espese, revolviendo a menudo (unos 5 minutos). Agregue revolviendo:
- ½ cucharadita de sal
- ⅛ cucharadita de pimienta de Cayena

En la licuadora, combine:
- 2 huevos no fecundados, preferentemente*
- ½ taza más de leche
- ¼ kg de tofu firme
- ½ cucharadita de zumo de limón fresco
- 1 taza de hojas de cilantro fresco, finamente picadas y ligeramente apelmazadas

Agregue los ingredientes licuados a la salsa cremosa, incorporando al mismo tiempo:

- 1 aguacate maduro, en dados (opcional)

Vierta en la base kapha y hornee durante 45 minutos a 180 °C o hasta que el cuchillo salga limpio. Se puede servir caliente o frío. Es muy sabroso cuando se ha enfriado durante un rato.

* -vata, 0 pitta, 0 kapha (cuando se utiliza leche de soja o arroz, sin aguacate)
* -vata, leveente +pitta, +kapha (cuando se usa leche de vaca y aguacate)

*Nota: a falta de gallo, la gallina continúa poniendo huevos. Estos huevos nutritivos, no fecundados, son parte natural de su ciclo biológico y se pueden consumir sin quitar ninguna vida. Por esta razón, en lo posible escojo huevos no fecundados.

Frittata de patatas

Tiempo de preparación: 30 minutos
RAJÁSICO, 0 vata, levemente +pitta, levemente +kapha
Raciones: 2-4
❀ ✳ ॐ ❄

Lave y corte:
- 12 patatas nuevas pequeñas, en cuartos o en dados
- 1 cucharada de cebolla, finamente picada
- 1 cucharadita de romero fresco, finamente picado

Saltee las hortalizas a temperatura moderada, en una sartén pesada de 22-25 cm, con:
- 1 ½ cucharadas de aceite de oliva virgen extra

Revuelva de vez en cuando. Cubra y deje cocer durante 10-15 minutos. Bata juntos:
- 6 huevos frescos no fecundados
- Sal y pimienta a gusto

Lave y pique:
- 1 cucharada de perejil fresco, finamente picado
- 1 taza de espinaca, rúcula o col baby, fresca, picada grueso

Cuando las patatas estén tiernas, vierta los huevos sobre ellas en la sartén, agregue las verduras revolviendo y cubra. Cueza a temperatura mínima hasta que la parte superior de huevos esté firme. Cubra la sartén con un plato e inviértala, de modo que la tortilla caiga sobre él. Sirva inmediatamente.

Comentario: se trata de una entrada ligera. Necesita ir acompañada de una suculenta receta de panecillos, como **Panecillos de pera al jengibre**, página 217, o *Muffins* **Boston**, página 218.

ORIGEN DE LOS ALIMENTOS

Puesto que solo el 3% de los norteamericanos son proveedores de alimentos para el resto, la mayoría de nosotros desconocemos las realidades de cómo se cultiva nuestra comida. Obviamente, hay millares de jardineros, pero muchos no tenemos la menor idea, en este vital intercambio con la naturaleza, de la procedencia de lo que comemos. Esta mañana, mientras recolectaba huevos en el gallinero, me maravilló la manera en que aparecen en el nido de paja, casi como por arte de magia, aun en tiempo frío. ¡No provienen de un cartón, sino de la tierra! Notable.

***

Sabroso pastel de hortalizas

Tiempo de preparación: 75 minutos
SÁTVICO, -vata, -pitta, 0 kapha *
Piezas: 1 pastel 22 cm
❀ ꙡ ❄

Prepare la base:
- **Base para pastel de cebada o trigo integral**, página 305.

Enfríe durante 30 minutos en la nevera, mientras prepara el relleno. Lave y pique:
- 3 tazas de boniato pelado y en dados (2 grandes)
- 2 tazas de judías verdes, cortadas a lo largo y luego en 4-5 trozos
- 1 cucharada de cebolla o puerro, finamente picados
- 2 cucharadas de apio, finamente picado
- 1 ½ cucharadas de raíz de jengibre fresca, pelada y rallada o muy finamente picada

Saltee la cebolla, el apio y el jengibre en una sartén grande, con:
- 1 cucharada de aceite de sésamo

Vierta en la sartén:
- 1 ½ tazas de leche de soja o leche de vaca cruda, recién hervida (hierva ½ taza más para utilizar más adelante)

Caliente el relleno a temperatura moderada. Agregue revolviendo el boniato, las judías verdes y:
- ½ cucharadita de sal
- ¼ cucharadita de canela
- ½ cucharadita de curry en polvo

Cubra y deje cocer a temperatura moderada durante 20-30 minutos, o hasta que las verduras estén tiernas. Pique finamente:
- 2 cucharadas de almendras crudas blanqueadas

Reserve para usar en la cobertura. Revuelva en una taza:
- ½ taza más de leche de soja o vaca
- 1 cucharadita de arrurruz (se puede sustituir por almidón de maíz o harina)

Lave y pique:
- 1 cucharada de perejil fresco, finamente picado

Precaliente el horno a 180 °C. Cuando la base de pastel se haya enfriado, estírela a palmaditas en un molde para pastel de 22 cm. Pinche 5 o 6 veces y reserve. Cuando las hortalizas estén a punto, agregue revolviendo la leche, el arrurruz y el perejil. Vierta a cucharadas el relleno sobre la base de pastel sin cocer y rocíe la parte superior con almendras picadas y:
- 1 cucharada de semillas de sésamo crudas

Hornee durante 20-30 minutos, o hasta que esté listo. Sirva caliente.

* Esta receta es muy neutra para kapha si se hace con leche de soja y harina de cebada, y muy calmante para vata si lleva leche de vaca y harina integral de trigo. Cualquiera de ellas calma a pitta.

SOBRE EL AJO Y LAS CEBOLLAS

De estas sabrosas criaturas: ¿cuánto es demasiado? Si bien el ajo y las cebollas se utilizan con generosidad en la cocina comercial del Este de India, la comida ayurvédica las consume con menos entusiasmo. El ajo se considera rajásico y, a veces, tamásico. Las cebollas son tamásicas y ambas agravan a pitta. Durante muchos años fui muy estricta con el ajo y la cebolla; los evitaba en lo posible. Luego empecé a notar que otras buenas cocineras ayurvédicas, a las que yo respetaba, los utilizaban en pequeñas cantidades. (Ese año tuvimos también una buena cosecha de ajos, de manera que la tentación de reevaluar era potente). Para alguien de constitución pitta que siga una dieta sátvica y quiera probar, la regla básica sería: una cebolla de buen tamaño por semana y uno o dos dientes de ajo (menos, si se quiere). Los kapha que sigan un régimen sátvico podrían utilizar la misma cantidad de cebolla y 4 o más dientes de ajo, sin problemas (nuevamente, menos si se quiere).

Los vata deben comer algo menos de cebolla, cocida, según cómo les siente, y tal vez 2-3 dientes de ajo, si así lo desean. Al calentar el ajo en aceite se realzan sus propiedades medicinales. Por el lado positivo, el ajo ayuda a rejuvenecer, especialmente a vata.

Últimamente reemplazo cada vez más las cebollas por puerros, cuando los hay. Tienen un sabor más suave y dulce; por eso alteran a pitta menos que las cebollas normales. Las cebolletas tienen una dinámica similar a la de los puerros.

Las actividades diarias también influyen sobre la cantidad de estas hortalizas que se escoja. Si usted realiza un trabajo sedentario, poco exigente o contemplativo, posiblemente utilice menos que si su trabajo es competitivo o físicamente extenuante, como la construcción, los deportes o la ocupación de camarero.

Tener en cuenta las preferencias de los niños de la casa también puede llevar a la cocinera por rumbos más sátvicos.

Enchiladas al mole de Dorie

Tiempo de preparación: 75 minutos
SÁTVICO, -vata, levemente +pitta, +kapha*
Raciones: 4-6 para 12 enchiladas
⊛ ༐ ❋

SALSA MOLE
Rinde: 2 litros de salsa
Saltee a temperatura mínima hasta que estén blandos:
- 1 cebolla pequeña, picada
- 2 dientes de ajo, picados

en:

- 2 cucharadas de aceite de girasol

Revuelva en el frito:
- 1 cucharadita de chile ancho (o pimiento rojo molido)
- 1 cucharadita de cacao

Mientras se cuece el chile, muela en polvo fino, en la licuadora:
- ⅔ taza de semillas de calabaza crudas

Agregue las semillas molidas a la salsa, revolviendo, y continúe la cocción a temperatura mínima durante 10-15 minutos más. Ha llegado el momento de agregar a la salsa:
- 2 cucharadas de tahini de sésamo
- 1 tortita de maíz, desmigada entre las manos
- ¼ cucharadita de semillas de comino
- ⅛ cucharadita de canela
- ¼ taza de pasas de uva orgánicas

Revuelva bien. Sí, estoy de acuerdo: esta lista de ingredientes es muy rara. Y de ella resulta una salsa muy buena. Vierta inmediatamente, poco a poco, sin dejar de revolver:
- Unas 8 tazas de agua hirviente
- 1 cucharadita de azúcar de caña integral

Deje que la salsa hierva a fuego lento durante 1 hora, revolviendo de vez en cuando o a menudo, según su capricho. Sirva caliente sobre las enchiladas, según la receta a continuación.

Relleno para enchilada

Cueza al vapor:
- 3 calabacines medianos y/o calabaza de cuello largo, en dados

Mezcle con:
- ½ taza de piñones crudos
- Sal a gusto

Ponga a calentar una sartén a temperatura alta durante un minuto. Una a una, caliente:
- 12 tortillas de maíz, azul o amarillo, en la sartén con una gota de aceite

Ponga una tortilla en la sartén caliente, déle la vuelta en cuanto esté caliente y blanda, retire un par de segundos después. Si no se calientan y ablandan, hace falta calentar más tiempo la sartén antes de añadirlas. Si las tortillas se ponen rígidas, es porque las deja cocer demasiado (o quizá están rancias). A veces, las tortillas duras se ablandan al echarles una gota de agua arriba mientras se cuecen.

Ponga la tortilla caliente en un plato individual. Vierta sobre ella una cucharada de la salsa mole; luego, una cucharada colmada del relleno para enchilada. Enrolle la tortilla, haga lo mismo con una o dos más y luego vierta una generosa cantidad de salsa mole sobre las enchiladas. Sirva inmediatamente. Haga lo mismo con el resto de sus enchiladas. ¡Disfrute!

*Los kapha pueden diluir la salsa con más agua para que sea más suavizante.

Comentario: Puré de boniatos, página 235, es otro buen relleno (aunque improbable) para enchilada, echando por encima un puñado de semillas de sésamo tostadas. La salsa mole también es deliciosa con arroz, hortalizas al vapor o huevos. Muy agradecida a mi amiga Dolores Chiappone por esta receta.

SOBRE LA SAL

Un poquito de sal aviva el fuego digestivo, agni, en buena forma. El ayurveda utiliza pequeñas cantidades de sal en algunas combinaciones de hierbas medicinales para la digestión. La sal de roca es muy respetada en ayurveda por su facultad de favorecer agni; a menudo se utiliza con este propósito en fórmulas de hierbas. Se encuentra con facilidad en las tiendas indias.

El exceso de sal puede provocar úlceras, hipertensión y otras dolencias de pitta alterado. Los alimentos enlatados suelen contener cantidades pavorosas de sal, así como la comida basura y otros platos que se sirven en restaurantes. Este exceso puede agravar sutilmente tanto a pitta como a kapha. La comida fresca, debidamente preparada, puede contener apenas un 10% de la que traen las enlatadas.

Si usted utiliza mucho el salero, puede tener una deficiencia de zinc. El zinc es necesario para percibir el sabor. Cuando no lo percibimos tanto, a menudo compensamos agregando más o más sal y especias. En estos casos, el nutricionista puede ayudar evaluando el nivel de zinc, mineral que se puede tomar en exceso o demasiado poco.

Sabrosa hamburguesa

Tiempo de preparación: 1 ½ horas, mayormente sin atención
SÁTVICO, levemente +vata, 0 pitta, 0 kapha
Piezas: 16 hamburguesas
❀ ✷ ⃗ ❄

En una cacerola de tamaño mediano, lleve a hervor:
- 1 ⅓ taza de arroz basmati integral sin cocer
- ¼ taza de teff integral (opcional)
- 3 tazas de agua

Reduzca la temperatura a moderada-baja, cubra y cueza hasta que esté casi a punto, unos 40 minutos. Agregue:
- 1 taza de judías mungo germinadas

Cubra y deje cocer 5 minutos más. Reserve. Precaliente el horno a 180 ºC. Pique muy finamente:
- ⅓ taza de hojas de puerro tierno
- 2 tallos de apio

Ralle finamente:
- ½ taza de zanahoria

Y pique:
- 1 diente de ajo

Revuelva todas las hortalizas en un bol grande para mezclar, con:
- 2 cucharaditas de orégano seco
- 1 cucharadita de salvia fresca, picada
- 4 cucharaditas de albahaca dulce, seca
- ⅔ taza de semillas de calabaza, finamente molidas
- ⅔ taza de almendras, finamente molidas
- 2-4 cucharaditas de perejil bien picado
- 1 cucharadita de sal

Cuando la mezcla de cereal y legumbres esté a punto, revuélvala a fondo con el resto de los ingredientes. Unte ligeramente de aceite dos bandejas para horno. Moldee las hamburguesas y hornee 30-35 minutos. O saltee en una sartén ligeramente aceitada o antiadherente; déle la vuelta cuando tome un matiz pardo dorado.

Comentario: esta es nuestra hamburguesa favorita. Originariamente fue inspirada por un buen artículo de Bharti Kirchner sobre hamburguesas vegetarianas, en el número de agosto de 1993 de *Vegetarian Times*. El maestro cocinero Jim Watkins, del *Café Flora*, de Seattle, tenía una hamburguesa de hortalizas y frutos secos con *coulis* de hinojo, que parecía deliciosa, y eso nos indujo a tontear con nuestra propia versión ayurvédica.

VARIANTE

Una **HAMBURGUESA PARA DÍA 2**: prepare como arriba, combinando:
- 2 tazas de mijo cocido
- ½ taza de almendras tostadas y molidas
- 1 taza de calabacín crudo rallado
- 1 cucharada de aceite de oliva virgen extra
- ¾ cucharadita de sal
- 1 cucharadita de cúrcuma

Moldee las hamburguesas y hornee a 180 °C, durante 30 minutos.
SÁTVICO, +vata, levemente +pitta, 0 kapha

Comentario: esta variante es una hamburguesa bastante blanda, pero comestible. Específicamente diseñada para la dieta de rotación para alergias. Para más información sobre dietas de rotación, véase la página 389

Judías pintas de Santa Fe

Tiempo de preparación: con olla a presión, 45 minutos
Sin olla a presión, 9-10 horas; se puede hacer en olla de terracota
SÁTVICO, +vata, -pitta, -kapha*
Raciones: 6-8
⊛ ✷ ᘐ ❁

Seleccione y lave, remojando durante toda la noche, si fuera posible:
- 1 ½ tazas de judías secas

Ponga las judías en una olla a presión, con:
- 6 tazas de agua pura
- ¼ -½ cebolla mediana, finamente picada (use la cantidad inferior para pitta)
- 1-2 dientes de ajo, picados (omita para pitta)
- 1 hoja de laurel
- ½ cucharadita de orégano seco o 2 cucharaditas si es fresco, picado
- ½ cucharadita de albahaca seca o 2 cucharaditas si es fresca, picada
- ½ cucharadita semillas de comino enteras

- ⅛ cucharadita de asafétida o epazote
- 1 trozo de kombu (opcional)

Lleve a presión y cueza a temperatura media durante 30 minutos, o hasta que esté tierno. También puede remojar las judías durante 4 horas, cuanto menos, aclarando cinco o seis veces para reducir la rafinosa, productora de gases, contenida en la cobertura exterior de la habichuela. Ponga las judías en una cacerola grande, con agua fresca, y cuando alcance el hervor cueza durante 2 minutos. Escurra las judías, descarte el agua de cocción y agregue 6 tazas de agua fresca. Deje reposar 2 horas en esa agua. Agregue todos los ingredientes arriba enumerados y lleve a hervor en una cacerola u olla de terracota, sin cubrir. Cubra y reduzca la temperatura a moderada-baja. Cueza así cubierto durante 3-4 horas, o hasta que las judías estén bastante blandas.

Una vez que estén tiernas, por uno u otro método, agregue y revuelva:
- 1 cucharadita de coriandro en polvo
- 1 cucharadita de hierbabuena, fresca si es posible
- Sal a gusto, más o menos 1 cucharadita

Cueza a temperatura media durante 10 minutos más. Revuelva y sirva.

Comentario: este plato va muy bien con tortillas calientes de maíz o trigo y ghee, o con pan de maíz, y una ensalada u hortaliza fresca. La sal no se debe agregar hasta el final, pues hace que las judías se pongan duras. La asafétida o epazote, el kombu y el comino ayudan sustancialmente a hacer este plato más digerible para vata. La hierbabuena con coriandro ayuda a la digestión y torna a las otras hierbas y especias más refrescantes para pitta. Es excelente para kapha. Uno de mis platos «americanos» favoritos. Me alegra que mi amigo Juan Morga me enseñara esta manera de preparar las judías, hace unos veinte años.

*Si se remoja bien y se sirve con ghee o aceite, vata lo tolerará bien en pequeñas cantidades. En vez de comerlo con maíz, a vata le resultará más fácil acompañarlo con arroz.

Judías pinquito asadas

Tiempo de preparación: 1 hora
SÁTVICO, +vata, -pitta, -kapha
Raciones: 3-4
✿ ✳ ℞ ❄

En una cacerola a presión de acero inoxidable, ponga:

- 1 taza de judías pinquito secas*
- ½ cebolla mediana, picada
- 1 diente de ajo, picado
- 1 ½ cm de raíz de jengibre fresca, pelada y finamente rallada o picada
- 2 tazas de zumo de manzana
- 2 tazas de agua
- ¼ taza de pimiento rojo picante; el de Chimayo va bien
- Lleve a presión y cueza hasta que esté tierno 30 minutos o más. Deje enfriar y agregue revolviendo:
- 1 cucharadita de miel cruda
- 1 cucharadita de sal

Sirva.

**PLATO DE POLARIDAD PARA FORTALECER LA SALUD.

Comentario: constituye una agradable entrada de judías asadas. Se pueden utilizar judías blancas en vez de pinquitos, si fuera necesario, pero si las consigue, ¡las judías pinquito son estupendas!

Resulta asombrosa la diferencia que hay entre las habichuelas secas frescas y las viejas. La primera vez que preparé esta receta, las pinquitos estaban recién salidas de sus vainas secas y tardaron apenas 20 minutos en cocerse. Un año después utilicé habichuelas de la misma cosecha en la misma receta ¡y tardaron casi una hora en ablandarse! Sin que hubiera diferencia alguna en su aspecto exterior.

Si se hacen brotar las habichuelas antes de cocerlas, por viejas que sean serán más fáciles de digerir y más ligeras; además, se abreviará el tiempo de cocción. Para más información, véase SOBRE LOS GERMINADOS, en la página 134. Las habichuelas frescas germinan con más facilidad.

Judías azuki sencillas

Tiempo de preparación: 20 minutos con judías precocidas, 1 hora sin cocer
ALGO TAMÁSICO (con las setas), 0 vata, -pitta, -kapha
Raciones 3-4
❀ ༇ ❅

Si puede, remoje durante la noche o haga germinar:

- 1 taza de judías azuki secas (también se pueden utilizar 2 tazas de azuki precocidas)

Para hacer las judías desde cero, ponga las azuki secas y todos los ingredientes abajo enumerados en una olla a presión y lleve a presión:

- 6 setas shiitake secas o 1-2 frescas, grandes
- ¼ taza de alga hijiki, seca
- 1 cucharadita de aceite de girasol prensado en frío
- 6-8 tazas de agua
- Sal y pimienta a gusto

Cocer durante 30 minutos. Cuando esté a punto, retirar de la hornalla y agregar revolviendo:

- Unas cuantas gotas de aceite de sésamo tostado (opcional)

Sirva.

Variante 1

Si usted trabaja con judías precocidas, vierta una taza de agua hirviente sobre las setas secas y la hijiki, en un bol para horno. Deje reposar durante 15 minutos. Mientras esto se rehoga, ponga las azuki en una cacerola y caliente con el aceite de girasol, sal y pimienta si hacen falta. (Probablemente no será necesario, si las judías ya están saladas o adobadas). Una vez que las setas y los vegetales marinos se hayan esponjado lo suficiente como para quedar masticables y sabrosos, agréguelos a las azuki y cueza todo a temperatura moderada-mínima durante 5 minutos, poco más o menos. Añada aceite de sésamo tostado, revuelva y sirva.

ALGO TAMÁSICO (con las setas), 0 vata, -pitta, -kapha

Variante 2

Para PLATO DE ROTACIÓN PARA DÍA 3, omita las setas shiitake y el aceite de sésamo tostado.

SÁTVICO, 0 vata, -pitta, -kapha

Variante 3

VERSIÓN DE POLARIDAD: en vez de agregar el aceite a las habichuelas mientras se están cociendo, añádalo cuando ya estén a punto. Es más suave para el hígado, aunque a veces menos efectivo para evitar el gas, sobre todo para vata.

ALGO TAMÁSICO, 0 vata, -pitta, -kapha

**PLATO DE POLARIDAD PARA FORTALECER LA SALUD.

Comentario: esto combina bien con el **Pilaf de quinua y espárragos**, página 150. También constituye un buen almuerzo rápido para días de otoño e invierno. Si se desea una comida indiscutiblemente sátvica, omita las shiitakes.

Como entrada, caliente o fría, puede tomar **Ensalada de arroz salvaje**, página 102.

Pizza al pesto

Tiempo de preparación: 45-60 minutos
SÁTVICO, -vata, +pitta, +kapha
Raciones: 2-3
✹ ✻ ⟳ ❄

Prepare:
  • **Base para pizza**, página 174
Mientras se cuece la masa, se puede licuar la salsa:
  • **Salsa pesto**, página 194
Reserve y prepare la cobertura. Para ello lave y pique:
  • 2 tazas de calabacín tierno, cortado en rodajas finas
  • ½ pimiento rojo, en rodajas finas (opcional)
Cuando la base esté a punto, reduzca la temperatura del horno a 180 °C. Extienda el pesto sobre toda la masa, formando una capa fina. Disponga arriba las rodajas de calabacín y las de pimiento. Vuelva a poner en el horno durante 15-20 minutos. Sirva caliente.

Comentario: resulta un plato muy sabroso.

Pizza pétalo de rosa

Tiempo de preparación: 45-60 minutos
LEVEMENTE RAJÁSICO, 0 vata, moderadamente +pitta, 0 kapha
Raciones: 2-3
⟳ ❄

Prepare:
  • **Base para pizza**, página 174
Mientras se hornea la base, se puede preparar la **Salsa pétalo de rosa**. Para

ello, lave y pique:
- 6 tomates medianos, frescos
- 2 cucharaditas de cebolla roja, finamente picada (opcional)

Póngalos en una cacerola con:
- 1 cucharadita de aceite de oliva
- 1 diente de ajo, picado

Y déjelos cocer a temperatura moderada hasta que forme la salsa. En Italia se utiliza un molinillo para filtrar las semillas de los tomates frescos. Si usted tiene este utensilio y voluntad de usarlo, retirar las semillas ayuda a calmar la acción de los tomates sobre vata. Yo suelo quitar todas las semillas que puedo mientras pico. La salsa de tomate debería estar cocida poco después de que la base salga del horno.

Una vez que los tomates se hayan espesado, póngalos en una licuadora con:
- 1 cucharadita colmada de pétalos de rosa orgánicos, secos
- 1 cucharadita (o más) de orégano fresco, picado, o 2 cucharaditas si es seco
- ¼ cucharadita de mejorana seca
- ¼ cucharadita de tomillo seco
- Sal y pimienta a gusto

Reduzca a puré en unos segundos. Reserve.

Para preparar la COBERTURA, lave:
- 4 tomates cherry
- ½ pimiento rojo
- 5 cm de puerro, la parte blanca

Corte en rodajas finas los tomates cherry y el puerro. Corte el pimiento en tiras largas y finas

Corte en dados:
- ½ aguacate maduro (opcional)

Vierta la salsa sobre la base horneada y extiéndala hasta cubrir toda la superficie formando una capa delgada. Disponga las hortalizas según su gusto. Esto es divertido para los niños, que pueden ayudar. Ponga la pizza nuevamente en el horno y cueza a 220 °C durante 10-12 minutos. Resulta una pizza redonda de 30 cm.

Comentario: se trata de una pizza sabrosa y fácil, que me pasaron mi madre y mi hermana, Margie y Cindy Noren. La base está libre de levadura y se puede utilizar incluso en una dieta estricta. Los pétalos de rosa calman en gran parte las propiedades calientes y ácidas del tomate. Y es otra manera de siguir un programa ayurvédico y jugar con la pizza. Como la **Pizza al pesto**, se puede hacer adecuada para la gente sensible al trigo y/o los lácteos. ¡Divertida manera de comer en casa!

VARIANTE

Para DÍA DE ROTACIÓN 1: use la **Base para pizza** del DÍA 1 DE ROTACIÓN, página 174, y media receta de la **Salsa de tomate básica al pétalo de rosa**, página 199. Como cobertura, utilice cualquiera de estos ingredientes: tomates cherry, pimiento morrón, aguacate, setas o cualquier hortaliza para Día 1.
LEVEMENTE RAJÁSICO, 0 vata, moderadamente +pitta, 0 kapha

Base para pizza

Tiempo de preparación: 20 minutos
SÁTVICO*
Resulta 1 base de 30 cm
❀ ✳ 𝒩 ❄

Precaliente el horno a 220 °C. Combine en un bol de mezclar:
- 2 tazas de harina de cebada o de trigo integral
- ¾ cucharadita de sal
- 1 cucharadita polvo de hornear sin aluminio

Con un tenedor, agregue revolviendo:
- ⅔ taza de leche de soja o de vaca, cruda y recién hervida
- ¼ taza de aceite de girasol

La mezcla comenzará a unirse en una bola. Vuélquela en una superficie enharinada y amase ligeramente diez o doce veces. Unte ligeramente con aceite un molde para pizza de 30 cm, redondo, de acero inoxidable, y estire la masa presionando dentro del molde, formando un borde con los dedos. Llévela al horno durante 15-20 minutos.

* -vata, -pitta, +kapha (con harina integral de trigo y leche de vaca)
* 0 vata, -pitta, -kapha (con harina de cebada y leche de soja)

VARIANTE

Para DÍA DE ROTACIÓN 1: use cualquiera de las harinas, leche fresca de vaca y aceite de nuez. Hornee como de costumbre.

Sobre las solanáceas

La familia de las solanáceas incluye los tomates, patatas, berenjenas, pimientos morrones dulces, ajíes y tabaco. La cocina ayurvédica tiende a evitar estos alimentos en todo tipo de rutina. Cuando aparecen, es más para poner un toque ocasional que como parte principal de un plato. Casi todas las solanáceas tienden a un vipaka picante o ácido (con excepción de la patata) y como familia son agravantes para los doshas vata y pitta. Conviene no servirlas más de una o dos veces al mes (como Mi gumbo cajún favorito, que abunda en okra y es escaso en tomate, la Tortilla de patata, la Pizza pétalo de rosa o la Salsa de tofu para spaghetti, para dar algunos ejemplos notorios). Si usted está habituado a la pizza o a la salsa de tomate, ese límite podría parecerle extremado. Si prefiere cambiar su enfoque en este aspecto, puede intentar reducir poco a poco su consumo de tomates y pimientos, hasta que llegue a un punto igualmente aceptable para su salud y usted.

En el ayurveda, este enfoque es el « ¼ - ¼ - ¼»: reducir una cuarta parte de lo que se está habituado a comer; hasta que eso resulte cómodo y normal; luego, otro cuarto, y continuar así, hasta comer o beber solo la cantidad adecuada para cada uno.

Polenta

Tiempo de preparación: 45 minutos
SÁTVICO, +vata +pitta, -kapha
Raciones: 4 (ligeras)
❀ ℞ ❄

En una cacerola grande, lleve a hervor
- 5 tazas de agua
- 1 cucharadita de sal

Reduzca la temperatura para que se mantenga hirviendo apenas y, poco a poco, empiece a verter, de a ½ taza por vez:
- 1 ½ tazas de polenta (harina de maíz molida grueso) *

Una cuchara de mango largo es muy útil para reducir las salpicaduras al mínimo. Cuando haya añadido toda la polenta, continúe revolviendo. La polenta comenzará a espesarse y luego se secará. Rocíe con:
- 1 cucharadita de menta verde (opcional)

¡Continúe revolviendo! Después de revolver 20-30 minutos (las italianas suelen preparar este plato con sus amigas, conversando mientras lo hacen en grandes ollas sobre un fuego central), la pasta estará tan espesa que se desprenderá de los costados de la cacerola al pasar la cuchara. Vierta la polenta en una cacerola o una tabla de madera. Forme con ella un montículo redondo de unos 5 cm de espesor. Lo mejor para esto es mojarse las manos y darle toques suaves. Deje reposar durante 10-15 minutos o hasta que esté bastante sólida. Corte en rebanadas de 2-3 cm y sirva con **Salsa pesto**, página 194, **Salsa ligera de albahaca**, página 193 o **Salsa de tomate básica al pétalo de rosa**, página 199. La polenta se puede recalentar poniéndola en el horno a 180 °C durante 15 minutos.

*PLATO DE ROTACIÓN PARA DÍA 4, omita la menta.
**PLATO DE POLARIDAD PARA FORTALECER LA SALUD.

Comentario: la polenta se vende en muchas tiendas de dietética o de productos alimentarios italianos. No utilice la harina de maíz normal, está molida demasiado fina para este plato.

Coliflor a la crema de anacardo

Tiempo de preparación: 20 minutos
SÁTVICO, moderadamente +vata, 0 pitta, 0 kapha
Raciones: 4-6
❀ ✳ ⅋ ❄

Lave:
  • 1 cogollo mediano de coliflor fresca
Póngalo al vapor, entero, en una cacerola con:
  • 1 taza de agua
Cubra y deje cocer a temperatura moderada hasta que esté blando, entre 15 y 20 minutos. En una licuadora o procesador de alimentos, muela finamente:
  • ½ cucharadita de coriandro molido*
  • ½ cucharadita de sal de roca
  • 1 taza de anacardos crudos
Cuando la coliflor esté a punto, vierta en la licuadora media taza del agua de cocción, con los anacardos molidos, y licue hasta formar una pasta suave. Se puede añadir más agua caliente si es necesario, hasta obtener la consistencia

deseada. Sirva la coliflor entera, en una fuente, con la crema de anacardo vertida encima. Corte en cuñas para servir.

*PLATO DE ROTACIÓN PARA DÍA 4, mita el coriandro si sigue una dieta de rotación estricta.
**PLATO DE POLARIDAD PARA FORTALECER LA SALUD.

Las señales del cuerpo

Un antiguo dicho budista asegura: «Puedes ver que las banderas flamean, pero no ves el viento». Esto empieza a incitar un mejor entendimiento del karma, tal como lo concibo en mi vida cotidiana. En un plano más físico, esta expresión también puede describir la relación del ayurveda con el funcionamiento del cuerpo. No siempre se puede saber qué anda «desajustado», pero a menudo sospechamos que algo está desequilibrado antes de que sea del todo evidente. O tal vez, para dar un ejemplo simple y gráfico, si se come demasiado de un alimento que desequilibre a vata, o una combinación que cause ese efecto, aunque no nos demos cuenta de cuál es, el cuerpo nos lo hará saber agitando su bandera de flatulencia, ¿vale?

Fideos de celofán con guisantes chinos

Tiempo de preparación, 14 minutos
SÁTVICO LINDANDO CON RAJÁSICO, -vata, 0 pitta, 0 kapha*
Raciones: 2-3
✳ ℞

En una cacerola media o un bol para horno, ponga:
• 1 paquete (100 g) de fideos de celofán
Vierta agua hirviente sobre los fideos, en cantidad suficiente para cubrirlos por completo. Déjelos en remojo durante 10-15 minutos. Mientras tanto, mezcle:
• 2 cucharadas de miso*
• 1 taza de agua hirviente
Ponga aparte. En una sartén grande, caliente:
• 2 cucharadas de aceite de girasol

Agregue:

* 1-2 dientes de ajo, picados*

Y saltee durante un minuto. Agregue revolviendo:

* ⅓ taza de semillas de girasol crudas

Y deje cocer lentamente a temperatura mínima otro par de minutos. Lave:

* 1 ½ tazas de guisantes chinos frescos (150 g)
* 3 tazas de brotes de habichuelas frescas (110 g)

Y corte las puntas de los guisantes chinos. Revuelva las hortalizas dentro del aceite. Cubra y cueza hasta que esté a punto, 5 minutos o menos a temperatura moderada. Apague el fuego. Vierta el caldo de miso; luego, los fideos de celofán. Revuelva como pueda; suele resultar rebelde. Añada:

* ⅛ cucharadita de pimienta negra recién molida

* Cuanto menos miso y ajo se utilice, más sátvico será.

* Para PLATO DE ROTACIÓN PARA DÍA 3 estricto: omita el ajo y asegúrese de utilizar judías y miso a base de arroz.
SÁTVICO con algunas inclinaciones rajásicas, -vata, 0 pitta, levemente +kapha

Comentario: plato sabroso, ligero y rápido. A menos que usted sea de poco apetito, necesitará otro plato, como **Brécol y ajo**, página 239, o acelgas suizas al vapor.

Rehogado thai

Tiempo de preparación: 30 minutos
SÁTVICO, -vata, 0 pitta, -kapha
Raciones: 3-4
❀ ✳ ༫ ❄

Prepare:

* **Arroz basmati sencillo**, página 248*

Mientras se cuece, lave y corte las hortalizas:

* 250 g de espárrago fresco, en trozos de 2-3 cm
* 1 taza de col china, en rodajas finas
* 1 manojo mediano de espinacas frescas, bien lavadas y picadas grueso
* 1 taza de hojas frescas de cilantro, en un manojo suelto, bien picadas

- ½ taza de pepino, pelado y cortado en juliana
- 3 cucharadas de raíz fresca de jengibre, pelada y cortada en rodajas muy finas (menos, si así lo prefiere)
- 2 dientes de ajo, picados

Cuando el arroz parezca estar casi a punto, comience con el revuelto:
En una sartén grande, caliente:

- 2 cucharadas de aceite de sésamo

Con la temperatura alta, agregue el ajo y el jengibre y revuelva. Un minuto después, añada el espárrago, la col china y la espinaca. Revuelva hasta que la espinaca comience a marchitarse un poco. Vierta:

- ¾ taza leche de coco

Y revuelva bien. Cuando la espinaca esté cocida, retire el revuelto del fuego y añada, revolviendo, el cilantro y el pepino. Sirva caliente sobre arroz.

* **Nota**: si quiere ser fiel a la costumbre thai, el arroz que use deberá ser arroz thai de grano largo al jazmín.

Sobre las sobras

«¿Qué son las sobras?», pregunté un día al doctor Sunil Joshi, algo quejosa. Desde luego, confiaba en que él ratificaría cualquier hábito descuidado que yo hubiera adquirido en ese aspecto. «Sobra es todo alimento que se haya conservado durante la noche», me respondió serenamente, haciendo añicos todas mis esperanzas. Y agregó, en respuesta a mi mirada interrogante: «Piense: si un alimento reposa durante la noche, en las horas frescas y oscuras, es perfecto para que se vuelva viscoso y fermente» (o algo por el estilo). La comida que ha sido preparada ese mismo día, por la mañana, digamos, y se come al caer la noche, eso es fresco».

He tardado un poco en habituarme a este enfoque. Como norteamericana, yo estaba muy habituada al «uso creativo de las sobras». Sin embargo, después de comer durante un tiempo de esta manera más fresca, me sorprende descubrir que si algo ha quedado en el frigorífico durante un día o más, ahora me parece muy poco apetitoso.

Desde un punto de vista práctico, me gustaría ofrecer ayuda a los lectores para que pasen a comer de una manera más fresca.

Algunas maneras de comer fresco
1. Prepárelo usted mismo: comience por hacerlo cuando le es posible.

Cuando paso el día en casa, a menudo preparo una comida de plato único para servir tanto en el almuerzo como en la cena. También ayuda habituarse a hacer raciones más pequeñas, de manera que no queden tantos restos que puedan tentarnos.

2. Comparta vivienda con un cocinero «fresco» (o contrátelo) y aprécielo generosamente.

3. Comparta comidas con amigos y reparta con ellos la responsabilidad de la preparación.

4. Localice en su vecindario una buena tienda que ofrezca al menos algunos platos frescos, libres de conservantes.

5. Averigüe si en su zona hay alguna cocinera ayurvédica o vegetariana que prepare comidas frescas, de pago o por trueque.

6. Compre parte de sus provisiones en un buen mercado o puesto local que ofrezca productos listos para comer: aguacates, verduras de hoja, melocotones, manzanas, bayas, lo que sea.

7. Quédese con lo sencillo y fácil (busque más ideas en la sección Almuerzos, página 185 y siguientes).

Fideos soba con ajo y hortalizas

Tiempo de preparación: 20-25 minutos
SÁTVICO, 0 vata, leveente +pitta, 0 kapha
Raciones;: 2-4
⊛ ⅋ ❄

Ponga a hervir una cacerola grande con agua para los fideos. (De este modo la tapa acelerará el tiempo de cocción y ahorrará energía). Corte en rodajas longitudinales:

• ½ cebolla mediana

Saltee la cebolla a temperatura mínima hasta que esté tierna, sin tostarse, con:

• 2 cucharadas de aceite de sésamo prensado en frío
• 1 diente grande de ajo, picado

Lave y corte:

• 1 ½ tazas de col colorada, en rodajas finas
• 1 ½ tazas de col china, en rodajas finas

Revuelva la col colorada en el aceite y cueza con tapa, a temperatura moderada, hasta que esté casi a punto, entre 6-8 minutos. Agregue la col china y:

- 1 cucharadita de sal marina

Tape y cueza durante 2-3 minutos más. Cuando esté a punto, retire del fuego. Ponga a hervir:

- 1 paquete de 250 gramos de fideos soba 100% alforfón

Siga las instrucciones que el paquete ofrezca para su cocción. Por lo general, el tiempo de cocción es de 10 minutos en agua hirviente. Cuando los fideos estén a punto, aclárelos en agua fría. Revuélvalos con las hortalizas salteadas en un bol grande para servir. Decore con:

- ½ taza de semillas de sésamo tostadas y molidas
- ⅛ cucharadita de pimienta blanca recién molida (opcional)

* PLATO DE ROTACIÓN PARA DÍA 4, omita la pimienta si sigue una rotación estricta.

Calabaza anco festiva

Tiempo de preparación: tranquilas 2 horas
SÁTVICO, -vata, 0 pitta, moderadamente +kapha*
Raciones: 3-4
✿ ༚ ❄

Precaliente el horno a 180 °C. En una cacerola, lleve a hervor:

- ½ taza de mezcla de arroz salvaje y arroz basmati integral
- 1 ½ tazas de agua

Reduzca la temperatura al mínimo, tape y cueza durante 45 minutos, o hasta que esté a punto. Mientras el arroz se cuece, lave:

- 1 calabaza anco de 1 ½- 2 kg

Córtela longitudinalmente y póngala en una fuente para horno de 22 x 30 cm, tapada, con:

- 1 taza de agua, aproximadamente

Hornee durante 1 hora o hasta que esté bien tierna. Cuando esté a punto, retire del horno y deje enfriar un poco. Quite las semillas y, con una cuchara, vacíe suavemente la calabaza, dejando la cáscara intacta (conservando su integridad, como diría Michele). Reserve la calabaza en un bol. Saltee hasta que estén traslúcidos:

- 1 cucharada de aceite de girasol o nuez

- 2 cucharadas de cebolla picada
- 2 buenos dientes de ajo, picados

Agregue:

- 330 g de setas en rodajas (opcional)
- 2 zanahorias medianas, ralladas

Saltee 3 minutos más. Agregue:

- 1 manojo de espinacas frescas, picadas

Saltee durante 1 minuto más, revolviendo ocasionalmente. Mezcle la calabaza y el arroz cocido con las hortalizas salteadas. Agregue:

- 1 cucharada de eneldo seco
- ½ taza de arándanos secos (opcional, pero sabroso)
- ¼-¾ taza de nueces crudas, picadas

Revuelva bien. Ponga la mezcla en la cáscara vaciada y hornee en fuente cubierta durante 20-30 minutos más, a 180 °C. Sirva caliente, con la calabaza anco presentada entera. Sabroso con una ensalada y cualquiera de los adobos de aceite y limón.

* Enteramente sátvico sin las setas; con ellos, tamásico.

Comentario: delicioso plato para día festivo, que armoniza con facilidad.

Guiso de Oriente Medio con olivas

Tiempo de preparación: 40 minutos
Moderadamente RAJÁSICO (con las olivas), 0 vata, moderadamente +pitta, levemente +kapha
Raciones: 3-4
❀ 𑀗 ❅

Aclare bien:

- ¼ taza de quinua seca

Póngala en una cacerola mediana con:

- ¾ taza de mijo seco, aclarado
- 2 tazas de agua
- ½ cucharadita de sal

Lleve a hervor, reduzca la temperatura a baja y cubra. Cueza hasta que esté a punto, unos 30 minutos. Mientras se cuece el cereal, pique finamente y ponga aparte:

- 100 g de olivas negras (¹/₂ taza)

Pele y pique finamente:
- 1 cucharadita de raíz fresca de jengibre
- 1 cebolla pequeña*

En una sartén de hierro grande, caliente:
- 2-3 cucharadas de aceite de oliva o ghee

Eche el jengibre y la cebolla en el aceite y saltee a temperatura moderada hasta que la cebolla esté traslúcida. Agregue revolviendo:
- 1 cucharadita de paprika*
- ¼ cucharadita de clavos de olor molidos

Revuelva bien las especias con la cebolla y reserve hasta que el cereal esté cocido. Cuando la quinua y el mijo estén a punto, échelos en la sartén, revolviéndolos con la cebolla y las especias hasta mezclarlos bien. Agregue las olivas y:
- Pimienta negra recién molida y sal a gusto

¡Sirva!

*Este es un PLATO DE ROTACIÓN PARA DÍA 2. Si usted lleva una dieta de rotación estricta, omita los elementos marcados con un asterisco y utilice aceite de oliva en vez de ghee.

Sobre los productos de soja

Muchos alimentos a base de soja, muy procesados, se han vuelto populares en la cocina vegetariana. ¿Cómo son considerados desde la perspectiva ayurvédica? Consideremos la leche de soja. Como cualquier otra leche, fresca es mejor. Pero ¿qué pasa con las leches de soja que vienen en caja o embotelladas? Amplían enormemente las posibilidades, sobre todo para la gente sensible a los lácteos, si se utilizan para cosas sencillas, como algún tazón de cereales fríos o para hornear. Por lo que yo puedo asegurar, la leche de soja envasada es levemente rajásica, según la marca. Desequilibra moderadamente a vata, calma a pitta y es neutra para kapha o lo incrementa ligeramente. Si usted tolera la leche fresca de vaca y puede conseguirla, para vata y pitta es una opción mejor. Si no, la leche de soja puede servir.

El queso de soja ofrece pocas ventajas sobre los quesos animales, en cuanto a digestibilidad o salud. Su ventaja principal, obviamente, es que, si usted es sensible a los lácteos, puede obtener sabor a queso sin enfermar en el acto. Pero a largo plazo, es pesado, graso y productor de ama. Si lo utiliza, no crea que le ayudará a purificar su organismo, no más de lo que lo haría el queso normal. En cuanto a los alérgicos a las proteínas lácteas, no ofrece ventaja alguna, pues al menos todos los quesos de soja actualmente en el mercado estadounidense (hasta donde he podido comprobar) contienen caseína, proteína de la leche. Solo están libres de lactosa y de azúcar de leche. Esto significa que son una alternativa viable para quienes no digieren la lactosa, pero siguen siendo problemáticos para los que no soportan las proteínas lácteas.

Los helados de soja, como los de leche de vaca, son fríos, pesados y productores de ama, el desecho tóxico del cuerpo. Tanto los de soja como los de vaca, como efecto secundario potencial, inflaman el intestino, pues son de naturaleza rajásica. Nuevamente: si usted ansía desesperadamente un poco de helado y sabe que los lácteos no le sientan bien, la soja es buena alternativa, pero alternativa purificadora, desde la perspectiva ayurvédica, no lo es. Solo una elección diferente. Lo mismo vale para la mayoría de los nuevos productos de soja que están apareciendo en el mercado, como la crema agria, el queso cremoso, etc.

El ghee, la manteca de sésamo o los aceites frescos prensados en frío serían mejores opciones, para un régimen curativo, que la mejor margarina de soja. Ocasionalmente, una pequeña cantidad de buena margarina de soja estará bien, pero los productos anteriormente citados serían preferibles.

Las habas de soja, en sí, son de cualidad fría y pesada; esto significa que si se comen simplemente asadas o cocidas, resultan difíciles de digerir. Nunca se deben comer crudas (como sucede con los germinados), pues el haba cruda contiene enzimas que inhiben específicamente el proceso digestivo humano. (No sé si un periodo de germinado más largo inactivaría o cambiaría estas enzimas). A lo largo de los siglos, la gente ha aprendido a trabajar con esta cualidad digestiva problemática de las habas de soja a fin de beneficiarse de la rica fuente de proteínas que ofrece. Se ha fermentado y procesado para hacerla más ligera y fácil de consumir. Algunos de estos productos, como el tamari y el miso, serían generalmente considerados rajásicos, excitantes para la mente, desde la perspectiva ayurvédica. Se recomiendan para un uso ocasional. (Véase otro análisis del miso, en la página 75). El tofu no está fermentado, sino cuajado con sales de Epsom, del mismo modo que el paneer se hace con leche cuajada con limón u otros agentes coagulantes. Fresco, se puede considerar sátvico; envasado, muy probablemente sea rajásico.

El yogur de soja recién hecho (véase el Glosario) es apenas levemente rajásico. Si se deja un tiempo se torna rajásico o tamásico

Otros alimentos de soja, como el tempeh, se consideran tamásicos, debido a su abundante cultivo de hongos, y no están bien considerados por el ayurveda. También la proteína vegetal de soja texturizada se considera tamásica, puesto que está muy procesada, es seca y un desafío para agni, el fuego digestivo. Es un ingrediente común de las hamburguesas vegetarianas comerciales y también se usa para mezclar con las de carne.

Si consultamos a los médicos de ayurveda, la reputación de la soja suele generar todo tipo de opiniones, desde maravillosa a terrible, según las diferentes autoridades. El tofu, por ejemplo: algunos facultativos lo consideran ligero, fácil de digerir y sátvico. Muchos piensan que tiene algunas cualidades rajásicas. Otros opinan que es tamásico o totalmente indigesto. Tal como me dijo un médico ayurvédico: «Mi madre me dijo que nunca pruebe eso (la soja), que es comida para burros y caballos. ¿Quieres ser burro? ¡Come soja!». Ya ve usted la pasión que inspira esta pequeña planta (lo cual me lleva a pensar que tal vez tenga algo de rajas). Si usted es alérgico a los lácteos y aun así detesta la soja, el ayurveda le recomienda la leche de sésamo o la de nuez (véase Bebidas), que son fáciles de preparar.

Tal vez requiera tiempo para diferenciar los impactos culturales y digestivos de la soja. Mientras tanto, continuaré recomendando el uso ocasional de la leche de soja, el tofu, el miso, el tamari y las habas cocidas, y reducir al máximo los productos de soja más procesados.

Calabaza anco rellena con olivas

Tiempo de preparación, 1 ½ horas, mayormente sin atención
LEVEMENTE RAJÁSICO, 0 vata, 0 pitta, +kapha
Raciones: 4-6
❁ ॐ ❄

Precaliente el horno a 180 ºC
Lave y corte por la mitad, longitudinalmente:
   • 1 calabaza anco de 1 ½ (o tres de ½ kg)
Calcule 250 g de calabaza por persona. Ponga las mitades con la cara hacia abajo en una placa para horno, con:
   • 1 taza de agua
Hornee hasta que esté tierna, cerca de 1 hora. Mientras se cuece, prepare:
   • **Guiso de Oriente Medio con olivas**, página 182

Cuando la calabaza esté a punto, retírela del horno y quite las semillas. Escurra la mayor parte del agua (hace buen caldo) y ponga las mitades con la cara hacia arriba. Ponga el guiso sobre cada mitad. Hornee 10-15 minutos a 180 °C.

*PLATO DE ROTACIÓN PARA DÍA 2.

Comentario: este es un buen plato para servir en compañía. Yo preparo la ensalada y el adobo mientras la calabaza rellena se calienta en el horno, durante esos 10 minutos últimos.

¿QUÉ PASA CON LAS SETAS?

En la cocina ayurvédica tradicional, las setas no están muy bien consideradas, pues generalmente brotan sobre materia en putrefacción. Por este motivo se consideran un alimento tamásico. También se deberían evitar en una dieta estrictamente antimoho o anticándida, pues son hongos. En otras partes del mundo, sobre todo en China y Japón, se les da un uso terapéutico. Las setas shiitake, sobre todo, son apreciadas como fortalecedoras y tonificadoras del sistema inmunológico. Las setas son una rica fuente de aminoácido metionina, que proporciona un excelente complemento al tofu o a las habichuelas bajas en metionina. Aumentan el valor proteico total de algunas legumbres. En general son bajas en calorías y ricas en metionina y zinc. Pero no son de uso común en India.

Stroganoff vegetariano

Tiempo de preparación: 15 minutos, más 2 horas o más de remojo
TAMÁSICO (muchas setas), -vata, -pitta, 0 kapha
Raciones: 2-4
❀ ૐ ❄

Ponga en un bol para horno de tamaño mediano:
- 50 g de setas shiitake secas
- ⅓ taza de almendras crudas, preferiblemente blanqueadas

Vierta sobre ellas:

- 2 tazas de agua hirviente

Cubra con una tapa o un plato. Deje reposar durante un par de horas, hasta que las setas estén esponjosas. Si lo prefiere, puede hacerlo por la mañana, antes del trabajo o la escuela, y completar el plato justo antes de cenar. Cuando falten 30 minutos para cenar, retire las setas del líquido, póngalas en una tabla y córtelas en rodajas finas. Vierta las almendras con el líquido de remojo restante (alrededor de una taza) en una licuadora (puede pelar las almendras ahora, si las quiere blanqueadas). Bata las almendras y el agua a velocidad mínima durante 20 segundos, hasta obtener leche de almendras. Vierta la preparación en el bol de mezclar, agregue revolviendo las setas cortadas y:

- $1/8$ cucharadita de nuez moscada recién molida
- $1/8$ cucharadita de pimienta negra recién molida

Reserve. Aclare y escurra bien:

- 453 g tofu, preferiblemente orgánico y duro

Seque a palmaditas y corte en cubos de 2 cm. En una sartén de hierro grande, caliente:

- 1-2 cucharadas de ghee

Agregue y saltee hasta que esté tierna:

- 1 cucharada de cebolla finamente picada (opcional)

Revuelva el tofu en el ghee y la cebolla y caliente a temperatura moderada. Agregue allí la leche de almendras y las setas; continúe calentando un par de minutos más, a temperatura moderada, hasta que toda la mezcla esté bien caliente, agregue revolviendo:

- Sal a gusto
- ½ -1 cucharadita de paprika

Comentario: incluyo este plato porque es realmente apetitoso y una buena alternativa vegetariana para la persona que trata de comer menos carne (la carne es mucho más tamásica que las setas). Es una comida rica en proteínas y en zinc, con poca de la grasa excesiva que tiene el Stroganoff tradicional. Sin embargo, también es uno de los pocos platos que no recomendaría a quien padezca un grave trastorno de cándidas, debido a la generosa cantidad de setas y tofu. (Para mayor información sobre las setas, véase el recuadro de la página 186). El Stroganoff vegetariano va bien sobre un arroz basmati o sobre su pasta favorita, y con una ensalada de rúcula, espinaca o lechuga con **Aderezo de perejil y estragón para ensalada**, página 116.

Tofu Z

Tiempo de preparación: 10 minutos
LEVEMENTE RAJÁSICO, 0 vata, 0 pitta, 0 kapha
Raciones: 2-4
✿ ✳ ℞ ✿

Corte en rodajas finas o en cubos de 1-1,5 cm:
  • ½ kilo de tofu
En una sartén grande, caliente:
  • 2 cucharaditas de aceite de girasol
Agregue el tofu con:
  • 2 cucharadas aproximadamente, de salsa de soja
Caliente a temperatura moderada hasta que el tofu esté totalmente caliente.
Sirva con **Arroz basmati sencillo**, página 248, y una hortaliza cocida al vapor.

*PLATO DE ROTACIÓN PARA DÍA 3.

VARIANTE

Las variantes sobre este plato son infinitas, como puede atestiguarlo cualquier vegetariano con experiencia. Una cucharada de jengibre fresco rallado y un diente de ajo picado, añadidos al aceite justo antes del tofu, dan un plato sabroso. También se puede añadir cualquier hortaliza; una elección popular es el brécol. Si añade hortalizas calcule algunos minutos más para cocerlas tapadas con el tofu.

LA DANZA DE LOS DOSHAS

Los tres doshas biológicos, vata, pitta y kapha, están en movimiento constante por todo el cuerpo. Este movimiento es cíclico; cada dosha surge y predomina a su propia hora. Luego decrece, según se adelante el siguiente dosha. Esta danza sucede dos veces al día. Kapha predomina desde el amanecer hasta media mañana (de 6h a 10h). Es entonces cuando está más disponible, como pez en la superficie de las aguas, por así decirlo, y cualquier exceso del dosha es liberado bajo la forma de esputo (toser, escupir, sonarse la nariz). Luego surge pitta; cuando más disponible está es desde media mañana hasta la media tarde (de 10h a 14h, aproximadamente), durante el calor del día. Es entonces cuando podemos eliminar el exceso de pitta en la orina y la transpiración, y cuando es probable que sintamos más hambre. Vata se presenta desde la media tarde hasta el crepúsculo (de 14h a 18h). Luego se reinicia el ciclo, con kapha fuerte desde las 18h hasta las 22h, pitta de 22h a las 2h de la madrugada y vata de 2h a 6h, justo antes del amanecer.

Muchas rutinas ayurvédicas están diseñadas en torno de esta danza. Es importante comprender que los tres doshas median entre los tejidos esenciales del cuerpo y sus desechos. Por ejemplo, el proceso natural del cuerpo es poner los desechos en movimiento (función de vata) justo antes del amanecer, y liberar cualquier exceso, pesadez, en el movimiento intestinal cuando se inicia el período de kapha. Si nos saltamos este paso y salimos de prisa hacia el trabajo o nos ponemos a jugar sin haber eliminado, los desechos comienzan a acumularse en el colon, bajo la forma de ama, obstruyendo parte del flujo natural de las energías corporales. Cuando eliminamos con regularidad tendemos a tener más energía. Y el cuerpo cumple con sus procesos con más facilidad. Los doshas van y vienen entre los tejidos esenciales (*dhatus*) y los desechos (*malas*). Nutren los tejidos esenciales, aportándoles energía y estabilidad. Si el camino está bloqueado, como sucede en el ejemplo anterior, los tejidos no reciben toda la nutrición que deberían de la cotidiana danza de los doshas. La energía va a los desechos, como nutrientes no absorbidos en las heces.

Cuando la danza marcha bien, con ritmo, los doshas surgen a su debido tiempo, nutren los tejidos, liberan cualquier exceso con los desechos y continúan danzando; kapha fortalece y humedece el cuerpo en el período kapha, pitta calienta, digiere y transforma en el tiempo de pitta, vata realiza movimientos y comunicaciones esenciales en el período vata. (Obviamente, todas las funciones suceden a cada microsegundo. Sin embargo, hay un ritmo mayor que se superpone a este cuadro). El cuerpo quiere estar sano y para eso tiene un gran sistema instalado. Simplemente, debemos trabajar con el ritmo que ya está en su lugar.

Los médicos ayurvédicos suelen recomendar determinada hierba o alimento, o realizar un proceso específico en determinado momento. He aquí por qué: trabajar con los doshas en su propio tiempo dará los mejores resultados. Cierta vez presencié un ejemplo sorprendente. Un vaidya recomendó cierta hierba a una mujer. Ella ya la había estado tomando, pero él le recomendó tomarla a una hora diferente. En pocas semanas comenzó a perder el peso que había acumulado mucho tiempo atrás. Lo único diferente fue el tiempo.

Además, se recomienda a vata y a pitta que desayunen entre las 6h y las 10h de la mañana, para estabilizarse y aprovechar de kapha en tiempo kapha. A los tipos constitucionales predominantemente kapha les conviene no comer a estas horas y tomar una comida fresca y ligera un poco más tarde, si es posible; por ejemplo, fruta o sopa a las 10-11h de la mañana. En el período pitta, hacia mitad del día, el fuego digestivo suele ser fuerte; por eso se recomienda tomar a esta hora la comida más importante. Luego se tomará una comida más ligera (con el debido respeto a vata), al atardecer. Las comidas tardías y abundantes no hacen más que incrementar a kapha o aumentar el ama.

Pastas

Símbolos utilizados

«-» significa que calma o ayuda a la constitución mencionada;

«+» , que la agrava o incrementa.

«0» indica efecto neutro

*DIETA DE ROTACIÓN puede ser útil para personas con alergias alimentarias.

**PLATO DE POLARIDAD indica recetas que apoyan el trabajo con terapia de polaridad.

✸= Primavera

✳= Verano

ℛ = Otoño

❄= Invierno

Salsa ligera de albahaca

Tiempo de preparación: 20 minutos o menos
SÁTVICO, -vata, -pitta, moderadamente +kapha
Raciones: 2-3
❀ ✳ ♌ ❅

Lleve a hervor en una cacerola pequeña, a temperatura moderada-alta:
- 2 tazas de leche fresca de vaca, cruda, o leche de soja
- 1 diente de ajo sin pelar*
- 6 granos de pimienta negra*

Mientras se calienta la leche, muela finamente en la licuadora:
- ½ taza de nueces crudas

Lave y pique:
- 1 manojo de hojas frescas de albahaca, finamente picadas (cuanto menos 1 taza)

Cuando la leche caliente haya roto el hervor, retírela del fuego y quite el diente de ajo (si es para alimentar a alguien con pitta alto, mucho fuego). Si los comensales son, principalmente, gente de constitución kapha o vata, el ajo se puede pelar y dejar en la comida. Vierta la leche y la pimienta en la licuadora con las nueces molidas. Agregue la albahaca picada. Reduzca a puré.

Si le apetece, revuelva en el puré:
- 1 cucharadas de ghee fresco (opcional, omítase para kapha)
- Sal a gusto

Sirva sobre pasta de caracoles o fetuccini en boles, nadando ligeramente en salsa. Muy sabroso y sencillo. Agregue verduras de hoja al vapor a un costado y obtendrá una comida completa.

* PLATO DE ROTACIÓN PARA DÍA 1, omita la pimienta negra y el ajo.

Nota: si omite el ghee, utilice ¼ taza de nueces y reemplace la leche de soja por la de vaca; esta es 0 (neutro) para kapha, sobre todo si se sirve sobre pasta de maíz.

Variante

Se pueden añadir 1-2 tazas de brécol o espárrago picado grueso directamente en la olla de la pasta, en los 4 últimos minutos del tiempo de cocción, para obtener un toque bonito y sabroso.

A veces, los actos muy simples son muy potentes. Compartir una comida con familia o amigos refuerza una red de contactos y cooperación, comunión, sumamente necesaria para nuestra curación como personas.

Salsa pesto

Tiempo de preparación: 10 minutos
SÁTVICO LINDANDO CON LO RAJÁSICO, -vata, +pitta, +kapha
Raciones: 2 tazas
❀ ✳ ༀ ❄

Cueza al vapor en una cacerola pequeña, durante 5 minutos:
  • 1 diente de ajo grande, sin pelar
  Muela en licuadora hasta obtener un polvo fino:
  • ½ taza de piñones o nueces
  Agregue a los frutos secos, en la licuadora:
  • 2 tazas de hojas de albahaca fresca, en un manojo suelto y luego picadas
  • 1 taza de perejil italiano fresco, picado
  • ⅛ taza de aceite de oliva virgen extra
  • 2 cucharaditas de miso
  • 3 cucharadas de tahini de sésamo crudo
  • ½ taza de agua o un poquito más (suficiente para licuar la salsa con facilidad)
Licúe hasta obtener una crema suave. Mezcle también el ajo con la salsa, pelado y picado. ¡Sirva!

** PLATO DE POLARIDAD PARA FORTALECER LA SALUD.

Comentario: la inspiración original para este plato surgió de una receta de Biba Caggiano, en *Northen Italian Cooking* [Cocina del Norte de Italia], que recomiendo encarecidamente. Si bien muchas de las recetas contienen carne, su sentido de la cocina italiana es delicioso y las recetas están bien ilustrada, con fotografías a todo color.

Pasta con mantequilla y nueces pacanas

Tiempo de preparación: 20 minutos
SÁTVICO*
Raciones: 3
ॐ ❋

En una cacerola mediana, funda:
- 3 cucharadas de ghee o mantequilla

Agregue revolviendo:
- 1 cucharada de cebolla finamente picada
- ⅓ pacanas crudas, finamente picadas

Déjelas saltear durante 5 minutos. Agregue:
- 1 cucharadita de salvia seca deshecha
- ½ cucharadita de romero fresco, picado
- 1 cucharada de harina integral de trigo

Mezcle bien a temperatura mínima. Incorpore gradualmente, revolviendo:
- 1 taza de leche cruda fresca, hervida, o leche de soja

Y deje espesar revolviendo ocasionalmente, durante unos minutos. Cuando la salsa haya espesado, agregue:
- 1 diente de ajo pequeño, picado
- 1 calabacín pequeño, cortado en juliana (alrededor de 1 taza)
- ½ pimiento rojo pequeño, cortado en cubos finos (alrededor de ¼ de taza)
- ¼ taza de zanahoria rallada
- ½ taza de berros, finamente picados
- Sal y pimienta a gusto

Cocine a temperatura moderada-baja durante 5 minutos más. Sirva sobre pasta recién cocida.

* -vata, -pitta, +kapha (con leche de vaca y pasta de trigo)
* +vata, 0 pitta, 0 kapha (con leche de soja y pasta de maíz)

Comentario: lo comimos por primera vez como cena especial de Nochevieja, con una sencilla ensalada verde. ¡Muy bueno!

ANALFABETOS DE NATURALEZA

Las energías de la naturaleza están dispuestas a hablarnos, a trabajar con nosotros, basta que sepamos escuchar. Esto se extiende, desde la energía del cuerpo, que habla a través del pulso y otros actos, a la hierba salvaje del campo, con sus insospechadas propiedades medicinales. ¿Estamos dispuestos para esta comunicación? Me asusto al tomar conciencia de que el 99,5% de los que tenemos electricidad poseemos televisores y, según la A. C. Nielsen Company, el 95% de los estadounidenses miran algo de televisión cada día. Investigaciones realizadas por la Universidad Nacional Australiana descubrieron que la televisión tiene dos efectos paradójicos: si bien induce a un estado mental más pasivo, también acostumbra el cerebro a cambios de secuencias mucho más veloces que los que se producen en el mundo natural (información tomada de *In the Absence of the Sacred*, de Jerry Mander). Estamos entrenados mentalmente a movernos a un ritmo muy diferente del que tiene la naturaleza. ¿Cuántos de nosotros tendremos la paciencia de recibir la comunicación que ella ofrece? ¿Cuántos estamos dispuestos a trabajar con los elementos y lo natural en esta coyuntura crítica? ¿Cuántos seremos capaces? ¿Cuántos de nosotros somos «analfabetos de naturaleza»?

Pasta primavera

Tiempo de preparación: 15-20 minutos
SÁTVICO, -vata, 0 pitta, +kapha *
Raciones: 2-4
✦ ✳ ☋ ❄

Ponga a hervir una cacerola grande de agua para su pasta favorita. Lave y prepare:
- 1 calabacín baby, en rodajas finas
- 2 calabazas de verano amarillas, en rodajas finas
- 2 cucharadas de cebolla colorada, en rodajas finas
- ½ -1 taza de guisantes frescos pelados

Triture en una licuadora:
- 1 diente de ajo
- ⅛ taza aceite de oliva virgen extra

(Este es buen momento para echar los fideos, si el agua ya hierve).

Caliente el aceite condimentado en una sartén grande, a temperatura moderada. Agregue todas las hortalizas y deje cocer a fuego lento durante 5-10 minutos o hasta que estén tiernas, pero no blandas. Añada revolviendo:
- 1 cucharada de salvia seca (o 2 cucharadas si es fresca, finamente picada)
- Sal y pimienta a gusto

Revuelva las hortalizas saltadas con la pasta recién cocida y sirva con:
- Queso parmesano recién rallado (opcional)
- Gomasio (semillas de sésamo tostadas, molidas, con una pizca de sal opcional)

* Para plato rajásico, use 2 dientes grandes de ajo y mucho queso parmesano.

VARIANTE PARA KAPHA: utilice espaguetis de maíz (disponibles en la mayoría de tiendas dietéticas) y cueza las hortalizas al vapor en vez de saltearlas. Puede cocer el ajo al vapor con el resto de las verduras. Si le apetece, agregue una cucharada de aceite de oliva virgen extra a la pasta y a las hortalizas, una vez que las haya retirado del fuego y revuelto bien. Omita el parmesano; un poco de gomasio está bien, si le apetece.
SÁTVICO, 0 vata, 0 pitta, -kapha
**PLATO DE POLARIDAD PARA FORTALECER LA SALUD.

VARIANTE para DÍA 4: similar a la variante kapha anterior; se usa pasta de maíz y cualquier hortalizas para Día 4 que prefiera: espárragos, berros, brécol, ajo, cebolla, coliflor y/o rúcula. Rocíe la pasta y las hortalizas con aceite de sésamo prensado en frío, después de haberlas revuelto bien. Decore con gomasio (opcional)
SÁTVICO, 0 vata, 0 pitta, -kapha
** PLATO DE POLARIDAD PARA FORTALECER LA SALUD.

Comentario: este es un plato generalmente ligero para todos, que se puede adaptar con facilidad a las diferentes constituciones. Por ejemplo: si se trabaja con un pitta alto, se puede omitir por completo la cebolla y usar un diente de ajo pequeño. Aun tal como está arriba, la receta es mucho más calmante para pitta que la salsa de tomate normal. Una de nuestras cenas favoritas, rápida y fácil.

Fideos caseros al huevo

Tiempo de preparación: 45 minutos o menos
LEVEMENTE RAJÁSICO (los huevos), -vata, 0 pitta, +kapha
Raciones: 4
🦪 ❄

Ya lo sé, eso de fideos caseros al huevo parece muy fantástico, quizá intimidante. Pero en realidad son fáciles y divertidos. Cuando lo intente por primera vez, le convendrá calcular tiempo extra, para poder holgazanear. Si recluta a ayudantes menores de edad, pueden usar cortadores de galletas para hacer unos cuantos conejitos, estrellas, corazones, lo que sea. Esto es muy popular en mi casa. Mi caluroso agradecimiento a mi amiga Dorie Chappone, por introducirme en el mundo de las pastas caseras.
En un bol de buen tamaño, bata con un tenedor:
  • 3 huevos
Luego agregue, batiendo:
  • 3 cucharadas de agua (la regla básica es: un huevo y una cucharada de agua por persona voraz)
Luego agregue, revolviendo:
  • 3 tazas de semolina de trigo durum (aproximadamente)
  • Pizca de sal
Revuelva la harina con una cuchara o tenedor hasta que la mezcla empiece a espesarse y a ponerse dura. A esta altura, abandone la cuchara y estire la masa en una tabla enharinada. amasar, palmear, estirar y cortar son las instrucciones básicas. En otras palabras, unir y trabajar la masa hasta que sea difícil que absorba más harina. Entonces se le da forma de bola y se aplana un poquito. A continuación, coja su rodillo de cocina y estírela tan fina como pueda, cuanto menos la mitad del grosor de la base para un pastel normal. Una vez que la masa esté bien estirada, con un cuchillo de trinchar pequeño y bien afilado córtela en cintas de 1-1,5 cm, o del ancho que prefiera.
Llene una cacerola grande de agua, como para cualquier pasta, y llévela a hervor. Levante cuidadosamente la pasta fresca de su superficie enharinada y échela en el agua hirviente. Cueza hasta que esté a punto, de 30 segundos a 1 o 2 minutos, revolviendo ocasionalmente. (La pasta fresca se cuece mucho más rápido que su hermana seca). Sirva con su salsa favorita. Una buena combinación para la cena es fideos caseros al huevo con **Salsa pesto**, página 194, calabacín al vapor y **Crujientes galletas de coco**, página 295.

Esta misma receta se puede hacer utilizando harina de alforfón.
Levemente rajásica, +vata, moderadamente +pitta, -kapha
* PLATO DE ROTACIÓN PARA DÍA 4.

Comentario: los fideos de alforfón al huevo son una buena opción para los sensibles al trigo, pues el alforfón pertenece a una familia botánica muy diferente del trigo. También va bien para los kapha que ansían pasta fresca. Por último, pero no menos importante, este plato es una opción muy económica cuando se tienen huéspedes inesperados a cenar. Solo se necesitan unos cuantos huevos y una salsa de hortalizas.

Salsa básica de tomate al pétalo de rosa

Tiempo de preparación: 20 minutos
RAJÁSICO, +vata, moderadamente +pitta, 0 kapha
Raciones: 2 tazas de salsa
❀ ꒩ ❄

Lave y pique o pase por un molinillo:
  • 12 tomates medianos frescos (unas 4 tazas)
El molinillo de cocina ayuda a quitar las semillas de tomate, que pueden agravar un poco a vata. También es posible, simplemente, dejar en la tabla de cortar tantas semillas como se pueda. Cueza a fuego lento los tomates en una cacerola de acero inoxidable, junto con:
  • ¼ taza de cebolla finamente picada
  • 2 dientes de ajo, picados
  • 2-4 cucharadas de aceite de oliva virgen extra
Cueza a temperatura moderada hasta que espese, unos 15 minutos. Vierta los tomates espesados en la licuadora, junto con:
  • 2 cucharadas o más de pétalos de rosa secos, orgánicos
  • 4 cucharaditas de orégano fresco, picado, o 2 cucharaditas si es seco
  • ½ cucharadita de tomillo seco
  • 2 cucharadas de perejil italiano fresco, finamente picado
  • Sal y pimienta a gusto
  • Hasta ¼ taza de agua (opcional)
Reduzca a puré. Listo para servir.

Comentario: ¿y para qué los pétalos de rosa? Son dulces, refrescantes y calman mucho; además, reducen la acidez del tomate. El tomate, por ser rajásico, no se usa a menudo en un régimen ayurvédico, pues es caliente, agrio y ácido, sobre todo en su efecto sobre el intestino. Los pétalos de rosa no neutralizarán del todo este efecto, pero ayudan. Lo aprendí del doctor Sunil Joshi, cuando le llevé a mi hija para una consulta. La constitución de Iza, normalmente kapha-pitta, había trepado a zonas peligrosas por su afición a los tomates. Ahora guardamos los pétalos de rosa de nuestro jardín (y de otros ajenos, si el dueño está bien dispuesto) para esos momentos en que cocinamos con tomate.

VARIANTE

SALSA DE ROTACIÓN PARA DÍA 1: Omita la cebolla, el ajo y el aceite de oliva, y saltee los tomates en aceite de nuez, con una hoja de laurel, más el orégano y el tomillo. Cuando la salsa esté espesa, póngala en la licuadora y redúzcala a puré con los pétalos de rosa y ¼ taza de albahaca recién picada. Omita el perejil y la pimienta. Deslíe con 2-4 cucharadas de agua caliente, si le apetece. Sale a gusto. Sirva inmediatamente.

Salsa cremosa al orégano para pasta

Tiempo de preparación: 10 minutos o menos
RAJÁSICO*
Raciones: 3
✳ ❋ ᘎ ❄

Mezcle en la licuadora hasta que esté suave:
- 1 ½ *ricottas* recién hechas o **Ricotta cremosa no láctea,** página 204
- ¼ taza de perejil italiano fresco, picado
- 1 cucharadita de orégano seco
- 1 diente de ajo, picado (opcional)
- ¼ taza de agua o más

Caliente a temperatura moderada, revolviendo a menudo, hasta que esté bien caliente. Sirva con su pasta favorita: lacitos, caracolillos, fetuccini.

* -vata, -pitta, +kapha (con ricotta)
* 0 vata, 0 pitta, levemente +kapha (con sustituto no lácteo)

Comentario: este sencillo plato queda bien servido con **Brécol y ajo**, página 239. Toda la cena se puede preparar fácilmente en 30 minutos.

SOBRE LA CADUCIDAD DE LAS ESPECIAS

Las hierbas frescas deben ser usadas inmediatamente, mientras aún tienen un fuerte aroma. Personalmente, aprecio mucho más el olor y el sabor de las hierbas frescas, pero sé que muchos cocineros no pueden disponer de ellas todo el año. Las especias secas no se deben guardar durante más de un año, en un recipiente bien hermético. A partir de entonces habrán perdido la mayor parte de su potencia, además del sabor.

Deliciosa salsa de tofu para espaguetis

Tiempo de preparación: 30 minutos
RAJÁSICO, 0 vata, +pitta, 0 kapha
Raciones: 3-4
⊛ ૐ ✳

Saltee en una sartén grande, a temperatura mínima:
- 2 cucharadas de aceite de oliva virgen extra
- 1 cebolla pequeña, picada (2 cucharadas)
- 1-2 dientes de ajo grandes, picados

Cuando estén tiernos, pero no dorados, mézcleles, aplastando con un tenedor:
- 1 cubo (½ kilo) de tofu
- ⅛ cucharadita de semillas de hinojo, molidas
- ¼ cucharadita de pimiento rojo picante

Eleve la temperatura a moderada y cueza lo suficiente como para calentar, unos 5 minutos. Agregue:
- 2-3 tomates frescos, finamente picados
- 1 manojo de rúcula fresca, finamente picada (¼ taza) si la hay
- 1 cucharadita de tomillo fresco, finamente picado, ½ cucharadita si es seco
- 2 cucharaditas de orégano fresco, finamente picado, 1 cucharadita si es seco

- ½ cucharadita de sal
- ⅛ cucharadita de pimienta recién molida

Revuelva bien. Eleve la temperatura a moderada-alta, cueza 1-2 minutos. Si quiere cocer durante más tiempo, reduzca la temperatura a un hervor suave hasta que llegue el momento de servir. Justo antes de servir, agregue revolviendo:

- 1 cucharada de pétalos de rosa orgánicos, secos

Sirva sobre los espaguetis recién cocidos.

SOBRE LA PASTA

Como sabe cualquier buen cocinero, la mejor pasta es la que se prepara inmediatamente antes de servir. Usted obtendrá los mejores resultados «si la trata como si fuera a comerla sin nada», como dice Dolores Chiappone. Esto significa que, después de haberla escurrido bien, se devuelve a la cacerola y se le echa un chorrito de aceite de oliva, sal y pimienta. Esto hace que la textura de la pasta se mantenga flexible y proporciona una buena base para cualquier salsa.

Pasta muy simple

Tiempo de preparación: 15 minutos, máximo
SÁTVICO*
Raciones: 4
⊛ ✳ ꕯ ❄

Prepare:
- 400 g de pasta

Cuando esté a punto, escúrrala bien, devuélvala a la cacerola y revuelva con:
- 2 cucharadas de aceite de oliva virgen extra
- ½ taza de perejil italiano fresco, finamente picado
- 1 diente de ajo, picado (opcional)
- 1 cucharada de albahaca seca o ¼ taza si es fresca, bien picada
- Sal a gusto
- Pimienta negra molida gruesa

Sirva.

* -vata, 0 pitta, +kapha (con pasta de trigo)
* -vata, 0 pitta, 0 kapha (con pasta de arroz)
* +vata, +pitta, -kapha (con pasta de maíz)

**En todos los casos, PLATO DE POLARIDAD PARA FORTALECER LA SALUD.

Macarrones rápidos

Tiempo de preparación: 15 minutos
Raciones: 4
❀ ༀ ❅

Prepare:
* 400 g de macarrones, trigo integral o maíz
Mientras el agua para la pasta llega al hervor y los macarrones se cuecen, prepare:
* **Salsa cremosa básica**, página 203
* *Ricotta* **cremosa no láctea**, página 204
Cuando la pasta esté a punto, escúrrala, devuélvala a la cacerola y engrásela ligeramente con:
* 1-2 cucharaditas de ghee o aceite de oliva virgen extra
Revuelva la salsa con los macarrones y sirva.

SÁTVICA con **Salsa Cremosa Básica**
RAJÁSICA CON **Ricotta cremosa no láctea**
La pasta de maíz es muy calmante para kapha; el trigo integral va mejor para vata o pitta.

Salsa cremosa básica

Tiempo de preparación: 10-15 minutos
SÁTVICA*
Raciones: 1 ½ tazas
❀ ✳ ༀ ❅

Caliente en una cacerola a temperatura mínima:
- 2 cucharadas de ghee, mantequilla o aceite de oliva

Agregue revolviendo:
- 1 ½ cucharadas de harina de trigo integral u otro cereal integral (me gusta usar una cuchara de madera: facilita el frotar la harina en el ghee).

Luego añada gradualmente, siempre a temperatura mínima:
- 1 ½ tazas de leche cruda de vaca, recién hervida, leche de soja o leche de nuez

Continúe calentando y revolviendo de vez en cuando, hasta que la salsa espese, con la consistencia que usted prefiera. Aderece con:
- Un toque de sal

* -vata, -pitta, +kapha (con trigo integral y leche de vaca)
* 0 vata, -pitta, -kapha (con harina de cebada y leche de soja)
* -vata, +pitta, +kapha (con leche de nuez)

Comentario: esto sirve como PLATO DE ROTACIÓN PARA DÍA 1 si se utiliza cualquiera de los elementos siguientes: mantequilla o ghee, trigo integral o harina de cebada, leche de vaca, leche de pacana o leche de nuez.

Ricotta cremosa no láctea

Tiempo de preparación: 5 minutos
RAJÁSICO, 0 vata, 0 pitta, +kapha
Raciones: 1 ½ tazas
⊛ ✳ ⃛ ❄

Mezcle bien en una licuadora:
- ¼ kilo de tofu
- ½ taza de agua caliente
- ¼ taza de tahini de sésamo crudo
- 2 cucharadas de miso
- Pimienta negra recién molida a gusto

**PLATO DE POLARIDAD PARA FORTALECER LA SALUD.
Comentario: esta receta tiene muchas variantes posibles. A veces omitimos el tofu y usamos a cambio fruta seca molida, más agua y la mitad del miso. Otras reducimos el miso salado, si servimos otros platos que sean pesados, pues la sal sumada a lo pesado resulta un desafío para el conducto digestivo.

TABLA 10. LAS PASTAS Y LA CONSTITUCIÓN

Cuando se dice «pasta», lo más probable es que se piense en la variedad más conocida, la de harina blanca. Sin embargo, hay muchas otras elaboradas con otros productos vegetales, cada una con su propio efecto sobre vata, pitta y kapha. He aquí un resumen de algunas pastas y su efecto sobre los doshas.

Fideos de celofán (100%): 0 vata/ -pitta/ -kapha

Fideos soba de alforfón: +vata/ +pitta/ -kapha

Pastas de maíz: +vata/ +pitta/ -kapha

Pastas de maíz o quinua: -vata/ +pitta/ -kapha

Pastas de alcachofa de Jerusalén (con trigo): -vata/ -pitta/ moderadamente +kapha

Pasta de jinenjo (boniato salvaje): -vata/ -pitta/ +kapha

Pastas de arroz: -vata/ -pitta/ moderadamente +kapha

Pasta «normal» (de harina blanca): -vata/ -pitta/ ++kapha

Cidra cayote (usado como pasta): 0 vata/ -pitta/ -kapha

Espinaca (con trigo): -vata/ 0 pitta/ +kapha

Tomate (con trigo): 0 vata/ levemente +pitta/ +kapha

Pastas de trigo integral: -vata/ -pitta/ +kapha

Panes

Símbolos utilizados

«-» significa que calma o ayuda a la constitución mencionada.

«+» , que la agrava o incrementa.

«0» indica efecto neutro

*DIETA DE ROTACIÓN puede ser útil para personas con alergias alimentarias.

**PLATO DE POLARIDAD indica recetas que apoyan el trabajo con terapia de polaridad.

❀= Primavera

☀= Verano

♑ = Otoño

❄= Invierno

Galletas de boniato

Tiempo de preparación: 30 minutos
SÁTVICO, -vata, -pitta, moderadamente +kapha*
Piezas: 24 galletas
❀ ✳ 𝕽 ❄

Combine:
- 2 tazas de harina de cebada o trigo integral
- 1 cucharaditas de sal
- 1 cucharada de polvo de hornear
- ¼ cucharadita de bicarbonato de sodio

Corte en la mezcla de harina hasta que tome la consistencia de harina de maíz áspera:
- ¼ taza de mantequilla o ghee

Pele y reduzca a puré:
- 1 boniato mediano, cocido**

Póngalo en una taza medidora. Debería obtener algo menos de ¾ taza de puré. Agréguele:
- Zumo de un limón o una lima
- ¼ taza (aproximadamente) de leche de soja o de vaca, cruda y recién hervida

O suficiente leche como para llevar el volumen a una taza llena. Revuelva con cuchara o tenedor.

Mezcle los ingredientes húmedos con los secos, trabajando rápida y ligeramente con las manos muy limpias. Añada algo de harina, si es necesario. Cubra la masa y enfríela durante 15 minutos. Precaliente el horno a 230 ºC. Unte de mantequilla dos bandejas para galletas. Estire la masa en una hasta que mida 1,5-2 cm de espesor. Corte en círculos, corazones o como prefiera, directamente sobre la placa.(Esto minimiza el agregado de harina para estirar, que puede endurecer la galleta. También es más fácil para limpiar). Use la masa restante para hacer galletas, amasando ligeramente hasta formar una bola; luego la estira otra vez en la placa restante. Hornee durante 12 minutos o hasta que tomen un color bronceado.

* Una modesta cantidad de 1 ½ cucharaditas de mantequilla por galleta

Comentario: agradable, fácil, ligera. Puede iniciar la preparación cuando llega a su casa, continuar con el resto de la cena (una **Sopa oriental de Ivy**, por ejemplo) y luego poner las galletas en el horno justo antes de servir la comida.

**Nota: Si usted tiene un boniato crudo, pero ni la menor idea de cómo llevarlo a la etapa de cocción: póngalo en una cacerola, cubra con agua y lleve a hervor. Cueza a temperatura moderada hasta que esté a punto, unos 30 minutos. Si le gusta comer boniato en el almuerzo, puede poner algunos más con ese fin. El agua de cocción también sirve como nutritivo comienzo para un caldo.

Galletas mariposa

Tiempo de preparación: 1 hora o más, mayormente sin atención
SÁTVICO, -vata, -pitta, +kapha
Piezas: 12 galletas
✺ ✴ ༄ ❄

Revuelva en un bol de mezclar:
- 1 taza de harina de cebada o trigo integral
- ½ cucharadita de sal
- ⅛ cucharadita de bicarbonato de sodio
- 1 ½ cucharaditas de polvo de hornear

Deshaga sobre los ingredientes secos, con las manos o un mezclador de pastelería:
- 3 cucharadas de ghee o mantequilla, bien fría

Vierta allí:
- ⅜ taza de suero de leche

Y mezcle ligeramente con las manos. Amase durante un minuto, añadiendo harina si la masa está demasiado húmeda o pegajosa. Devuélvala al bol, cubra y enfríe en el refrigerador durante 30 minutos o más. Precaliente e horno a 230 °C. Engrase ligeramente una lámina para galletas y estire la masa directamente sobre ella, hasta un grosor de 1-1,5 cm; también puede hacerlo sobre una tabla levemente enharinada. Cuanto menos harina use, más tiernas serán las galletas. Corte con un molde para galletas en forma de mariposa o la que le apetezca. Lleve al horno hasta que se doren, 10-12 minutos. Sirva inmediatamente.

*PLATO DE ROTACIÓN PARA DÍA 1.

Comentario: esta receta se basa en una para galletas sureñas de *The Heritage of Southern Cooking* [El patrimonio de la cocina sureña] de Camille Glenn. Este recetario me ha proporcionado inspiración en muchas noches de frío y hambre (ella nos aconseja que estiremos la masa desde el centro hacia fuera, para obtener galletas más crujientes y tiernas). Llamamos «mariposa» a estas galletas integrales porque esa fue la forma que les dimos la primera vez y porque parecen lo bastante ligeras como para salir volando.

Variante 1

El suero de leche se puede substituir por partes iguales de leche de soja y yogur de soja fresco, es decir: 3 cucharadas de leche de soja y otras tantas de yogur de soja.
RAJÁSICO, 0 vata, 0 pitta, levemente +kapha

También se puede usar yogur y leche de vaca, frescos.
SÁTVICO, -vata, -pitta, +kapha
*PLATO DE ROTACIÓN PARA DÍA 1

Variante 2

Se puede sustituir el suero por leche de tahini. En este caso, omita el bicarbonato de sodio. Combine una cucharada de tahini de sésamo con suficiente agua pura como para completar ³/₈ de taza. Proceda como anteriormente.
SÁTVICO, -vata, levemente +pitta, +kapha

Bollitos de Liz

Tiempo de preparación: 1 hora o más
SÁTVICO, -vata, -pitta, +kapha
Raciones: 3-4
ॐ ✳

Esto proviene de un alma querida, cocinera experta y aficionada al té-cena inglés. Nos aconseja a los estadounidenses: «Imagine que está haciendo la base de un pastel. Esto no es como hacer galletas, sino base de pasteles. Mantenga todo frío». La recompensa es muy satisfactoria.
Lleve a hervor:

- ½ taza de leche cruda fresca

- ¼ cm raíz de jengibre fresca, pelada

Cubra y enfríe en el refrigerador. Haga una pausa. Mezcle en un bol mediano:

- 2 tazas de harina de trigo integral o cebada
- 1 ⅓ cucharada de polvo de hornear
- Pizca de sal

Mezcle en la harina con los dedos, hasta que tenga el tamaño de un guisante o menos:

- ½ taza de mantequilla o ghee FRÍOS

Vierta sobre la masa y vuelva a trabajar con las manos:

- ½ taza de leche FRÍA, mezclada con
- 2 cucharadas de concentrado de manzana (opcional)

Según la humedad del día, puede necesitar algo más de leche para no quedar con una masa muy dura. Enharine una tabla y moldee la masa dando palmadas, hasta formar un cuadrado de 3 ½ -5 cm de grosor. Corte la masa en 6 cuadrados y ponga en una placa para galletas enharinada. Pinte la parte superior con leche, cubra y enfríe en el refrigerador durante 30 minutos, cuanto menos. Precaliente el horno hasta 200 °C. Hornee los bollos durante 15-20 minutos, hasta que la parte superior esté parda. Para servir con el té se pueden cortar diagonalmente por la mitad. Tradicionalmente se sirven con mantequilla y mermelada.

*PLATO DE ROTACIÓN PARA DÍA 1.

Comentario: se pueden añadir pasas de uva, dátiles o pasas de Corinto. Van bien con las sopas y se pueden usar para pequeños emparedados. Si los prefiere calientes, se pueden tostar o poner en el horno a 180 °C durante unos minutos.

Variante 1
Puede reemplazar la leche de vaca por la de soja, en cantidades iguales.
Con leche de soja y harina de cebada: SÁTVICO, -vata, -pitta, moderadamente +kapha
Con leche de soja y harina de trigo integral: SÁTVICO, -vata, -pitta, +kapha

Variante 2 (baja en grasas)
Se puede obtener una versión más suave para el hígado y las arterias reduciendo la mantequilla o el ghee a la mitad, ¼ taza. En este caso, no deje de añadir el edulcorante opcional.

La creadora de esta receta, Liz Halford, es mujer de muchos oficios. Abogada en su Nueva Zelanda natal, trabajadora social en Londres y, ahora, cocinera y estilista alimentaria aquí, en Estados Unidos de América. También hace perversas lecturas en el fondo de las tazas de té. Espero con ansias su primer libro de recetas.

Tortillas de Rebekah

Tiempo de preparación: 1 hora o menos
SÁTVICO, -vata, -pitta, +kapha
Piezas: 12 tortillas de 15 cm
✿ ✳ ℞ ❄

Tamice:
- 3 tazas de harina de trigo integral, molido tradicionalmente

Luego mézclele con un tenedor, en un bol grande:
- ½ cucharadita de sal
- 1 cucharadita de polvo de hornear sin aluminio (½ cucharadita a gran altura)

Agregue a la harina, trabajando con las manos:
- ¼ taza de aceite (mitad ghee y mitad aceite de sésamo van bien)

Luego vierta allí:
- 1 taza agua caliente

Trabaje con las manos. Amase unas doce veces o hasta que todo esté bien integrado. Debe tener un toque algo elástico. Divida la masa en 12 bolas y déjelas reposar en el bol de mezclar, cubiertas con un paño de cocina, durante unos 20 minutos.

Caliente una sartén de hierro pesada, sin engrasar, a temperatura moderada-alta, hasta que esté bastante caliente. Estire cada bola en una superficie limpia, sin enharinar, hasta obtener el tamaño deseado. (Si quiere tortillas más grandes, haga 8 bolas en vez de 12). La harina no debería resultar pegajosa; en ese caso, vuelva a amasar con un poco más de harina. Ponga la primera tortilla, cuézala hasta que esté dorada y dele la vuelta. Puede envolver la tortilla terminada en un paño de cocina limpio e ir agregando el resto. Tradicionalmente se sirven envueltas en una servilleta limpia dentro de un cestillo cubierto. Van bien con las **Judías pintas de Santa Fe**, con sopa o con **Rollitos de tahini**.

* Para PLATO DE ROTACIÓN DÍA 1, use solo ghee como «aceite» y polvo de hornear sin maíz.

Comentario: esta receta proviene de Rebekah Trujillo, experimentada «horneadora» profesional de tortillas, panes rápidos y otras delicias. Nos aconseja: «Es preferible trabajar con una masa demasiado pegajosa, pues siempre se puede agregar harina. Si se agrega más agua cuando ya se han mezclado la harina y el agua, las tortillas saldrán duras. Agregue siempre harina, no agua». Ha inventado muchas variantes en cuanto a cantidad de ingredientes, según la altitud a la que viva. En California, al nivel del mar, se necesita una cucharadita de polvo de hornear por tanda para obtener las mejores tortillas. En las montañas del norte de Nuevo México basta con la mitad. Las tortillas de trigo integral tienden a necesitar algo menos de polvo de hornear que las de harina blanca. Las cantidades especificadas arriba brindarán una buena tortilla de trigo integral, más fácil de hacer de lo que usted pueda sospechar. Y bastante sabrosa.

Panecillos de pacanas

Tiempo de preparación: 45 minutos
SÁTVICO, 0 vata, 0 pitta, +kapha
Piezas: 12 panecillos
⊛ ऊ ❉

Precaliente el horno hasta 190 °C. Mezcle en un bol pequeño:
- 3 cucharadas de azúcar de caña integral
- 2 cucharadas de suero de leche fresco
- 1 cucharadita de bicarbonato de sodio

Ponga aparte. En un bol de mezclar mediano, bata:
- 2 huevos (o sustituto de huevo, si lo prefiere)

Luego revuelva con los huevos:
- 3 cucharadas de aceite de girasol o ghee
- 1 taza de salvado de avena
- 1 taza de suero fresco

Revuelva la mezcla de azúcar de caña integral con esa masa. Luego añada:
- 2 tazas de harina de trigo integral
- ¼ cucharadita de sal
- ½ cucharadita de canela

Incorpore:
- 1 taza de dátiles secos picados, ligeramente enharinados
- 1 taza de nueces pacanas crudas picadas

Vierta a cucharadas en una placa para panecillos ligeramente aceitada. Hornee durante 25-30 minutos hasta que un mondadientes insertado en el centro de un panecillo salga limpio.

VARIANTE
Puede reemplazar los huevos por sustituto y el suero por leche de soja.
SÁTVICO, levemente +vata, -pitta, levemente +kapha

Panecillos de plátano y melocotón

Tiempo de preparación: 55 minutos
SÁTVICO, -vata, 0 pitta, +kapha
Piezas: 12 panecillos
❀ ✳ ☊ ❄

Precaliente el horno a 180 °C. Remoje en ½ taza de agua caliente
- 6 melocotones secos orgánicos (alrededor de ⅓ taza)

En un bol de mezclar, aplaste:
- 2 plátanos maduros

Revuelva con las bananas:
- 3 cucharadas de aceite de almendra prensado en frío
- ¼ taza de jarabe de arce

Mezcle aparte:
- 1 ¼ tazas harina de trigo integral o cebada
- 1 ½ cucharaditas de polvo de hornear
- ½ cucharadita de sal

Escurra los melocotones y píquelos finamente. Mézclelos con los ingredientes húmedos. Mezcle los ingredientes secos y los húmedos. Revuelva ligera y rápidamente. La pasta es espesa. Viértala a cucharadas en una placa para panecillos ligeramente aceitada. Hornee durante 25 minutos o hasta que un mondadientes insertado en el centro de un panecillo salga limpio.

VARIANTE 1

PANECILLOS DE PLÁTANO Y ALBARICOQUE: utilice 9 albaricoques secos en vez de melocotones.

VARIANTE 2

PLATO DE ROTACIÓN PARA DÍA 2: sustituya la harina de trigo o cebada por igual cantidad de harina de amaranto. Use 2 cucharaditas de polvo de hornear o 1 ¾ cucharaditas a gran altura. Hornee durante 30-40 minutos o hasta que esté a punto. (Nota: esta receta también se puede usar como tortita para Día 2).
SÁTVICO, -vata, 0 pitta, moderadamente +kapha

SOBRE EL PONER EN REMOJO

Remojar reduce el exceso de sequedad, calmando el elemento aire en los alimentos y aumentando el elemento agua. La humedad adicional refuerza la acción de agni, el fuego digestivo, en la comida, haciendo que al cuerpo le resulte más fácil descomponerla. Esta beneficiosa práctica ayurvédica del remojo se utiliza con las judías, los guisantes, los frutos secos, algunas semillas y las frutas pasas. Generalmente se hace por la noche, cubriendo simplemente los alimentos con agua pura y dejándola reposar, cubierta, hasta la mañana.

Panecillos de pacanas libres de gluten

Tiempo de preparación: 45 minutos
SÁTVICO*
Piezas: 12 panecillos
✸ ⅍ ❄

Precaliente el horno a 130 ºC. Mezcle en un bol pequeño:
- 3 cucharadas de jarabe de salvado de arroz
- 1 cucharadita de bicarbonato de soda

Reserve. En un bol de mezclar mediano, bata:
- 2 huevos (o sustituto)

Luego añada a los huevos, revolviendo:

- 3 cucharadas de aceite de girasol o sésamo
- 1 taza de salvado de arroz
- 1 taza de leche de soja o suero de leche fresco

Revuelva la pasta con el jarabe de arroz y el bicarbonato. Luego agregue:
- 2 tazas de harina de arroz blanco
- ¼ cucharadita de sal
- ½ cucharadita de canela

Incorpore:
- 1 taza de dátiles secos, picados, ligeramente enharinados
- 1 taza de nueces pacanas crudas, picadas

Vierta a cucharadas en una placa para panecillos ligeramente aceitada. Hornee durante 30 minutos o hasta que un mondadientes insertado en el centro de un panecillo salga limpio.

* 0 vata, 0 pittaa, +kapha (con suero)
* levemente +vata, -pitta, +kapha (con leche de soja)

Panecillos de pera al jengibre

Tiempo de preparación: 40 minutos
SÁTVICO, +vata, -pitta, 0 kapha*
Piezas: 12 panecillos
❀ ✴ ℞ ❄

Precaliente el horno a 220 °C. Lave y corte en dados:
- 1 ½ tazas de pera fresca, finamente cortada (aproximadamente 2 peras maduras)

Mezcle con:
- 2 cucharaditas de raíz de jengibre fresca, pelada y finamente rallada

Bata:
- 2 huevos

Y revuelva con ellos:
- ½ taza yogur fresco o de soja
- ¼ taza de zumo de manzana
- 1 cucharadas aceite de girasol
- ¼ taza de Azúcar de caña integral

Revuelva bien en esta mezcla húmeda:
- 1 cucharadita de bicarbonato de soda

Agregue las peras y el jengibre; luego:
- 1 ½ tazas de salvado de arroz o avena
- 1 taza de harina de arroz, de trigo integral para pastelería o de avena
- ¼ cucharadita de sal

Revuelva bien. Vierta a cucharadas en una placa para panecillos ligeramente aceitada; hornee hasta que esté a punto, unos 25 minutos (un mondadientes insertado en el centro de un panecillo saldrá limpio).

* Esto es para panecillos con salvado de arroz y harina de arroz, o salvado y harina de avena. Los vata pueden comer unos cuantos de estos sin efectos graves, siempre que los unte generosamente con ghee o mantequilla.
* Con harina de trigo integral para pastelería, 0 vata, -pitta, +kapha

Comentario: el salvado es un ingrediente importante de estos panecillos, en términos de textura y horneado. Si usted decide probar hacerlos íntegramente con harina de arroz y sin salvado, es probable que obtenga unos grumos bastante pastosos, como le sucedió a la autora.

Muffins Boston

Tiempo de preparación: 45 minutos
SÁTVICO, +vata, 0 pitta, -kapha
Piezas: 10-12 *muffins* o panecillos
⊛ ༅ ❇

Mezcle:
- ½ taza pasas de uva o higos picados
- 1 ½ tazas leche de soja
- ½ taza de melaza

Precaliente el horno a 180 °C. Ponga un recipiente grande con agua en el estante inferior del horno, para mantener la humedad. Mezcle:
- ⅔ taza de maíz amarillo
- ⅔ taza de harina de centeno
- ⅔ taza salvado de arroz o de avena
- 1 cucharada de semillas de lino (opcional)
- 1 ½ cucharaditas de bicarbonato de soda (1 cucharadita a gran altura)
- ½ cucharadita de sal

Agregue los ingredientes húmedos a los secos, revolviendo. Engrase muy ligeramente una placa para panecillos y vierta allí la mezcla a cucharadas. Ponga en el horno un estante por encima del recipiente de agua. Hornee 25-30 minutos o hasta que estén a punto, cuando un mondadientes insertado en el centro de un panecillo salga limpio.

**PLATO DE POLARIDAD PARA FORTALECER LA SALUD.

Comentario: tradicionalmente, el pan moreno Boston se hace cociéndolo al vapor en una lata de café durante 3 o 4 horas. Esta versión es mucho más rápida; sin embargo, es importante poner el recipiente con agua en el horno, para reproducir las antiguas condiciones de vapor. También evita que este pan, libre de grasa, se seque.

SOBRE LOS PENSAMIENTOS CRUZADOS

Recelo mucho de los pensamientos cruzados. Lo que quiero decir con esto es: supongamos que he estado diciendo: «Si quieres aclarar la mente y el corazón, la comida vegetariana fresca puede ayudarte». Personalmente, sé por experiencia que esto es verdad. Sin embargo, algunas personas podrían sentir la tentación de invertir esto, entrecruzarlo y deducir: «Si no comes vegetariano y fresco, debes ser un sapo, un tonto, un idiota sin entendederas». Tal vez sea así, tal vez no. No creo que los vegetarianos tengan el monopolio de la grandeza. Y juzgar a la gente por el estilo de vida que hayan escogido me parece bastante peligroso. Preferiría no emitir juicios sobre nadie basándome en lo que come. En esto hay mucho margen para variantes.

Pan de maíz azul

Tiempo de preparación: 30-35 minutos
SÁTVICO, 0 vata, +pitta, -kapha*
Raciones: 4
✳ ✳ ☊ ❄

Precaliente el horno a 200 °C. En un bol mediano, bata:
  • 1 huevo
Revuelva en el huevo batido:

- 3 cucharadas de aceite de sésamo o tahini de sésamo
- 1 ½ cucharadas de azúcar de dátil o fructosa
- 1 ¼ tazas de agua caliente

Agregue:

- 1 taza de maíz azul
- ½ taza harina de alforfón
- ¾ cucharadita de sal
- 1 ½ cucharaditas de polvo de hornear

Revuelva ligeramente. Resultará una pasta fina. Vierta a cucharadas en un molde de 22 x 22 cm, bien engrasado. Hornee 20-25 minutos o hasta que un mondadientes insertado en el centro del pan salga limpio.

* Para que esto sea 0 vata, es preciso servirlo con una buena cantidad de ghee. De otra manera puede ser demasiado seco para esta constitución.

*PLATO DE ROTACIÓN PARA DÍA 4.

Comentario: el color puede variar de azul morado a purpúreo, pasando por el gris acero según el cereal escogido. Va muy bien con ghee y con jalea de fresas hecha con edulcorante de fruta. Cuando quiero añadir calcio, hierro y proteínas, utilizo tahini de sésamo en vez de aceite. Para PLATO DE ROTACIÓN PARA DÍA 4, el pan de maíz azul se puede servir con **Sopa cremosa de brécol** y una ensalada de espárragos al vapor y berros, con **Aderezo cremoso de ajo**.

Pan irlandés de bicarbonato

Tiempo de preparación: 1 hora o poco más
SÁTVICO, -vata, -pitta, +kapha
Raciones: 6-8
❀ ✳ ℞ ❀

Precaliente el horno a 180 °C. Lleve a hervor:

- 1 ⅓ tazas de leche fresca, cruda

Deje hervir unos 20 segundos; luego retire del fuego y deje enfriar a temperatura ambiente. Luego combine la leche con:

- 1 ½ cucharadas de zumo de limón fresco

Deje reposar durante 5 minutos.

Revuelva en la mezcla de leche y limón:
- ½ cucharadita de bicarbonato de sodio

Deje reposar otros 2 minutos. Mezcle en un bol bastante grande:
- 3 ¼ tazas de harina de trigo integral para pastelería
- 2 cucharadas de azúcar de caña integral o concentrado de manzana
- 1 cucharada de polvo de hornear (1 cucharada escasa a gran altitud)
- ¾ cucharadita de sal

Luego mezcle revolviendo con los ingredientes secos:
- 1 taza de pasas de Corinto
- 1 cucharadita de semillas de alcaravea

Vierta gradualmente la mezcla de limón y leche en los ingredientes secos, en el bol grande. Transfiera suavemente la masa a una superficie enharinada y amase durante 3 minutos, poco más o menos. Ponga la masa trabajada en un molde para pasteles aceitado de 22 cm (también sirve una sartén de hierro de poca profundidad) y hornee hasta que esté a punto, unos 45 minutos. Estará listo cuando un mondadientes insertado en el centro salga limpio.

VARIANTE 1

Para obtener un pan más sabroso, puede sustituir la leche por leche de soja y la harina de trigo integral por harina de cebada, en cantidades idénticas.
SÁTVICO, levemente +vata, -pitta, -kapha

VARIANTE 2

Para obtener un PLATO DE ROTACIÓN PARA DÍA 1, puede sustituir la leche y el limón por 1 ¾ tazas de suero fresco. Una rotación estricta requerirá omitir la alcaravea y utilizar azúcar de caña integral.
UN PELÍN RAJÁSICO, -vata, 0 pitta, +kapha

VARIANTE 3

Puede sustituir las semillas de alcaravea por una cucharadita de canela.

Comentario: obtuve esta receta de mi amiga Liz Halford, la de los célebres Bollitos de Liz. Es neozelandesa, pero conoció esta receta gracias a una estadounidense que la trajo de Irlanda.

LAS HARINAS Y SUS EFECTOS SOBRE LA CONSTITUCIÓN

Tipo de harina		Efecto sobre	
Cebada	+vata	-pitta	-kapha
Alforfón	+vata	+pitta	-kapha
Garbanzo	+vata	-pitta	-kapha
Maíz azul	+vata	-pitta	-kapha
Maíz amarillo	+vata	+pitta	-kapha
Mijo	+vata	+pitta	-kapha
Avena, salvado de	0 vata	0 pitta	0 kapha
Patata	+vata	0 pitta	-kapha
Arroz, salvado de	+vata	-pitta	0 kapha
Arroz integral, harina de	-vata levemente	+pitta moderadamente	+kapha
Arroz blanco, harina de	-vata levemente	-pitta	+kapha
Centeno	+vata	+pitta	-kapha
Soja	+vata	-pitta moderadamente	+kapha
Tapioca	-vata	-pitta	0 kapha
Urud	vata	+pitta	+kapha
Trigo, salvado de	+vata	-pitta moderadamente	+kapha
Trigo integral, harina de	-vata	-pitta	+kapha
Trigo blanco, harina de	-vata	-pitta	++kapha

Nota: he trabajado durante unos cinco años con las siguientes harinas y necesito más experiencia (o consejos experimentados) antes de determinar con certeza sus efectos sobre los doshas. Lo que me puedo arriesgar a decir es: harina de amaranto, 0 vata, 0 pitta, -kapha; harina de quinua, 0 vata, levemente +pitta, -kapha; harina de teff, en realidad, todavía no estoy segura. Parece ser caliente y fortalecedora.

Guarniciones

Símbolos utilizados

«-» significa que calma o ayuda a la constitución mencionada.

«+» , que la agrava o incrementa.

«0» indica efecto neutro

*DIETA DE ROTACIÓN puede ser útil para personas con alergias alimentarias.

**PLATO DE POLARIDAD indica recetas que apoyan el trabajo con terapia de polaridad.

⊕= Primavera

✳= Verano

℧ = Otoño

❄= Invierno

Verduras Punjabi

Tiempo de preparación: 15 minutos o menos
SÁTVICO LINDANDO CON RAJÁSICO,
0 vata, levemente +pitta, 0 kapha
Raciones: 4-6
✿ ✸ ཉ ❄

Lave bien y corte en rodajas de 2,5 cm o menos
- 2 manojos pequeños o 1 muy grande de berza u otra verdura de hojas oscuras

Caliente en una sartén grande:
- 2 cucharadas de ghee o aceite de oliva
- ½-1 cucharadita de semillas de comino enteras
- 1 cucharadita de cúrcuma
- ⅛ cucharadita de asafétida o epazote

Añada al ghee y saltee hasta que esté blando:
- 3 cucharadas de cebolla (opcional, se puede omitir)
- 2 dientes pequeños de ajo, picado

Agregue las verduras lavadas y cubra. Cueza a temperatura moderada-mínima hasta que esté tierno, unos 8 minutos, revolviendo una o dos veces. Las verduras pueden necesitar sal o no.

Variante 1

Si puede conseguir un par de manojos grandes de rúcula fresca, es divina para reemplazar la berza. Se cuece rápidamente, en 2-3 minutos, de manera que es mejor mantenerse cerca de la cocina una vez que se la haya agregado a la cacerola.
RAJÁSICA, 0 vata, levemente +pitta, 0 kapha

Variante 2

Otra verdura deliciosa de la primavera es el cenizo fresco, cosechado antes de que alcance los 30 cm. Bien lavado y picado, esta receta es nuestra forma favorita de comerlo.
SÁTVICO CON ALGO DE RAJAS, 0 vata, -pitta, 0 kapha

Judías verdes con almendras tostadas

Tiempo de preparación: 10-15 minutos
SÁTVICO, 0 VATA, -pitta, 0 kapha
Raciones: 4
❁ ✳ 𝕽 ❄

Lave:
- 2 tazas de judías verdes frescas

Corte las puntas y los hilos, si fuera necesario. Corte cada judía diagonalmente, en trozos de 5 cm. Lleve a hervor:
- 1 ½ tazas de agua con sal

Sumerja las judías en el agua hirviente, cubra y cueza a temperatura moderada hasta que estén tiernas, aún con su bonito verde, 5-8 minutos. Escurra. Mezcle en un bol de servir con:
- 1 cucharada de ghee
- ¼ taza de **Almendras blanqueadas y tostadas**, en rodajas, página 226
- Sal a gusto

Sirva.

Comentario: mi agradecimiento a Liz por sus ideas originales sobre qué va bien con qué. Una guarnición sabrosa y fácil, favorita en nuestra familia.

Espinacas sicilianas de Dorie

Tiempo de preparación: 10 minutos o menos
RAJÁSICO, -vata, +pitta, -kapha
Raciones: 4
❁ ✳ 𝕽 ❄

Lave bien:
- 1 manojo grande de espinacas frescas

Ponga a calentar una sartén de hierro y caliente allí por un momento o dos:
- 1 cucharada de aceite de oliva virgen extra

Saltee en el aceite:
- 4-5 dientes de ajo, picados

Eche las espinacas, revolviendo a temperatura moderada hasta que estén

cocidas. Salpique con:
- 4-5 gotas de vinagre de vino tinto (se puede sustituir por zumo de limón)

Sirva.

Comentario: mi amiga Dorie, que ha proporcionado gran parte de la inspiración para los platos sicilianos e italianos que figuran aquí, probó este plato por primera vez en *Palermo's*, un restaurante siciliano de la Costa Este de Estados Unidos de América.

Si usted sigue un programa libre de fermentos, puede usar zumo de limón en vez de vinagre.

Verduras de Gord

Tiempo de preparación: menos de 10 minutos
RAJÁSICO, -vata, +pitta, levemente +kapha
Raciones: 4
❁ ✳ ♌ ❄

Lave y pique:
- 8-10 tazas de hojas y flores de rúcula, no muy apretadas

Caliente en una sartén pesada, a temperatura moderada:
- 3 cucharadas de aceite de girasol

Agregue:
- 4 dientes de ajo, picados

Dore el ajo dur • ante un minuto. Baje la temperatura a hervor lento y agregue:
- 2 cucharaditas de ghee o mantequilla
- 1 hoja de salvia fresca, finamente picada
- 5-7 cm de orégano fresco, alrededor de 1 ½ cucharaditas, finamente picado

Revuelva un par de veces. Agregue las flores y las hojas de rúcula. Cueza hasta que estén tierna, unos 2 minutos.

Agregue:
- Sal, si fuera necesario (a menudo no lo es)

Comentario: plato delicioso. Si se desea reducir la grasa a la mitad o menos, es posible. Reduzca el aceite a 1 ½ cucharadas, y el ghee a 1 cucharadita. Revuelva más a menudo para que las verduras no se peguen.

Hortalizas asadas a la italiana

Tiempo de preparación: unos 40 minutos
LEVEMENTE RAJÁSICO, +vata, +pitta, 0 kapha
Raciones: 4
❄

Precaliente el horno a 200 °C. Lave y prepare:
- 8 tomates cherry, enteros o en mitades
- 1 pimiento grande, de buen color, en gajos de 2,5 cm
- 4 patatas nuevas, en cuartos y en rodajas finas
- 1 berenjena pequeña, pelada, cortada por la mitad y en rodajas de ½ cm

Disponga las hortalizas en una placa para galletas ligeramente aceitada y rocíe con:
- 1-2 cucharadas de aceite de oliva virgen extra

Desmenuce sobre las hortalizas:
- 1 cucharadita de albahaca dulce seca
- 1 cucharadita de orégano seco

Cueza sin cubrir en el horno durante 30 minutos. Sirva caliente.

Comentario: he aquí una manera sabrosa de preparar con facilidad una variedad de hortalizas. Mis amigas Zenia y Dorie me instaron durante meses a que las probara, antes de que yo descubriera felizmente el motivo de tanto entusiasmo. *The Silver Palate Cookbook* [El libro de cocina del paladar de plata] tiene una versión deliciosa, con bastante más sal.

VARIANTE
Para PLATO DE ROTACIÓN PARA DÍA 1, utilice aceite de nuez en vez de oliva.

Patatas al romero

Tiempo de preparación: 45 minutos, 30 de ellos sin atención
SÁTVICO, 0 vata, -pitta, 0 kapha
Raciones: 4-6
❀ ✳ ᘒ ❄

Lleve a hervor en una cacerola grande:

- 6 tazas de agua pura o suficiente para cubrir las patatas

Lave:

- 6 patatas rojas para hervir, medianas

Y retire los ojos. Ponga las patatas en el agua hirviente (agregarlas cuando el agua ya ha hervido conserva las vitaminas, sobre todo la C) y cueza sin tapa hasta que estén a punto, unos 30 minutos. Si tiene prisa, puede cortarlas en mitades o cuartos y ahorrar unos 10 minutos de tiempo y energía. Los nutrientes se conservan mejor si se cuecen enteras.

Mientras las patatas se cuecen, pique:

- 1 cucharada de romero fresco, o ¾ -1 ½, seco, finamente picado
- 1 cucharada de puerro fresco o 2 cucharadas de cebolla

En una sartén o cacerola más o menos grande, saltee el puerro en:

- 3 cucharadas de aceite de oliva

Reserve hasta que las patatas estén a punto. Luego escúrralas, córtelas en rebanadas sin quitarles la piel y póngalas en la sartén aceitada con el puerro. Revuelva y deje cocer a temperatura moderada durante 5-10 minutos. Agregue el romero picado y:

- 1 cucharadita de sal
- ¼ cucharadita de pimienta blanca o negra, recién molida

Y cocine hasta que estén un poquito crujientes.

Comentario: esta receta es en grata memoria de la abuela Dorothy y los momentos especiales pasados con el clan Bruen en Wright's Lake.

VARIANTE 1

Para PLATO DE ROTACIÓN PARA DÍA 1, omita la cebolla y utilice ghee o mantequilla en vez de aceite de oliva. También se pueden hacer en forma de hamburguesas, como en la receta siguiente.
SÁTVICO, 0 vata, -pitta, 0 kapha

Hamburguesas de patatas al romero

Tiempo de preparación: 1 hora
SÁTVICO, 0 vata, -pitta, 0 kapha
Piezas: 12 hamburguesas de 7-8 cm
Siga la receta anterior hasta que llegue el momento de retirar las patatas del agua hirviente. Precaliente el horno a 200 ºC. Escurra las patatas como se

dice arriba; luego póngalas enteras con el puerro, el aceite de oliva y el resto de los ingredientes. Aplaste todo con un tenedor fuerte o un pisapatatas y dele forma de hamburguesas. Ponga en una placa para galletas aceitada y hornee durante 10-15 minutos

Variante

Tiempo de preparación: 45-50 minutos
SÁTVICO LINDANDO CON LO RAJÁSICO, -vata, 0 pitta, levemente +kapha
Prepare las hamburguesas como se explica arriba, pero agregando un huevo batido y ½ taza de perejil italiano finamente picado. Sabroso, ligero, levemente más rico.

Para que conste

De vez en cuando me encuentro con alguien que ha leído mi obra e imagina, por hablar yo sobre esta sensata y bella ciencia de curar llamada ayurveda, que mi vida y mi salud personal son igualmente cuerdas y prístinas. En realidad, soy hija de la segunda mitad del siglo xx, nacida en Estados Unidos de América, alimentada de tartas, albóndigas y macarrones con queso. Mi acné adolescente fue tratado con radiación (hasta donde puedo asegurarlo) y hormonas diarias, antes de cumplir los dieciséis años. Me gustaba el bistec, cuando lo teníamos, y hasta comía los sobrantes con el desayuno, si los había. Durante los años de secundaria, mi merienda favorita después de clases era coger una cuchara del cajón, ir hacia el armario del medio, sacar la caja de azúcar moreno y comerlo tal como venía. Era un gran placer. Esto no es por criticar a mis padres, que nos cuidaban muy bien, según las normas de aquellos tiempos. Mi madre era una cocinera bendita, que servía comidas bien equilibradas, con abundancia de verduras. (Los seis niños peleábamos por coger más espinacas, que era un objeto de deseo). Yo era una típica niña estadounidense de clase media.

Es verdad que ahora como más sano, y eso, desde hace bastante, pues he notado que me hace sentir muy diferente. Me sorprendería hacer otra vez cosas como esas. Y revelo esto porque es parte de mi historia, de la cual ahora soy responsable, algo que aún, sin duda, está presente en los registros de mi cuerpo: mis pulsos y tal. Imagino que casi todos, a esta altura, tenemos una historia de vida no tan pura, desde los leves periodos de «autopecados», como lo expresa el doctor Sunil Joshi, hasta situaciones más extremadas, como vivir cerca de una planta de productos químicos o aguas debajo de un vertedero de basuras. Nuestras experiencias individuales diferirán tremendamente en grado y en impacto de una persona a otra, pero cada uno es responsable ahora de sí mismo y de lo que haga con la situación que tenga actualmente.

Maíz dulce asado

Tiempo de preparación: 20 minutos como máximo, si usa fuego. Calcule 1 hora o 2 si debe encender el fuego desde el comienzo.
SÁTVICO, 0 vata (con abundante ghee y sal), -pitta, -kapha (cuidado con la sal y el ghee)
Raciones: 4-6

Necesitará:
 • 8 mazorcas de maíz dulce, con su chala, tan frescas como sea posible (recién recogidas son estupendas)
 • Una fogata hecha de brasas
Encienda el fuego, en un dispositivo circular o en un hibachi. (Este es el método practicado por la mayoría de los vendedores callejeros de maíz asado en México y Guatemala, y va bien). Cuando gran parte de la leña haya prendido, deje que se consuma hasta formar ascuas. Es entonces cuando se pone el maíz, todavía en las mazorcas, directamente sobre las brasas.
Disponga el maíz sobre las brasas con 2-3 cm de espacio entre una mazorca y otra. Deles la vuelta cada 5 minutos, más o menos, hasta que estén a punto. Cuando las chalas empiecen a ennegrecer y los granos estén tiernos, sirva. Sirva con ghee, mantequilla y/o limón.

* Para PLATO DE ROTACIÓN DÍA 4, sirva con sal, limón y/o aceite de sésamo tostado.
** PLATO DE POLARIDAD PARA DIETA PURIFICADORA.

Chirivías al vapor

Tiempo de preparación: 20 minutos
SÁTVICO, -vata, -pitta, levemente +kapha
Raciones: 4
ॐ ✿

Lave bien:
  • 4 chirivías medianas

Córtelas longitudinalmente en cuartos y luego transversalmente en trozos de 1-½cm. En una cacerola mediana, ponga una vaporera y:
  • Agua hirviente, más o menos 1 ½ tazas

Cuando el agua rompa a hervir, ponga las chirivías en la vaporera, cubra y deje cocer hasta que estén dulces y tiernas, hasta 20 minutos.

*PLATO DE ROTACIÓN PARA DÍA 3.
**PLATO DE POLARIDAD PARA DIETA PURIFICADORA.

Chirivías, zanahorias y guisantes

Tiempo de preparación: 20-25 minutos
SÁTVICO, -vata, 0 pitta, levemente +kapha
Raciones: 3-4
⊛ ⅄ ❄

Lave y corte:
  • 3-4 chirivías en cubos (unas 3 tazas)
  • 2 zanahorias grandes, en rodajas (unas 3 tazas)
  • 1 taza de guisantes frescos

Caliente en una sartén de hierro a temperatura moderada:
  • 1-2 cucharadas de aceite de girasol prensado en frío

Eche las chirivías y las zanahorias. Cubra y cueza hasta que estén tiernas y huelan bien, unos 15 minutos. Añada los guisantes, cubra otra vez y cueza hasta que estén a punto, 1 o 2 minutos. Sirva.

*PLATO DE ROTACIÓN PARA DÍA 3

VARIANTE
Lave y corte las hortalizas como antes. Caliente 2-3 cm de agua en el fondo de una cacerola, con una vaporera. Una vez que el agua hierva, ponga las hortalizas en el vapor, tapadas hasta que estén a punto, unos 15 minutos. Puede echarles el aceite cuando ya estén cocidas, si le apetece, según sus necesidades e inclinaciones.
Sin aceite, SÁTVICO, 0 vata, -pitta, 0 kapha

Con aceite, SÁTVICO, -vata, 0 pitta, muy levemente +kapha

* PLATO DE ROTACIÓN PARA DÍA 3.
**PLATO DE POLARIDAD PARA DIETA PURIFICADORA.

SOBRE LAS DESPENSAS EN LOS SÓTANOS

Tradicionalmente, la nutrición ayurvédica minimiza el uso de refrigeradores, sobre todo de los congeladores. Los médicos ayurvédicos suelen afirmar que el frío excesivo que penetra en los alimentos congelados y refrigerados es malo para el cuerpo. Y ese frío inhibe a agni, el fuego digestivo. Es improbable que la mayoría renuncie al refrigerador. Sin embargo, ¿qué otra manera hay de almacenar frutas y hortalizas frescas, si se puede saber? Una alternativa de tecnología inferior, que economiza energía, es el anticuado sótano, cuyas temperaturas rondan los 4-5 °C, apenas por encima del punto de congelación. Allí se pueden conservar verduras frescas (como coles o coles chinas) semanas o meses después de haberlas guardado. No tendrán el prana (energía vital) que poseían en un principio, pero en la mayoría de los casos aún tendrán más prana que los productos congelados o enlatados.

Ya hablemos de una encantadora despensa que dé al norte, una caja en el sótano o un simple agujero bien ventilado en la tierra, se puede encontrar ayuda en el libro de Mike y Nancy Bubel, *Root Cellaring* [Despensas en sótanos].

Col cocida sencilla

Tiempo de preparación: 15 minutos
SÁTVICO, +vata, -pitta, -kapha
Raciones: 6
⊛ ❄

Lleve a hervor en una cacerola mediana:
- 2 tazas de agua pura

Lave y corte en gajos de 2 o 3 cm:
- 1 cogollo pequeño de col morada

Ponga la col en el agua, tape y reduzca la temperatura a mínima. Cueza tapado durante 8-10 minutos. Sirva sin nada o con un poquito de zumo de limón o ghee.

* PLATO DE ROTACIÓN PARA DÍA 4.
**PLATO DE POLARIDAD PARA DIETA PURIFICADORA.

Col china con setas shiitake

Tiempo de preparación: 20-30 minutos
TAMÁSICO (con las setas), 0 vata, -pitta, -kapha
Raciones: 4
❁ ✳ ৯ ❁

Hierva:
  • ½ taza de agua
Viértala en un bol resistente al calor, con:
  • 6 setas shiitake secas
Remoje las setas 15 minutos o más. Escurra el agua a una sartén de hierro o wok. Corte las setas en tiras finas. Lave y corte en rodajas:
  • 3 tazas de col china
Lleve nuevamente el agua a hervor, ponga allí las setas y la col china y:
  • ½ cucharadita de sal
Tape y cueza a temperatura moderada hasta que esté a punto, unos 5-10 minutos, revolviendo una o dos veces.

**PLATO DE POLARIDAD PARA DIETA PURIFICADORA.

Boniatos con manzanas

Tiempo de preparación: 2 horas, casi siempre sin atención
SÁTVICO, 0 vata, -pitta, moderadamente +kapha
Raciones: 4
❁ ৯ ❁

Precaliente el horno a 20 °C
Lave bien:
  • 3 boniatos medianos
  • 3 manzanas medianas, preferiblemente orgánicas
Córtelos en cubos de 1-2 cm, dejándoles las pieles, a menos que tenga especial interés en calmar a vata, en cuyo caso es conveniente quitarlas. En cualquier otro caso, los nutrientes de la piel son fortalecedores. Ponga los

234

boniatos y las manzanas en una fuente para horno de 15 x 22 cm. Mezcle:
- 1 ½ tazas de zumo de manzana orgánica
- 1 ½ cucharaditas de canela
- 1 ½ cucharaditas de jarabe de arce (opcional)

Vierta la salsa sobre los boniatos y las manzanas. Tape y hornee hasta que estén blandos, 60-90 minutos. Muy satisfactorio, libre de grasa.

**PLATO DE POLARIDAD PARA FORTALECER LA SALUD.

Puré de boniatos

Tiempo de preparación: 45 minutos
SÁTVICO, -vata, -pitta, moderadamente +kapha*
Raciones: 4-6

ॐ ❄

Lave y hierva:
- 3 boniatos grandes

En:
- 2 litros de agua

Hasta que estén blandos, unos 30-35 minutos. Escurra (el líquido de cocción es buen comienzo para un caldo) y pele los boniatos con un cuchillo para fruta. Si la piel está lo bastante suelta, a veces se quita con facilidad frotándola con los dedos limpios.

Aplaste los boniatos en un bol grande con:
- ¼ cucharadita de sal
- ⅛ cucharadita de nuez moscada
- 2 cucharaditas de miel cruda o jarabe de salvado de arroz

Bata con un tenedor para obtener más suavidad. Sirva caliente.

* Si bien estas dos recetas con boniatos incrementan kapha, debido al dulzor natural de esta hortaliza, cualidad terrestre, las dos versiones libres de grasa son más ligeras para kapha que muchas versiones más ricas para días de fiesta.

*PLATO DE ROTACIÓN PARA DÍA 3.
**PLATO DE POLARIDAD PARA FORTALECER LA SALUD (si usted omite la sal, es un PLATO DE POLARIDAD PARA DIETA PURIFICADORA).

Okra cocida

Tiempo de preparación: 10 minutos
SÁTVICO, -vata, -pitta, -kapha
Raciones: 2-4, según el entusiasmo
✳ ૭

Este es uno de esos alimentos que pueden gustar o no. Por el lado positivo, su aspecto es el de bonitas estrellas verdes y, a corto plazo, resulta calmante y fortalecedor para la barriga. Por el lado negativo, es viscoso y tiene un efecto posdigestivo picante. Usted sabrá qué decide. He aquí una manera muy simple de preparar esta nutritiva hortaliza.

Lleve a hervor, en una cacerola pequeña:
  • ¾ taza de agua

Lave y corte en rodajas de 0,5 cm:
  • ¼ kilo de okra pequeña, tierna y fresca

Échela en el agua hirviente, cubra y cueza a temperatura moderada-alta hasta que esté tierna, entre 5 y 8 minutos. Escurra el agua (a un caldo de sopa o al montón de abono: está cargada de nutrientes).

Eche a la okra caliente:
  • 1 cucharada de ghee o mantequilla
  • 1 ½ cucharaditas de hojas de apio frescas, finamente picadas (opcional)
  • Sal y pimienta a gusto

En el sur de Estados Unidos de América, esto se suele servir con un toque de limón además de apio.

**PLATO DE POLARIDAD PARA FORTALECER LA SALUD.

Guisantes chinos favoritos

Tiempo de preparación: 10 minutos o menos
SÁTVICO, o vata, -pitta, 0 kapha
Raciones: 4
✳ ૭

Lave y seque con toques leves:
  • 2 tazas de guisantes chinos frescos

Caliente en una sartén grande:

- 1 ½ cucharadas de ghee

Eche allí los guisantes. Revuelva para que se recubran bien de ghee. Tape y cueza a temperatura moderada hasta que queden tiernos y de un verde bonito, 2 o 3 minutos a lo sumo. No permita que lleguen a tomar un color oliváceo: frescos son mucho más sabrosos.

Variante
Para PLATO DE ROTACIÓN PARA DÍA 3, use aceite de girasol en vez de ghee.
SÁTVICO, 0 vata, -pitta, 0 kapha

HORTALIZAS AL VAPOR

Cocer hortalizas al vapor es una manera sencilla, libre de grasa, de mezclar fuego y agua a los alimentos para producir platos fáciles de digerir. Con este simple recurso se puede servir una amplia variedad de verduras. Los alimentos al vapor serán aun más equilibrantes para vata si se sirven con ghee una vez a punto, mientras que kapha se beneficia más al recibirlos sin más lubricación. Pitta los acepta de ambas maneras, con un poco de ghee o sin él.

La vaporera de acero inoxidable se puede comprar en la mayoría de comercios especializados en menaje de cocina y cuesta poco dinero. Para usarla, póngala en una cacerola donde quepa bien y aún quede lugar para que la tapa de la olla ajuste con firmeza. Agregue uno o dos dedos de agua pura y lleve el agua a hervor a temperatura máxima. En pocos minutos, el agua liberará suficiente vapor como para empezar a cocer las hortalizas. Retire la tapa, ponga las verduras enteras o en trozos, según lo que vaya a preparar, y ajuste nuevamente la tapa. Reduzca la temperatura a mínima y cueza hasta que el contenido esté tierno. He aquí una guía sobre los tiempos de cocción al vapor aproximados para cada hortaliza y sus efectos sobre cada dosha.

Acelga cortada (3-6 min): moderadamente +vata/ 0 pitta/ -kapha
Alcachofas de Jerusalén en rodajas de 0,5 cm (10-12 min): moderadamente +vata/ -pitta/ -kapha
Alcachofa entera (60 min): -vata/ -pitta/ 0 kapha
Apio cortado (5 min): +vata/ -pitta/ -kapha
Ajo picado (3-5 min): -vata/ (con moderación) +pitta/- kapha

Boniatos en rodajas de 1,5-2 cm (5-10 min): -vata/ -pitta/ +kapha

Brotes de judías mungo enteros (3-5 min): 0 vata/ -pitta/ -kapha

Calabacín en rodajas de 2-3 cm (20-30 min): -vata/ -pitta/ +kapha

Calabacín en rodajas de 0,5 cm (5-10 min): -vata/ -pitta/ 0 kapha

Calabaza anco en pedazos de 2-3 cm (20-30 min): -vata/ -pitta/ +kapha

Calabaza de verano en rodajas de 0,5 cm (5-10 min): -vata/ -pitta/ 0 kapha

Calabaza en pedazos de 2 5 cm (20-30 min): -vata/ moderadamente +pitta/ +kapha

Cebolla finamente picada (3-5 min): 0 vata/ +pitta/ -kapha

Chirivía en rodajas de 0,5 cm (7-10 min): -vata/ -pitta/ moderadamente +kapha

Col/berza cortada moderadamente (4-8 min): +vata/ -pitta/ -kapha

Col en cuartos (10-15 min): +vata/ -pitta/ -kapha

Col rizada en rodajas de 0,5 cm (5-10 min): +vata/ 0 pitta/ -kapha

Coles de Bruselas enteras (10-20 min): +vata/ -pitta/ -kapha

Coliflor en cuartos (10-20 min): +vata/ -pitta/ -kapha

Colinabo en rodajas de 0,5 cm (5-7 min): -vata/ 0 pitta/ +kapha

Espárrago entero (8-15 min): -vata/ -pitta/ -kapha

Espinaca cortada (3-5 min): moderadamente +vata/ moderadamente +pitta/ -kapha

Guisantes chinos moderadamente (3-5 min): +vata/ -pitta/ -kapha

Guisantes sin vaina moderadamente (5-8 min): +vata/ -pitta/ -kapha

Hinojo en rodajas de 2-3 cm (5-8 min): -vata/ -pitta/ levemente +kapha

Hojas de alholva (1-3 min): -vata/ +pitta/ -kapha

Hojas de berza cortadas (5-12 min): +vata/ -pitta/ -kapha

Hojas de diente de león cortadas (3-5 min): moderadamente +vata/ -pitta/ -kapha

Hojas de mostaza cortadas (5-12 min): 0 vata/ +pitta/ -kapha

Hojas de nabo cortadas (5-12 min): +vata/ +pitta/ -kapha

Hojas de remolacha cortadas (5-10 min): moderadamente +vata/ +pitta/ -kapha

Judías verdes en trozos de 2-3 cm (7-12 min): moderadamente +vata/ -pitta/ -kapha

Maíz en mazorca entero (7-10 min): moderadamente +vata/ -pitta/ -kapha

Nabo en rodajas de 0,5 cm (5-7 min): moderadamente +vata/ +pitta/ -kapha

Okra en rodajas de 1,5-2 cm (5-8 min): -vata/ 0 pitta/ -kapha

Patatas blancas, rojas, purpúreas etc, en rodajas de 1,5-2 cm (5-12 min): +vata/ 0 pitta/ -kapha

Pimiento morrón en tiras de 2,5 cm (5 min): +vata/ 0 pitta/ -kapha

Puerros en rodajas de 0,5 cm (5-10 min): 0 vata/ levemente +pitta/ (con moderación) -kapha

Rábano daikon cortado (7-15 min): -vata/ moderadamente +pitta/ -kapha

Rábano picante rallado (5-10 min): 0 vata/ +pitta/ -kapha

Raíz de bardana cortada (20-30 min): +vata/ -pitta/ -kapha

Remolachas en rodajas de 0,5 cm (15-20 min): -vata/ +pitta/ -kapha

Setas enteras (5-10 min): +vata/ -pitta/ 0 kapha

Tallos de brécol (5-12 min): moderadamente +vata/ -pitta/ -kapha

Tomate entero (mediano) (5-10 min): +vata/ +pitta/ levemente +kapha

Zanahorias en rodajas de 0,5 cm (10-15 min): -vata/ moderadamente +pitta/ -kapha

---

Brécol y ajo

Tiempo de preparación: 15 minutos
SÁTVICO, levemente +vata, 0 pitta, -kapha
Raciones: 4-6
⊛ ✳ ℞ ❊

Ponga 2-3 cm de agua y una vaporera de acero inoxidable en el fondo de una cacerola grande. Lleve a hervor, tapada, a temperatura máxima. Lave:
  • 4 tazas de brécol fuerte, preferiblemente orgánico
Descarte más o menos una tercera parte del tallo (es decir, aprovéchela para abono, si es posible) y corte el resto en rodajas finas hasta las rosetas. Rómpalas en trozos pequeños. Disponga el brécol en la vaporera, poniendo los tallos finos hacia abajo y las rosetas arriba. Pique sobre el brécol con un prensaajos.
  • 1 diente de ajo
Tape; reduzca la temperatura a moderada y cueza al vapor hasta que tome un bonito verde brillante, unos 5 minutos. Revuelva y sirva inmediatamente.

*PLATO DE ROTACIÓN PARA DÍA 4.
**PLATO DE POLARIDAD PARA DIETA PURIFICADORA.

Comentario: si se pone un poco de ghee en este plato para vata, ayuda a calmarlo hasta un efecto neutro (0).
**PLATO DE POLARIDAD PARA FORTALECER LA SALUD.

Judías de careta

Tiempo de preparación: 90 minutos
SÁTVICO, +vata, 0 pitta, 0 kapha
Raciones: 4
❂ ✳ ☙ ❀

Saltee en una cacerola de tamaño mediano:
- 2 cucharadas de ghee
- 3 cucharadas de cebolla colorada, picada grueso
- 1 diente de ajo pequeño, picado fino

Lave:
- 1 taza de judías de careta secas

Agregue las judías al ghee, con:
- 6 tazas de agua
- 1 hoja de laurel
- 1 tallo entero de apio orgánico, quebrado en un par de trozos

Lleve a hervor, cubra y reduzca la temperatura a moderada. Cueza hasta que esté a punto. Agregue:
- Sal y pimienta a gusto

Sirva.

Puré de patatas

Tiempo de preparación: 45 minutos
SÁTVICO*
Raciones: 3-4
❂ ☙ ❀

Hierva en una cacerola cubierta, hasta que estén blandas, alrededor de 30 minutos:
- 4 patatas grandes Yukon Gold o cualquier otra que sea sabrosa
- 1 hoja de laurel
- Agua hirviente para cubrir las patatas

Escurra (guarde el agua para una buena sopa o kichadi, ¿vale?) (¿o para sus plantas de interior?). Ponga las patatas en un bol grande para mezclar. Aplaste con un pisapatatas o un tenedor fuerte. Agregue:
- 2 cucharadas de ghee o aceite de oliva

- 50 g de albahaca fresca, picada (un manojo grande)
- ½ cucharadita de sal
- Suficiente pimienta negra recién molida como para estornudar

Revuelva bien. Caliente en una cacerola pequeña hasta que comience a hervir:
- Hasta 1 ½ tazas de leche cruda fresca, de vaca o de soja*

Y mézclela con las patatas poco a poco, esponjando con el tenedor al revolver. Continúe agregando leche hasta obtener la consistencia deseada. Sirva BIEN CALIENTE.

*Con leche de vaca: SÁTVICA, 0 vata, -pitta, +kapha
* Con leche de soja: SÁTVICA, 0 vata, -pitta, -kapha (Algunas personas con desequilibrio de vata podrían tener dificultades con la combinación de patata y leche de soja. La leche de vaca es más calmante para la energía vata que la de soja, por un margen considerable, si se la tolera).

* Si usted sigue una dieta de rotación estricta, utilice leche de vaca o quizá de nuez para obtener un PLATO DE ROTACIÓN PARA DÍA 1.

Calabacitas

Tiempo de preparación: 20-30 minutos
SÁTVICO, 0 vata, -pitta, 0 kapha
Raciones, 4
✳ ॐ

Esta es nuestra versión de un plato favorito del sudoeste de Estados Unidos de América. Lave:
- 4 calabacines frescos: calabacitas, calabacín o lo que le apetezca

Pique los calabacines en cubos o rebanadas. Luego corte el grano de:
- 2-3 mazorcas de maíz fresco

Prepare:
- 2 cucharadas de cebolla colorada, finamente picada
- 1 diente de ajo picado

Cueza a fuego lento el calabacín, la cebolla y el ajo en:
- 2-3 cucharadas de ghee o aceite de oliva

Hasta que esté tierna, unos 5 minutos. Luego revuélvala con el maíz y:

- 2 cucharaditas de orégano fresco, finamente picado
- Sal y pimienta negra recién molida

Cueza a fuego lento 5-10 minutos más. Sirva. Va bien con las **Judías pintas de Santa Fe** y con **Arroz basmati sencillo**.

VARIANTE 1 (rajásica)
Agregue 2-3 tomates frescos, cortados en trozos pequeños, y cuando añada el maíz y el orégano, una pizca de ají picante (el chile rojo Chimayo va bien).
RAJÁSICO, +vata, +pitta, -kapha

VARIANTE 2
GUISO DE CALABACITAS: prepare como arriba y agregue 2 tazas de caldo de hortalizas, junto con los tomates, el maíz y las hierbas. Cueza a fuego lento durante 30 minutos o más. Es una buena sopa para finales de verano o principios de otoño.
RAJÁSICO, 0 vata, +pitta, -kapha

Brotes de alholva

Tiempo de preparación: 5 minutos
SÁTVICO, -vata, ++pitta, -kapha
Raciones: 2
❀ ❧ ❄

Aclare:
- 1 taza de brotes frescos de alholva

Caliente en una sartén a temperatura mínima:
- 1-2 cucharaditas de ghee
- ½ cucharadita de semillas de mostaza negra

Cuando las semillas de mostaza empiecen a estallar, agregue los brotes de alholva. Revuelva hasta que comiencen a «marchitarse», 1 minuto o dos. Sirva.

LA ALHOLVA

Si bien los brotes de alholva son calientes y constituyen una buena manera de desprender el ama del conducto intestinal, es mejor evitarlos si se tiene a pitta alto, se sufre de inflamación intestinal o se está embarazada. Teniendo en cuenta estas precauciones, los brotes de alholva son un buen alimento medicinal después del parto, en caso de diabetes, para indigestiones relacionadas con bajo fuego digestivo y para fortalecer un hígado perezoso o un estado de debilidad general. Son calmantes para kapha y vata, pero agravan a pitta

Esta manera tradicional de preparar los brotes de alholva me fue propuesta por el doctor Shalmali Joshi. También se pueden servir al vapor o crudos, poco a poco.

Chirivías al vapor con salsa de miel y limón

Tiempo de preparación: 20 minutos
SÁTVICO, -vata, ligeramente +pitta, +kapha
Raciones: 4
ॐ ❀

Lave bien y corte en rodajas finas:
  • 4-6 chirivías medianas
Póngalas en una vaporera, cubra y cueza hasta que estén blandas, unos 20 minutos. Mientras las chirivías se cuecen, prepare:
  • **Salsa de miel y limón**, página 258
Cuando las chirivías estén a punto, viértalas a cucharadas en una fuente para servir y rocíelas con la salsa; revuelva y sirva. Es una buena manera de preparar las chirivías para un público hostil o ambivalente. De esta manera, hasta los niños suelen disfrutarlas.

Remolachas con glaseado de jarabe de arce

Tiempo de preparación: 20 minutos o menos
SÁTVICO, -vata, 0 pitta, levemente +kapha*
Raciones: 4
ॐ ❀

Lave y corte en rebanadas finas:
  • 6 remolachas medianas (aproximadamente 3 tazas una vez cortadas)
Cuézalas al vapor hasta que estén a punto, póngalas en un bol para servir y vierta el glaseado sobre ellas. Sirva.

* Las remolachas al vapor, sencillas, son calmantes para kapha; lo que hace a este plato desequilibrante para el terrestre kapha es el edulcorante y la grasa.

VARIANTE
Para PLATO DE ROTACIÓN PARA DÍA 2, omita el ghee.
SÁTVICO, -vata, 0 pitta, 0 kapha
** PLATO DE POLARIDAD PARA DIETA PURIFICADORA

Risotto no

Tiempo de preparación: 30-40 minutos
SÁTVICO, -vata, -pitta, 0 kapha
Raciones: 4
✿ ☀ ℞ ❄

Caliente en una cacerola de tamaño mediano, a temperatura mínima:
  • 1 ½ cucharadas de aceite de oliva
Vierta en el aceite y saltee hasta que esté tierna:
  • 2 cucharadas de cebolla roja, finamente picada
Luego agregue y revuelva:
  • 1 taza de arroz basmati blanco, sin cocer
  En cuanto esté bien recubierto de aceite, vierta en el arroz:
  • ½ taza de zumo de uva blanca
Cueza a temperatura moderada hasta que el arroz haya absorbido el zumo, revolviendo más o menos constantemente. Luego añada, de a ½ taza por vez:
  • 3 tazas de caldo de hortalizas (véase **Caldo para sopa vegetariana 1**, página 144
Deje el arroz sin tapa, revolviéndolo mientras se cuece. Continúe agregando caldo hasta que el arroz esté tierno, lo cual puede llevar 20-30 minutos. Justo antes de servir, revuelva juntos:
  • $1/12$ cucharadita de azafrán
  • 1 cucharadita más de caldo de hortalizas
Retire el arroz del fuego. Revuélvalo con el azafrán. Sale, si fuera necesario.

¡Gracias!

Una manera sencilla de comenzar a reconectarse con la Tierra es dar las gracias antes de comer, visualizando la comida del plato tal como fue antes, creciendo de la Tierra. Con este agradecimiento empezamos a reconocer nuevamente nuestras interconexiones con la naturaleza, en un plano más profundo que el intelectual.

Arroz de Ivy con sésamo y coco

Tiempo de preparación : según el tipo de arroz
SÁTVICO, -vata, -pitta, +kapha
Raciones: 4
❀ ✳ ॐ ❄

Aclare y escurra:
* 1 taza de arroz basmati

En una cacerola mediana, caliente:
* 2 cucharadas de ghee

Agregue el arroz y revuelva, untando todos los granos con ghee. Añada:
* 2 tazas de agua
* 1 cucharadita de sal

Lleve la olla a hervor; luego reduzca la temperatura para cocer lentamente y cubra. Cueza a temperatura moderada hasta que esté hecho, unos 15 minutos para el basmati blanco, 45-50 minutos si es basmati moreno. Cuando el arroz esté a punto, retírela del fuego.

En una cacerola aparte, caliente otras:
* 2 cucharadas de ghee

Agregue:
* ¼ taza de semillas de sésamo
* ¼ taza de coco disecado sin endulzar

Revuelva continuamente las semillas y el coco en el ghee, hasta que se oscurezcan un poco. Vierta inmediatamente en el arroz cocido y revuelva hasta mezclar bien. Decore con:
* Hojas de cilantro fresco, picadas

Comentario: esta receta es una manera excelente de calmar a vata y a pitta.

Quinua al cilantro

Tiempo de preparación: 30 minutos
SÁTVICO, 0 vata, -pitta, -kapha
Raciones: 4

✳ ☊

Aclare bien:
- 1 taza de quinua seca

Esto no es solo para retirar la suciedad, sino para quitar el residuo del grano, naturalmente jabonoso, que puede alterar el estómago. Lleve la quinua a hervor en una cacerola con:
- 2 tazas de agua

Tape, reduzca la temperatura a mínima y cueza hasta que esté a punto, unos 20 minutos. En una licuadora, reduzca a pasta a alta velocidad, menos de un minuto:
- ½ taza de hojas de cilantro fresca, picadas
- 1 cucharada de raíz de jengibre fresca, rallada
- 2 cucharadas de aceite de sésamo prensado en frío
- 1 cucharadita de azúcar de caña integral o fructosa
- 1 cucharada de agua

Ponga el aderezo de cilantro en una sartén grande, a temperatura moderada, con:
- ½ taza de zanahoria rallada
- 1 taza de mizuna, hojas de amaranto o espinaca, finamente picadas
- ½ taza de judías verdes frescas, guisantes chinos o calabacín cortado en dados

Revuelva, revuelva y revuelva hasta que las hortalizas estén a punto, unos 5-10 minutos. Agregue la quinua y mezcle. Sale a gusto.

Comentario: esto, ligeramente enfriado, también constituye una buena ensalada.

Mijo caliente

Tiempo de preparación: 40 minutos
SÁTVICO, levemente +vata, +pitta, -kapha
Raciones 4-6
⊛ ቘ ✳

Caliente en una cacerola mediana:
- 1 cucharada de aceite de oliva prensado en frío
- ½ cucharadita de semillas de mostaza

Cuando las semillas de mostaza comiencen a estallar, agregue revolviendo:
- 1 cucharada de cebolla, finamente picada

Y saltee hasta que esté traslúcida. Añada al frito:
- 1 zanahoria pequeña, cortada en rodajas finas

Revuelva lo suficiente como para untarla de aceite. Añada:
- 1 ½ tazas de mijo seco
- 4 ½ tazas de agua

Lleve a hervor. Tape, reduzca la temperatura a mínima y cueza hasta que el mijo esté tierno, alrededor de 30 minutos.

Mijo sencillo

Tiempo de preparación: 30 minutos
SÁTVICO, +vata, +pitta, -kapha
Raciones: 4
⊛ ቘ ✳

Aclare bien:
- 1 taza de mijo seco

Póngalo en una cacerola mediana con:
- 3 tazas de agua
- ⅛ cucharadita de sal

Lleve a hervor a temperatura moderada; luego tape, reduzca la temperatura a mínima y cueza hasta que esté a punto, unos 30 minutos.

*PLATO DE ROTACIÓN PARA DÍA 2.

Kasha y puerros (¡kapha kasha!)

Tiempo de preparación: 20 minutos
SÁTVICO, +vata, +pitta, -kapha
Raciones: 2 tazas
❀ ✳ ୪ ❀

Lave bien y corte:
- 1 taza de puerros

Caliente en una cacerola media:
- 1 ½ cucharadas de aceite de sésamo prensado en frío

Agregue los puerros cortados y saltee durante 1 o 2 minutos a temperatura mínima. Añada revolviendo:
- ⅔ taza de kasha sin cocer (grano descascarado de alforfón tostado)

Y revuelva hasta que el cereal esté ligeramente untado. Añada:
- 2 tazas de agua
- ½ cucharadita de sal (menos, si así lo prefiere)

Lleve a hervor, tape y reduzca la temperatura a mínima. Cueza hasta que esté a punto, unos 15 minutos.

*PLATO DE ROTACIÓN PARA DÍA 4.

Variante de polaridad

Omita el salteado y ponga los puerros y el kasha crudo directamente en agua para cocer. Añada el aceite crudo al final, si le apetece.
SÁTVICO, +vata, +pitta, -kapha
** PLATO DE POLARIDAD PARA FORTALECER LA SALUD

Arroz basmati sencillo

Tiempo de preparación: 15 minutos si es basmati blanco, 45 minutos si es basmati moreno
SÁTVICO, -vata, -pitta, 0 kapha
Raciones: 4
❀ ✳ ୪ ❀

Aclare bien:
- 1 taza de arroz blanco o moreno

Ponga en una cacerola mediana con:
- 2 ¼ tazas de agua pura
- ⅛ cucharadita de sal

Lleve a hervor, reduzca la temperatura a mínimo y cubra hasta que esté cocido. Los granos de arroz estarán tiernos. Sirva bien caliente, con ghee, si le apetece

Ghee

Tiempo de preparación: 15 minutos
SÁTVICO, -vata, 0 pitta, 0 kapha (con moderación)
Raciones: 2 tazas
❀ ✳ ꠰ ❄

En una cacerola pesada, ponga:
- ½ kilo de mantequilla sin sal, preferiblemente orgánica

Gradúe la temperatura a moderada y cueza sin tapa durante 15 minutos. El ghee está casi listo cuando se comienza a acumular una capa pardusca en el fondo de la cacerola. A esta altura hay que empezar a vigilarlo (puede quemarse con mucha celeridad). Cuando se queda muy quieto y deja de burbujear, o cuando empieza a formar espuma, mucha más que en las primeras etapas del proceso, el ghee está listo y debería ser retirado del fuego. Deje enfriar; luego páselo por un filtro de malla de acero inoxidable a un recipiente de cristal o acero inoxidable, con tapa. No es necesario refrigerarlo.

Comentario: si bien a menudo se dice que todas las impurezas de la mantequilla quedan en el fondo de la cacerola de ghee, tiendo a confiar en mi escepticismo y continúo apoyando a las granjas orgánicas, pese al alto precio que cobran por el producto. Desde un punto de vista bioquímico, hay ahora en el planeta muchos contaminantes sintéticos que tienen una gran afinidad con la grasa animal.

Nuestro poder

Thich Nhat Hanh, maestro budista vietnamita internacionalmente reputado, escribió recientemente en *Love in Action* [Amor en acción]: «Nuestra Tierra, nuestra verde y bella Tierra, está en peligro, y todos lo sabemos. Sin embargo actuamos como si nuestra vida cotidiana no tuviera nada que ver con la situación del mundo». Creemos tener poca importancia. Nada podría estar más lejos de la verdad. Son las emisiones de nuestros coches las que erosionan la capa de ozono allá arriba.

Es nuestro consumo inadecuado lo que alimenta a las corporaciones sin escrúpulos. Sin él, su poder no puede continuar acumulándose y degradar la biosfera. Lo que hacemos tiene importancia. ¿Dónde aplicará usted su poder? ¿Cómo quiere vivir? ¿De una manera que ayude a salvar al planeta y a sus habitantes o de un modo que continúe destruyéndolo?

———————————————————

Salsas y aderezos

Símbolos utilizados

«-» significa que calma o ayuda a la constitución mencionada.

«+» , que la agrava o incrementa.

«0» indica efecto neutro

*DIETA DE ROTACIÓN puede ser útil para personas con alergias alimentarias.

**PLATO DE POLARIDAD indica recetas que apoyan el trabajo con terapia de polaridad.

✿= Primavera

✵= Verano

♌ = Otoño

❄= Invierno

Deliciosa manteca de manzana

Tiempo de preparación: aproximadamente 1 hora
Fresco, SÁTVICO, 0 vata, -pitta, -kapha
Raciones: 3-4 tazas
✻ ✳ ৰ ❄

Cueza a fuego lento, en una cacerola de acero inoxidable, a temperatura moderada:
- 3 tazas de zumo de manzana (se recomienda que sea orgánico)
- 3 tazas de manzanas en rodajas, orgánicas (no hay necesidad de pelarlas)
- 3 albaricoques secos
- 1 ½ cucharaditas de canela
- 3 clavos de olor

Revuelva ocasionalmente hasta que la mezcla se haya reducido a un denso puré de fruta. Luego deje enfriar ligeramente la manteca de manzana y pásela por la licuadora hasta que esté suave, unos pocos segundos. Ya está lista para servir.

**PLATO DE POLARIDAD PARA DIETA PURIFICADORA.

Nota: si se omiten los albaricoques y los clavos, esto constituye una buena golosina para ROTACIÓN PARA DÍA 1.

Salsa caliente de albaricoque

Tiempo de preparación: tras el remojo de toda la noche, 5 minutos
SÁTVICO, 0 vata, 0 pitta, 0 kapha
Raciones: 2,5 tazas
✻ ✳ ৰ ❄

Revuelva juntos en un bol para horno:
- 2 tazas de agua hirviente
- 1 taza de albaricoques secos libres de azufre, preferiblemente orgánicos

Tape y deje reposar, preferiblemente durante toda la noche o, cuanto menos, 30 minutos. Vierta el líquido y la fruta en la licuadora, con:
- 3 cucharadas y ¼ taza de jarabe de arce

Y licúe hasta que esté suave.

Muy sabroso con tortitas, gofres, crepes y similares. Y un buen recurso para estimular la inmunidad con beta-caroteno.

*PLATO DE ROTACIÓN PARA DÍA 2.
**PLATO DE POLARIDAD PARA FORTALECER LA SALUD.

Sobre la comida orgánica

Los alimentos libres de pesticidas y otros desechos tóxicos pueden ser difíciles de conseguir o muy costosos. Sin embargo, es cada vez más importante obtener comida orgánica, es decir, cultivada y procesada sin productos químicos. A principios de la década de 1990, los doctores Pankaj y Smita Naram, de Bombay, ambos especialistas ayurvédicos en fertilidad, ofrecieron una gira de conferencias por Estados Unidos de América. En sus disertaciones mencionaron que una causa principal de la infertilidad en Occidente, a juzgar por sus descubrimientos en el examen de los pulsos, era un exceso de fuego. Suponían que alguna parte habitual del estilo de vida occidental creaba demasiado pitta para una fertilidad saludable.

En general, las toxinas incrementan el fuego. Y ahora se informa en los medios nacionales, más específicamente, que los BPCs (bifenoles policlorados), el DDE (un producto de la descomposición del persistente pesticida DDT) y otros compuestos clorados, están implicados en un drástico descenso de la fertilidad. Desde 1938, los recuentos de esperma de los hombres estadounidenses, así como los de otros veinte países, han caído en un porcentaje del 50%. Algunos de los muchos elementos químicos que hemos utilizado en la fabricación y la agricultura tienen una composición bioquímica similar a la de la hormona femenina estrógeno. Y estos compuestos parecen estar creando el caos tanto en hombres como en mujeres, en términos de fertilidad, desarrollo sexual normal y salud general.

Si bien los alimentos ricos en grasa animal y altos en la cadena alimenticia, tales como la carne, el pescado, los quesos, la leche entera y la mantequilla, suelen tener los peores niveles de contaminantes, algunos productos normalmente consumidos en una dieta vegetariana «saludable» tienen niveles que son motivo de seria preocupación. Entre estos se incluyen alimentos que los niños, sobre todo, consumen a menudo como meriendas sanas; por ejemplo, manzanas, zumo de manzanas, pasas de uva, cacahuetes y manteca de cacahuete. Yo no compraría nada de esto, a menos que se ofreciera de manera comprobadamente orgánica.

Si en su zona no se consigue con facilidad productos orgánicos de calidad, vale la pena pensar en cultivarlos. Así usted estará seguro del modo en que el alimento ha sido cultivado, sin dañar la tierra, y tendrá una mayor disponibilidad de los alimentos seguros que prefiera. Para quienes no pueden o no tienen interés en hacerlo, se puede averiguar si en el vecindario hay cooperativas alimentarias, mercados de granjeros y agricultores amigos de lo orgánico. Tal vez algún vecino jardinero esté dispuesto a un intercambio. David Steinman, en su libro *Diet for a Poisoned Planet* [Dieta para un planeta envenenado] ha incluido una excelente lista de productores de alimentos orgánicos.

Si bien los costos de la producción orgánica suelen parecer elevados, empezamos a apreciar los costos ocultos de la agricultura química, un precio que rompe el corazón.

Salsa de mango

Para hacer cuando los mangos maduros están en temporada
Tiempo de preparación: 15 minutos
SÁTVICO, -vata, -pitta, -kapha
Raciones: 1 taza
✦ ✳ ⟨ ❋

Lave, pele y corte:
  • 2 mangos frescos maduros, grandes
Píquelos finamente; también puede hacerlos puré en la licuadora. Agregue:
  • 1 cucharada de zumo de limón fresco, o a gusto
Listo para servir, solo, como salsa sobre crepes o para mojar trozos de fruta.

Salsa de manzanas de Bob

Tiempo de preparación: 30-60 minutos
SÁTVICO, 0 vata, -pitta, -kapha
Raciones: 3 tazas
✦ ✳ ⟨ ❋

Lave, corte en rodajas y quite el centro a:
- 8-10 manzanas, preferiblemente orgánicas

Póngalas en una cacerola grande con:
- 1 ½ tazas de zumo de manzana fresco, preferiblemente orgánico
- ½ cucharadita de canela
- ¼ cucharadita de nuez moscada

Cueza a fuego lento hasta que estén suaves y disolviéndose en el zumo. Si usted prefiere la salsa de manzanas suave, a esta altura puede licuarla. Se sirve caliente (mejor para vata) o fresca.

Jarabe de cerezas negras

Tiempo de preparación: 2 minutos
RAJÁSICO, -vata, -pitta, +kapha
Raciones: ¾ taza
❀ ✳ ౠ ❄

Revuelva juntos:
- ¼ taza de concentrado de cerezas negras sin endulzar
- ½ taza de jarabe de arce

Rocíelo sobre panqueques, gofres y similares.

*PLATO DE ROTACIÓN PARA DÍA 2.
**PLATO DE POLARIDAD PARA FORTALECER LA SALUD.

Comentario: esto se nos ocurrió como alternativa rápida y llena de minerales para reemplazar los vistosos jarabes de fruta, cargados de elementos químicos. Está graduado para los niños, o sea que los adultos pueden preferirlo diluido con más agua para reducir su dulzor.

Salsa de melocotones y jengibre fresco

Tiempo de preparación: 5-10 minutos
SÁTVICO, -vata, 0 pitta, 0 kapha
Raciones: 4
✳

Pique finamente:
- 4 melocotones maduros, preferiblemente orgánicos

Ralle:
- ½ cucharadita de raíz de jengibre fresca, con zumo

Revuelva estos dos ingredientes con:
- 1 cucharada de jarabe de arce aplastando la fruta mientras lo hace.

Sirva fresco.

*PLATO DE ROTACIÓN PARA DÍA 2.

Una buena salsa de manzana y ruibarbo

Tiempo de preparación: 30-45 minutos
SÁTVICO LINDANDO CON LO RAJÁSICO, 0 vata, 0 pitta, 0 kapha
Raciones: 4-6
❁ ⚘ ❄

Ponga en una cacerola pesada y cueza a temperatura moderada hasta que se ablanden:
- 1 ½ kg de manzanas en rodajas, preferiblemente orgánicas
- ½ kg de ruibarbo fresco, cortado en rodajas de 2-3 cm
- 1 taza de zumo de manzanas fresco, en lo posible orgánico

Agregue y revuelva:
- 1 cucharada de canela
- ⅛ cucharadita de clavos molidos
- ½ taza de azúcar de dátiles o azúcar de caña integral (⅕ taza de edulcorante por taza de salsa cocida)

Sirva, caliente o fría.

Comentario: el problema del ruibarbo es que su naturaleza es ácida y rajásica. Además, a largo plazo inflama los intestinos y es agravante para kapha y pitta. Si se tratara de mantequilla de ruibarbo pura, hecha con ruibarbo, agua y especias, se consideraría rajásica, sin lugar a dudas. Pero como aquí el ruibarbo se combina con la manzana sátvica, su efecto se reduce bastante.

Variante

Como PLATO DE POLARIDAD PARA DIETA PURIFICADORA, utilice miel o fructosa como edulcorante.
SÁTVICO LINDANDO CON LO RAJÁSICO, 0 vata, 0 pitta, 0 kapha

Salsa de miel y limón

Tiempo de preparación: 5 minutos o menos
SÁTVICO, -vata, 0 pitta, +kapha
Raciones 4
❀ ✳ ॡ ❄

Mezcle revolviendo:
- 3 cucharadas de ghee
- 1 cucharada de miel cruda
- 1 cucharadita de zumo fresco de limón

Excelente sobre hortalizas de raíz, como nabos, colinabos y remolachas, o feculentas, como el boniato. Esta salsa cruda se puede revolver con las hortalizas calientes justo antes de servir.

Variante

1 cucharada de ghee, 2 cucharaditas de miel cruda, 1 cucharadita de zumo fresco de limón; esta versión es más baja en grasas y un poco más ácida.
SÁTVICO, -vata, 0 pitta, 0 kapha

Salsa de almendras y jengibre

Tiempo de preparación: 5 minutos
SÁTVICO, -vata, levemente +pitta, +kapha
Raciones: 3-4
❀ ✳ ॡ ❀

Aplaste con un tenedor:
- 1 cucharada de raíz de jengibre fresca, finamente rallada
- ¼ taza de manteca de almendra, cruda

Agregue:
- 1 cucharada de salsa de soja
- ½ cucharadita de jarabe de arce
- Agua caliente hasta lograr la consistencia deseada, ¼ taza o más

Mezcle bien. No caliente Esto va muy bien sobre mijo salteado (en aceite de oliva con cúrcuma y hortalizas).

*Para PLATO DE ROTACIÓN PARA DÍA 2, omita la salsa de soja. Si le apetece, se puede usar a cambio ⅛ cucharadita de sal.
**PLATO DE POLARIDAD PARA FORTALECER LA SALUD

Comentario: si usted está en una rotación por alergia, se puede preparar una comida de Día 2, sencilla y sabrosa, con **Salsa de almendras** y jengibre sobre **Mijo sencillo**, servido con espinacas al vapor.

Salsa cremosa de espinacas

Tiempo de preparación: 15 minutos
SÁTVICO, 0 vata, 0 pitta, -kapha
Raciones: 2
✳ 𑁋

Lave bien
- 1 calabacín mediano
- ½ manojo de espinacas frescas

Corte el calabacín en cubos pequeños y la espinaca en trozos grandes. Saltee las verduras a temperatura mínima en una sartén, con:
- 1-2 cucharadas de aceite de oliva virgen extra

Bata:
- ⅓ taza de semillas de calabaza tostadas
- ¼ cucharadita de sal
- 1 taza de agua

Vierta la salsa de semillas de calabaza sobre las verduras de la sartén y deje calentar a temperatura mínima durante 2 o 3 minutos. Sale a gusto. Vierta a cucharadas sobre **Mijo sencillo**, página 247.

*PLATO DE ROTACIÓN PARA DÍA 2.

Salsa verde cremosa

Tiempo de preparación: 15 minutos como máximo
Sátvico, -vata, levemente +pitta, 0 kapha
Raciones: 1 ½ tazas
✳ 𑁋 ❄

Lave y corte:

- 3 tazas de rúcula fresca

Saltee la rúcula con:

- 1 cucharadita de aceite de sésamo prensado en frío
- 1 diente de ajo pequeño, picado

Revuelva constantemente hasta que esté a punto, 1 o 2 minutos. En una licuadora, licúe:

- 2 cucharaditas de tahini de sésamo crudo
- ¾ cucharaditas de zumo fresco de limón
- 1 taza de agua

Añada la rúcula salteada y dé un toque a la licuadora para que se pique. Sabroso sobre **Hojas de col rellenas**, página 159.

*PLATO DE ROTACIÓN PARA DÍA 4.

Hacia un ayurveda sostenible

¿A qué me refiero con ayurveda sostenible? ¿No bastan 5.000 años como prueba de su sostenibilidad? Sí, por cierto. Sin embargo, aquí utilizo la palabra «sostenible» de una manera diferente, como se emplea ahora en el sentido de agricultura sostenible, una agricultura que se apoye y se mantenga localmente. El ayurveda tradicional considera ventajoso utilizar plantas que se cultiven en la propia zona para curar, antes que confiar siempre en hierbas importadas y alimentos de otras regiones. De hecho, el significado original de la palabra *Charaka*, el clásico ayurvédico, se traduce por «los que caminaron por todo el mundo».

Algunos de los médicos ayurvédicos actuales comienzan a ofrecer las hierbas locales como alternativa, cuando es conveniente. Sin embargo, a día de hoy son pocos los que abogan por la creación de enfoques locales de la dieta ayurvédica. Este me parece un movimiento inevitable y sano, puesto que el interés por el ayurveda va en aumento. Existen en el mundo muchos lugares donde no brotan el arroz ni las judías mungo, básicas en la dieta ayurvédica de India oriental, pero habrá otras plantas curativas y nutritivas. Tal como ha dicho el doctor Shalmali Joshi: «El ayurveda es universal; todos los pueblos pueden usarlo. Sus principios no cambian de una cultura a otra... (no obstante) los alimentos y las hierbas utilizadas en un programa ayurvédico pueden variar de una región a otra; es necesario, está bien, es sano. El ayurveda no se limita a India ni a las comidas indias. Es una medicina universal».

Para quienes estamos interesados en crear un ayurveda sostenible, el desafío consiste en aclarar las propiedades de las plantas que crecen en nuestras regiones. Debemos ser sinceros con nosotros mismos y actuar como puentes entre quienes poseen el conocimiento indígena local y el conocimiento ayurvédico, trabajando con facultativos confiables en todos los aspectos, cuando sea posible. En mi región, el sudoeste de Estados Unidos de América, la hierba epazote puede actuar como buen sustituto de la hierba india asafétida. Las judías tépari bien pueden tener muchas de las propiedades de las judías mungo. Mucho de esto queda por ver. Sin embargo, contaremos con diferentes recursos según vivamos en Nueva York, en Madrid, en Kenia, en Tokio, Perú, China o Australia. Es una estimulante terreno por explorar, sobre todo si se hace con cuidado.

Mahonesa al cilantro

Tiempo de preparación, 5 minutos
RAJÁSICO-TAMÁSICO (según el tiempo que haya pasado decorando el refrigerador)*
Raciones: 4
❀ ✳ 𝕆

Vaya por delante que la siguiente receta es una concesión. Nos encanta comer las alcachofas con mahonesa y aún no estamos dispuestos a renunciar a ella. ¿Por qué hacerlo? Debido a sus ingredientes y a que queda en el refrigerador, la mahonesa tiene un efecto posdigestivo inflamatorio del intestino, algo que, personalmente, no queremos. Combinarla con las refrescantes hojas del cilantro puede ayudar, pero sospecho que, a largo plazo, su efecto posdigestivo es el mismo de antes (es decir, inflamatorio). Por eso recomendaría permitirse esta salsa muy esporádicamente, si acaso, cuando se siga un régimen terapéutico. Triture brevemente en una licuadora:
- ½ taza de cilantro fresco, finamente picado
- ½ taza de mahonesa

Sirva en un bol bonito. Sabe bien.

*Cuanto más tiempo haya estado allí, más tamásico será esto, por desgracia.
0 vata, +pitta, +kapha

Mahonesa fresca

Tiempo de preparación: 20 minutos de atención constante
RAJÁSICO (debido a los huevos y a la mostaza, -vata, +pitta, +kapha
Raciones: 1 taza o más
⊛ ✳ Ꙭ ❄ (con moderación)

He aquí una solución a lo dicho en la anterior receta, pero requiere aprender a hacer la propia mahonesa fresca, cuando sea necesario. Para quienes tengamos esas inclinaciones, incluyo esta receta. Es más fácil hacerla en una licuadora. Si no la tiene, puede usar una batidora eléctrica o un batidor de alambre, en un bol de mezclar mediano. Pero le advierto que es mucho batir. En primer lugar, asegúrese de que todos los ingredientes estén fríos. Bata bien, hasta 4 minutos a velocidad media si usa una batidora eléctrica:

• 1 huevo

Agregue batiendo:

• ¼ cucharadita de mostaza seca
• ¼-½ cucharadita de sal
• ½ cucharadita de zumo fresco de limón

Bata bien a velocidad media. Muy lentamente, de a pocas gotas, una cucharadita o menos por vez, comience a añadir:

• 1 taza de aceite de oliva prensado en frío

Cuando haya añadido más o menos la mitad del aceite, empiece a alternarlo con:

• 4 cucharadas de zumo de limón

Agregando solo unas pocas gotas por vez. Continúe batiendo hasta que la mezcla se parezca a la cremosa mahonesa que usted conoce. *Voilà!* Sirva fresca, por supuesto.

Comentario: bien, admitámoslo, ni siquiera fresca, la mahonesa no es el tipo de comida que un médico ayurvédico recomendaría para el consumo diario. (Con mucha gratitud a *The Joy of Cooking* [La alegría de cocinar], de donde surgió la receta original).

Salsa para mojar

Tiempo de preparación: 5 minutos
SÁTVICO LINDANDO CON LO RAJÁSICO, -vata, levemente +pitta, levemente +kapha
Raciones: ¼ taza
⊛ ✳ ϡ ❄

Mezcle en un bol pequeño:
- 2 cucharadas de salsa de soja
- 1 cucharadita de miel o jarabe de arroz moreno
- 1 cucharada de raíz de jengibre fresca, rallada
- 2 cucharadas de agua

Sabrosa con **Rollitos nori**.

VARIANTE
Para ROTACIÓN PARA DÍA 3: prepárela como se indica arriba, omitiendo el jengibre.
SÁTVICO LINDANDO CON LO RAJÁSICO, -vata – pitta, levemente +kapha

Salsa de cilantro fresco

Tiempo de preparación: 15 minutos
LEVEMENTE RAJÁSICA, 0 vata, moderadamente +pitta, -kapha
Raciones 2-4
✳ ϡ

Lave bien y pique finamente, utilizando todo menos los tallos:
- 2 tazas de cilantro fresco, suelto (un manojo grande)

Lave y pique finamente, retirando las semillas si hay algún pitta presente.
- 1 pimiento verde de Nuevo México, fresco, grande y muy suave, más o menos una taza después de picado (o ½ jalapeño fresco, más o menos 1 cucharadita una vez finamente picado)

Ponga 2-3 cm de agua en una cacerola con vaporera. Cueza al vapor durante 2-5 minutos:
- 2 cucharadas de cebolla fresca picada (una pequeña)
- 1 diente de ajo, picado

Pique finamente:

- 1 tomate maduro, pequeño

Y agréguelo al cilantro en un bol de mezclar. Revuelva con el pimiento, la cebolla y el ajo al vapor y:

- 3 cucharadas de zumo fresco de lima o limón
- Pizca de sal (hasta ¼ de cucharadita)

¡Está lista para servir!

**PLATO DE POLARIDAD PARA DIETA PURIFICADORA.

Comentario: esta salsa picante, de sabor muy fresco, es estupenda para tacos, tostadas, judías y similares. Lo importante es que el cilantro sea fresco y aromático, es decir, que huela fuerte y bien. No es algo que se pueda comprar y utilizar tres días después, dado que pierde rápidamente su potencia y su sabor. El cilantro ayuda a la digestión y calma el exceso de fuego; esta salsa es mucho más calmante para pitta que la mayoría de ellas. Cocer al vapor la cebolla y el ajo la torna más fácil de digerir, especialmente para vata, y la hace menos picante.

Se trata de una variante de una antigua receta, favorita de la madre de Jesús, amigo de mi amigo Juan Morgan, que vive al sur de Chihuahua, México. Aún recuerdo con mucho cariño la hospitalidad que nos brindaron una Pascua, hace muchos años. ¡Vi que la madre de Jesús la preparaba por litros para la fiesta de primavera!

Salsa tártara fresca (no ortodoxa)

Tiempo de preparación: 15 minutos
RAJÁSICA, -vata, +pitta, +kapha
Raciones: ½ taza o más
Mezcle:

- 3 cucharadas de **Salsa de cilantro fresco**, página 263
- 6 cucharadas de **Mahonesa fresca**, página 262

Lista para servir.

Salsa rápida tahini

Tiempo de preparación: 10 minutos
SÁTVICO, -vata, 0 pitta, levemente +kapha
Raciones: 1 ¼ tazas

✳ ၇ ❇

Ponga en una cacerola pequeña:
- 4 cucharadas de tahini de sésamo crudo

Vierta lentamente sobre el tahini, revolviendo con un tenedor hasta que tenga una consistencia uniforme:
- 1 taza de leche de soja

Caliente a temperatura mínima, hasta que esté tan caliente y espesa como usted prefiera. Agregue revolviendo:
- 1 cucharada de salsa de soja
- Un toque de paprika (opcional)
- Pimienta a gusto (opcional)

Comentario: esto va bien con cereales u hortalizas, o como salsa rápida no láctea para macarrones, para un almuerzo fácil y rápido.

Variante

Si desea un PLATO DE POLARIDAD PARA FORTALECER LA SALUD:
Caliente la leche de soja y mézclala revolviendo lentamente con el tahini de sésamo sin calentar, hasta obtener la textura deseada.
SÁTVICO, -vata, 0 pitta, levemente +kapha

Sobre cocinar el mismo día

Lo admito: cocinar en el mismo día requiere práctica y, a menudo, pasar más tiempo en casa. No es algo a lo que los norteamericanos estemos habituados, con tanta salsa envasada y tantas exigencias que nos hacen salir. Que la frescura sea un premio, cuando usted tenga tiempo. Haga las salsas cuando pueda; no hay necesidad de enloquecer preparando cuatro adobos frescos cuando se tiene apenas 30 minutos entre el trabajo y la llegada de los invitados. Por ejemplo: podría hacer la Salsa de cilantro fresco al comenzar el día, como para montar unos cuantos tacos de habichuelas para el almuerzo. Luego quedará listo para servir más tarde como salsa para mojar los «chips» de maíz azul, cuando lleguen los huéspedes.

Sobre el pranayama

En la espesura de Oregón existe un brillante y extraño herborista llamado Svevo Brooks, que habla sobre las maravillas de la «Vitamina O», el oxígeno. ¡Y cuánta razón tiene! El oxígeno es uno de los elementos fundamentales para la vida y la paz mental. A menudo relaciono la «vitamina O» con el pranayama.

El pranayama es un simple ejercicio respiratorio de India Oriental, que incrementa nuestro prana (la energía vital) y el oxígeno contenido en las células. También ayuda a aliviar la congestión sinoidal, intensifica la respiración y ayuda a calmar la mente, al controlar la hiperactividad del prana en el cerebro. Esta última situación es en Occidente muy común y contribuye a la ansiedad general, la preocupación, el miedo, la paranoia y la locura. (No es que nosotros, los occidentales, seamos unos tontorrones, nada de eso).

El procedimiento de pranayama es sencillo y directo. Es importante para nutrir los tejidos, y no solo con oxígeno. La respiración es vital para acumular ojas, nuestro colchón de energía. Al despejar las vías respiratorias también despeja los srotas relacionados con prana y vata, y así, a largo plazo, fortalece también la digestión y la absorción. Para practicar el pranayama, póngase cómodo, en una posición relajada, con la espalda recta. Comience por inspirar hondo un par de veces, si le apetece, para asentarse. Bloquee primero la fosa nasal izquierda, con el dedo medio de la mano izquierda, e inspire lenta y suavemente con la fosa derecha. Retenga por un momento el aire al tope de la inhalación; luego tape la fosa derecha con el dedo medio derecho y retire la mano izquierda de la fosa izquierda (es mucho más difícil leerlo que hacerlo, se lo aseguro). Deje que el aire escape naturalmente por la fosa izquierda. Deténgase un momento; luego inhale nuevamente por la misma fosa izquierda. Deténgase al tope de la inhalación, bloquee la fosa izquierda, suelte la derecha y exhale suavemente por la fosa derecha, completamente. Deténgase en el fondo de la exhalación antes de iniciar el siguiente ciclo. Este es un ciclo completo de respiración. Si quiere probar el pranayama por sí mismo, lo mejor es comenzar lentamente, con diez ciclos, siempre con el estómago vacío. Es preferible hacerlo por la mañana temprano, antes de meditar, si le apetece. Según se vaya habituando, es posible practicar el pranayama de diez a treinta veces, una o dos veces al día, según sea necesario. La contraindicación fundamental es no hacerlo con el estómago lleno. Practique siempre el pranayama con el estómago vacío.

Meriendas y tentempiés

Símbolos utilizados

«-» significa que calma o ayuda a la constitución mencionada;

«+» , que la agrava o incrementa.

«0» indica efecto neutro

*DIETA DE ROTACIÓN puede ser útil para personas con alergias alimentarias.

**PLATO DE POLARIDAD indica recetas que apoyan el trabajo con terapia de polaridad.

❀= Primavera

❋= Verano

℥ = Otoño

❄= Invierno

Muesli ayurvédico

Tiempo de preparación: 10 minutos
SÁTVICO, +vata, 0 pitta, 0 kapha
Raciones: 4 tazas
❀ ⃫ ❄

Mezcle en un bol grande con una cuchara:
- 1 taza de semillas de girasol
- 1 ½ tazas de pasas de uva orgánicas
- ½ taza de albaricoques secos, picados grueso
- ½ taza de manzanas secas, picadas grueso
- ½ taza de nueces crudas, picadas grueso
- ¼ cucharadita de canela
- ⅛ cucharadita de cardamomo molido

Si puede conseguir ingredientes orgánicos en su totalidad, será estupendo para el planeta y para usted. Haga lo que pueda.

**PLATO DE POLARIDAD PARA FORTALECER LA SALUD.

Comentario: si lo quiere más calmante para vata, se puede remojar un puñado en agua caliente durante la noche. Pero aun así no es un plato que vata pueda comer con regularidad y solo en cantidades pequeñas. En realidad, también kapha haría bien en usarlo con moderación.

COMBINACIÓN DE ROTACIÓN PARA DÍA 1: manzanas secas, pasas de uva, nueces crudas o pacanas, canela.
SÁTVICO, +vata, 0 pitta, 0 kapha
**PLATO DE POLARIDAD PARA FORTALECER LA SALUD.

COMBINACIÓN DE ROTACIÓN PARA DÍA 2: albaricoques o melocotones secos, cerezas secas, almendras blanqueadas, unas cuantas semillas de calabaza, crudas o tostadas.
SÁTVICO, +vata, 0 pitta, 0 kapha

COMBINACIÓN DE ROTACIÓN PARA DÍA 3: piña seca, pasas de corinto, semillas de girasol crudas o tostadas, avellanas de filbert crudas.
SÁTVICO, +vata, 0 pitta, levemente +kapha

**PLATO DE POLARIDAD PARA FORTALECER LA SALUD, con semillas de girasol crudas.

COMBINACIÓN DE ROTACIÓN DÍA 4: higos secos, dátiles picados, papaya picada, anacardos crudos o tostados, coco rallado sin endulzar.
SÁTVICO, levemente +vata, 0 pitta, 0 kapha
PLATO DE POLARIDAD PARA FORTALECER LA SALUD, con anacardos crudos.

Almendras blanqueadas

Método 1
Tiempo de preparación: remojo durante la noche más 5 minutos
SÁTVICO, -vata, moderadamente +pitta, +kapha
❀ ✳ ᘏ ❅

Ponga en un bol pequeño:
- ½ taza de almendras crudas

Vierta sobre las almendras:
- 1 taza de agua caliente

Cubra y deje remojar durante la noche. Por la mañana, quite las pieles frotando con los dedos. Con este método son más fáciles de digerir y muy calmantes para vata.
**PLATO DE POLARIDAD PARA DIETA PURIFICADORA

Método 2
Tiempo de preparación: 15-20 minutos
SÁTVICO, -vata, moderadamente +pitta, +kapha
Ponga en un bol pequeño:
- ½ taza de almendras crudas

Vierta sobre las almendras:
- 1 taza de agua hirviente

Deje remojar durante 10 minutos o más. Escurra el agua y quite las pieles frotando con los dedos. La alta temperatura altera el aceite de las almendras, haciéndolas algo menos digeribles.

Método 3
Compre almendras blanqueadas en la tienda.

SÁTVICO, RAJÁSICO O TAMÁSICO, según el tiempo que hayan pasado en el estante. En general, el menos fresco de los métodos.
-vata, moderadamente +pitta, +kapha
PLATO DE ROTACIÓN PARA DÍA 2

Almendras tostadas

Tiempo de preparación: 5-10 minutos
SÁTVICO, -vata, +pitta, +kapha
Raciones: 1 taza
ॐ ❄

Caliente una sartén pesada a temperatura mínima durante 1 o 2 minutos. Vierta en ella:
  • 1 taza de almendras crudas blanqueadas
Tueste sin tapa durante 5-6 minutos, revolviendo ocasionalmente, hasta que las almendras empiecen a despedir un aroma encantador o «estallen», también se verán aparecer pequeños puntos de color marrón dorado. Enfríe y sirva. Agradable en ensaladas o por sí solas.

*PLATO DE ROTACIÓN DÍA 2

Semillas de girasol tostadas

Tiempo de preparación: 10 minutos
SÁTVICO, -vata, 0 pitta, 0 kapha
Raciones: 1 taza
ॐ ❄

Caliente una sartén pesada a temperatura mínima durante 1 o 2 minutos. Añada:
  • 1 taza de semillas de girasol crudas
Tuéstelas sin tapa durante 5-10 minutos, revolviendo ocasionalmente. Cuando empiece a aparecer aquí y allá un color marrón dorado, es hora de retirarlas del fuego y dejar que se enfríen. Buen toque para ensaladas o para esparcir sobre un plato. También es un buen tentempié por mérito propio.

*PLATO DE ROTACIÓN PARA DÍA 3

Semillas de calabaza tostadas

Tiempo de preparación: 10 minutos o menos
SÁTVICO, -vata, 0 pitta, 0 kapha
Raciones: 1 taza
ॐ ❄

Caliente una sartén pesada a temperatura mínima durante un par de minutos. Vierta en ella:
- 1 taza de semillas de calabaza crudas

Tuéstelas sin tapa durante 10 minutos, revolviendo ocasionalmente. Cuando las semillas comiencen a estallar, retírelas del fuego. Deje enfriar.
PLATO DE ROTACIÓN PARA DÍA 2.

Fruta seca tostada

Siga la regla dada para almendras tostadas con anacardos, nueces, avellanas de filbert, nueces pacanas o de macadamia. Tueste solo durante el tiempo que tarden las frutas en comenzar a emitir un aroma encantador y en dorarse ligeramente.
SÁTVICO, -vata, +pitta, +kapha
ॐ ❄

Tallos de apio rellenos

Tiempo de PREPARACIÓN: 10 MINUTOS
Sátvico con algo de rajas, 0 vata, 0 pitta, 0 kapha (con moderación)
Piezas: 24 trozos

Lave:
- 8 tallos de apio orgánico

Corte las dos puntas (servirán luego para caldo de sopa, si le apetece). Corte el apio en trozos de 10 cm. Se pueden rellenar con:
- **Salsa cremosa de eneldo para mojar**, página 274, o
- **Salsa de almendras y jengibre**, página 258, o
- Manteca de almendra cruda

Disponga en un plato colorido y sirva.
**PLATO DE POLARIDAD PARA FORTALECER LA SALUD.

Mirar hacia el interior

Es notable la clase de información y de perspectivas que podemos obtener cuando estamos tranquilamente sentados, prestando atención. Dentro de cada uno existe una reserva de información que no se puede hallar en ningún otro sitio, tal como han afirmado repetidamente todas las grandes tradiciones. Ese tranquilo lugar interior es un portal hacia el yo superior y más allá. Y un camino hacia lo inesperado.

Durante la Guerra del Golfo me impresionó ver cuánta gente permanecía pegada al televisor. Había una profunda y sincera urgencia por averiguar qué estaba pasando. Sin embargo, después de mirar durante algunos minutos, yo caía en la cuenta de que el programa de televisión no me decía lo que en verdad estaba sucediendo. Mi propia mente, mi corazón, eran mejores lugares para consultar en busca de la verdad.

A menudo, en nuestra necesidad de comprender, recurrimos a la televisión o a la radio. Pero ellas no son capaces de proporcionar el tipo de esclarecimiento que hay en nuestro interior. Para eso debemos ir hacia dentro. Y soportar el aburrimiento, el silencio, la nada, hasta que surja alguna verdad. Y surgirá.

No nos equivocamos al desear saber qué está pasando en nuestro mundo, pero a menudo buscamos descubrirlo en los lugares incorrectos.

Guacamole de Ángela

Tiempo de preparación: 10 minutos
RAJÁSICO (por el aguacate), -vata, moderadaente +pitta, +kapha
Raciones: cerca de 1 taza
⊛ ✳ ⟩ ✳

En un bol de mezclar mediano, aplaste con un tenedor:
  • 2 aguacates maduros, grandes
Agregue revolviendo:
  • Zumo de ½ limón orgánico
  • 2 cucharadas de hojas de cilantro frescas, picadas grueso
  • 4-5 tomates cherry pequeños, finamente picados
  • 1 diente de ajo, picado (opcional)
  • Sal a gusto
Sirva con patatas fritas, pozole, tacos o lo que le apetezca.

**PLATO DE POLARIDAD PARA FORTALECER LA SALUD

Variante
Si se desea un estricto PLATO DE ROTACIÓN PARA DÍA 1, utilice:
- 2 aguacates

- 4-5 tomates cherry

- ⅛ de cucharadita de pimiento rojo picante o ¼ cucharadita de jalapeño finamente picado (opcional)

- ¼ cucharadita de sal

RAJÁSICO, 0 vata, +pitta, moderadamente +kapha

Sobre los aguacates

Los aguacates se consideran útiles para curar, pese a su cualidad rajásica, siempre que uno tenga buen agni. Si su fuego digestivo es fuerte, los aguacates son útiles, nutritivos, fortalecedores y humectantes. Si su fuego digestivo es débil, puede resultarle difícil gestionar bien un pesado aguacate. Esta fruta es una rica fuente de potasio y vitamina E.

Salsa cremosa de eneldo para mojar

Tiempo de preparación: 5 minutos
LEVEMENTE RAJÁSICA, -vata, 0 pitta, ligeramente +kapha
Raciones: ½ taza

✴ ཉ

Prepare una receta de:
- *Ricotta* **cremosa no láctea**, página 204
En un pequeño bol para mezclar, vierta a cucharadas ½ taza de la *ricotta* no láctea; luego agregue revolviendo:
- 3 cucharadas de zumo fresco de limón
- 1 cucharada de aceite de oliva virgen extra
- 1 cucharada de eneldo seco (o 2 cucharaditas, picadas, si es fresco)

Sirva con hortalizas frescas crudas, tales como apio, rodajas de pepino o triángulos de zanahoria. El resto de la *ricotta* se puede guardar para hacer más salsa a medida que se acaba, o para preparar la siguiente salsa cremosa.

Salsa cremosa italiana para mojar

Tiempo de preparación: 10 minutos
RAJÁSICO, -vata, +pitta, ligeramente +kapha
✳ ཉ

En una cacerola pequeña, con una vaporera y una taza de agua, cueza al vapor:
- 1 diente de ajo sin pelar
Prepare una receta de:
- *Ricotta* **cremosa no láctea**, página 204
En un pequeño bol para mezclar, mida ½ taza de la *ricotta*; luego échele y revuelva:
- 2 cucharadas de zumo fresco de limón
- 1 cucharada de aceite de oliva virgen extra
- El ajo cocido al vapor, picado
- ⅛ cucharadita de semillas de hinojo trituradas
- 1 cucharadita de orégano seco
- 1 cucharadita de albahaca fresca finamente picada (la purpúrea queda bonita).
Va bien con galletas saladas. La *ricotta* sobrante se puede utilizar para preparar la **Salsa cremosa de eneldo para mojar**, o guardarla como base para preparar más salsas para mojar.

Salsa rápida de judías para mojar

Tiempo de preparación: 10 minutos
SÁTVICO*
Raciones: 2 tazas
❀ ✳ ❄

En una cacerola pequeña, con tapa y vaporera, cueza al vapor durante 5 minutos:

- 1 cucharada de cebolla roja, finamente picada
- 1 diente de ajo pequeño, picado

Aplaste en un bol, reservando el líquido de cocción que haya quedado:

- 2 tazas de judías blancas bien cocidas

Agregue la cebolla y el ajo y:

- 1 cucharadita de coriandro molido
- ½ cucharadita de sal
- ½ cucharadita de comino molido
- 1 cucharada de aceite de girasol prensado en frío
- 1 cucharada de agua o líquido de cocción, o hasta lograr la consistencia deseada

Sirva con chips de maíz frescos, tortillas calientes para mojar y/o **Salsa de cilantro fresco**, página 263.

*solo: +vata, -pitta, -kapha

**PLATO DE POLARIDAD PARA FORTALECER LA SALUD.

*Con chips de maíz fresco: +vata – pitta, -kapha
*Con tortillas calientes de trigo integral, recién preparadas: 0 vata, - Pitrta, +kapha
*Con tortillas de maíz caliente, recién preparadas: +vata, +pitta, -kapha

VARIANTE

Para un estricto PLATO DE ROTACIÓN PARA DÍA 3, omita el ajo y la cebolla; agregue: ⅛- ¼ de cucharadita de pimienta recién molida y ¼ cucharadita de extracto de tamarindo (opcional, pero da a la salsa un poco de brío).
SÁTVICO, +vata, -pitta, -kapha

Garbanzos a la libanesa

Tiempo de preparación: 10 minutos con legumbres precocidas, 90 minutos sin ellas
RAJÁSICO, +vata, -pitta, -kapha
Raciones: 4
⊛ ✳ ༀ ❇

Escurra:

- 2 tazas de garbanzos cocidos, reservando el líquido de cocción que haya quedado

Aplaste los garbanzos con:
- ½ cucharada de aceite de oliva virgen extra
- 1 diente de ajo picado (omita o utilice uno pequeño para pitta)
- 3 cucharadas de menta fresca, picadas
- ½ cucharadita de sal o menos
- Zumo de ½ limón
- Líquido de cocción a gusto

Para esto van bien un pisapatatas o un tenedor recio. Decore con:
- Flores de borraja (opcional)

Los garbanzos a la libanesa, servidos calientes, van bien con arroz y hortalizas. Fríos, constituyen una buena salsa para mojar galletas saladas. Si en su jardín crecen borrajas azules, puede usarlas como encantador adorno comestible para la salsa.

**PLATO DE POLARIDAD PARA FORTALECER LA SALUD

Variante 1
Hummus
Omita la menta y agregue en cambio:
- 1-2 cucharadas de tahini de sésamo crudo

Sirva con galletas saladas o pan.
RAJÁSICO, +vata (pero más calmante que los garbanzos a la libanesa), 0 pitta, 0 kapha
**PLATO DE POLARIDAD PARA FORTALECER LA SALUD

Nota: el ayurveda utiliza a menudo el sésamo para calmar las cualidades agravantes de vata de un alimento, sobre todo las legumbres. Al vata que prepare esta receta le convendrá poner la máxima cantidad de tahini; a un kapha le convendría usar lo mínimo.

Variante 2
Omita la menta, agregue el tahini y sustituya el zumo de limón por **Aderezo cremoso de ajo para ensaladas**, página 116. Picante.
RAJÁSICO, moderadamente +vata, 0 pitta, 0 kapha
**PLATO DE POLARIDAD PARA FORTALECER LA SALUD

Semillas de hinojo tostadas

Tiempo de preparación: 5 minutos
SÁTVICO, -vata, 0 pitta, 0 kapha
Raciones: ⅓ taza
❀ ✹ ᘉ ❄

Caliente una sartén pesada a temperatura baja durante 1 o 2 minutos. Ponga en ella:
- ⅛ taza de semillas de hinojo enteras
- ¹⁄₁₆ -⅛ cucharadita de sal de roca (opcional)

Revuelva ocasionalmente mientras se tuestan, durante unos 5 minutos. Sirva después de las comidas para ayudar a la digestión; cada huésped puede servirse desde una pizca hasta una cucharadita.

Comentario: esta es la práctica ayurvédica tradicional para después de las comidas. Tostar el hinojo ayuda a favorecer el agni. El hinojo en sí es bueno para calmar y fortalecer las funciones estomacales, y la sal de roca fortalece el agni.

Rollitos de *tahini*

Tiempo de preparación: 5 minutos
SÁTVICO, -vata, 0 pitta, +kapha
Haga tantos como le apetezcan
❀ ✹ ᘉ ❄

En una sartén mediana, caliente:
- ¼ cucharadita de ghee o aceite de sésamo

Ponga en la sartén:
- 1 tortilla de trigo integral o chapati (véase **Tortillas de Rebekah**, página 213)

Caliéntela por una cara; luego dele vueltas durante 1 minuto o menos. Retírela mientras aún está blanda, no crujiente. Ponga en un plato o tabla de cortar y unte con:
- Tahini de sésamo crudo

Luego con:
- Miel cruda o mermelada endulzada a fruta

Enrolle. Listo para comer.

**PLATO DE POLARIDAD PARA FORTALECER LA SALUD

VARIANTE
ROLLITOS DE MANTECA DE ALMENDRA: use manteca de almendras crudas o tostadas en vez de tahini.
SÁTVICO, -vata, 0 pitta, +kapha

ROLLITOS DE ROTACIÓN PARA DÍA 1: Use manteca de nuez o de pacana con manteca de manzana o pera.
SÁTVICO, 0 vata, 0 pitta, +kapha

ENFOQUE AYURVÉDICO DE LA CANDIDIASIS

La candidiasis, como muchos lectores saben, es una infección fúngica que puede tornarse crónica en el huésped adecuado. Los síntomas son variados; a menudo abarcan fatiga, dolores de cabeza, flatulencia (sobre todo hacia el final del día), depresión, múltiples sensibilidades alimentarias, sarpullidos y/o debilidad inmunológica de diferentes tipos. Con frecuencia, los casos leves se detectan primero como una sensación de «resaca», al día siguiente de haber consumido siquiera una modesta cantidad de alcohol o dulces. Un caso establecido se puede identificar primero por manchas e irritación en la lengua. El enfoque dietético occidental a la candidiasis ha sido recomendar una dieta alta en proteínas y en hortalizas, baja en hidratos de carbono. Generalmente hay que comer muchos alimentos cárnicos y nada de azúcar; a menudo se acompaña con preparados de hierbas o fármacos, de naturaleza antifúngica. *Candida albicans* medra en el pan, el queso, el azúcar y el alcohol (o en las condiciones que estos alimentos crean en nuestras tripas), de modo que deben ser evitados.

El enfoque ayurvédico que he utilizado en los últimos años es, en ciertos aspectos, muy diferente. Es completamente vegetariano y no impone ninguna restricción a los hidratos de carbono complejos. Agradezco al doctor Sunil Joshi que me haya instruido al respecto. Este enfoque es un verdadero premio para los vegetarianos que luchan contra la candidiasis, a quienes muchas veces se les dice que la única manera de curarse será con generosas cantidades de carne animal.

Este método ayurvédico, como siempre, apunta a los desequilibrios subyacentes que llevaron al desarrollo de una infección fúngica crónica. Estos pueden variar de una persona a otra, pero generalmente se centran en la digestión. Los desequilibrios suelen incluir un agni bajo, el comer en exceso (lo cual sofoca e inhibe a agni) y un exceso en la dieta de alimentos fermentados y sobras. También se tienen en cuenta los desequilibrios relacionados con tratamientos médicos anteriores, como el uso de hormonas o antibióticos.

A menudo es necesario purificar el colon; a veces, también otros órganos gastrointestinales. El médico ayurvédico experimentado en esta dolencia recomendará hierbas específicas para el cuerpo de su paciente. El foco de interés es reestablecer un equilibrio saludable dentro del cuerpo, para que empiece a eliminar la enfermedad por sí mismo. Como en el enfoque occidental, los afectados por candidiasis van adquiriendo habilidad para identificar los alimentos y las condiciones que la provocan; así pueden evitarlos, a fin de acelerar su propia recuperación.

La dieta ayurvédica libre de fermentos, generalmente utilizada contra la candidiasis, no es menos estricta que la occidental; simplemente incluye diferentes comidas y trabaja en fortalecer más específicamente el conducto digestivo. Los dos sistemas acentúan el uso de alimentos frescos para curar este trastorno. Cuanto más fresca sea la comida, tanto mejor. El enfoque ayurvédico puede ser especialmente útil para quienes padecen una historia de candidiasis repetida o de largo tiempo.

Casi todas las comidas de este libo son adecuadas para una dieta libre de fermentos, a menos que se advierta lo contrario. Una excepción: para liberarme de *Candida*, yo me cuidaría de cualquier dulce concentrado; además, evitaría la mayor parte de las recetas de postre, aun las de este recetario.

Las limitaciones que impone una dieta contra la candidiasis pueden ser exasperantes, cualquiera sea el tipo que adoptemos. Cuando las restricciones empiecen a resultarle demasiado incómodas, consulte con usted mismo. Permítase algún alivio, sobre todo en el reino de lo no comestible. Por ejemplo: tal vez últimamente tiene poco tiempo libre para sí mismo o para los amigos. Tal vez echa de menos los paseos por el bosque o por algún otro lugar al aire libre. Ajuste su vida general para estar más cómodo, hasta donde le sea posible. Probablemente ya ha descubierto que el azúcar, los dulces, el alcohol y los alimentos fermentados no le hacen ningún bien, a largo plazo. Permítase adquirir experiencia sobre lo que le hace sentir bien, tanto mientras lo come como un día después.

Alimentos ayurvédicos para curar la candidiasis

Esto varía de una persona a otra; sin embargo, generalmente incluye las listas siguientes.

Para escoger:
Cualquier alimento sátvico:
- Fruta fresca con moderación, cruda y cocida
- Hortalizas frescas, crudas y cocidas
- Legumbres y cereales recién preparados
- Nueces y semillas con moderación, exceptuando los cacahuetes
- En general, leche cruda recién hervida y suero fresco
- Ghee y aceites prensados en frío
- Hierbas específicamente recomendadas por un facultativo ayurvédico

Más algunos alimentos rajásicos:
- Zumo fresco de limón, con moderación
- De vez en cuando, aguacate, huevo, garbanzos y habichuelas, ajo, cebolla

Para evitar:
- Todos los alimentos fermentados o con levadura, incluidos el pan de levadura, queso, yogur, vinagre, encurtidos, catsup, alcohol
- Azúcar
- Dulces concentrados
- Productos de harina blanca (grano refinado)
- Setas
- Carnes rojas
- Postres
- Cacahuetes
- Sobras
- Alimentos congelados, fritos o cocidos en microondas

****Casi todas las recetas incluidas en este recetario son adecuadas para un programa de eliminación de *Candida*, con excepción de los postres, que es mejor omitir. Cualquier otra receta que no sea recomendable para este programa tiene una advertencia clara al pie.

Nota: he descubierto que cierto preparado occidental antifúngico, el extracto de semilla de pomelo, es un buen auxiliar para este programa.

Nota: el doctor Shalmali Joshi, médico ayurvédico de India, especializado en temas ginecológicos y en panchakarma, recomienda una cucharadita de triphala por taza de agua hervida, como ducha vaginal para la candidiasis y otras infecciones similares.

Cocinar según la edad

Según crecemos y envejecemos vamos pasando a través de los doshas: de kapha a pitta y luego a vata. Cuando niños tenemos más humedad y solidez; en esta etapa predomina kapha. Al madurar sexualmente entramos en nuestro tiempo de pitta, con más fuego y ambición (¡y a menudo, menos paciencia!). Cuando pasamos a la madurez y a la ancianidad, vata se torna más prominente: usamos más la mente y menos el cuerpo, con frecuencia. Es más fácil que se nos sequen los tejidos y nuestros sentidos pierdan agudeza.

El ayurveda tiene terapias rejuvenecedoras específicas para trabajar el envejecimiento: los *rasayanas*. Aquí solo quiero presentar la idea de que nuestras necesidades cambian con el tiempo. Debemos tomar medidas para atender el exceso de moco que surge en la infancia, antes de que se convierta en resfriado y bronquitis; una manera de hacerlo es ayudar al fuego digestivo de nuestros hijos, cuidando de no darles demasiado queso, alimentos congelados y bebidas heladas. Entre los 15 y los 45 años es probable que debamos calmar más el fuego, a veces siguiendo una dieta menos pitta, aunque nuestra constitución sea de otro tipo. Esto puede significar reducir la cantidad de salsa, huevos o alcohol en nuestra dieta. En la ancianidad necesitamos calmar a vata, cualquiera que sea nuestra constitución. Para las personas mayores, incluso las que tienen buenos dientes, esto significa comer alimentos más húmedos, más lubricantes, más sopas y guisos, más alimentos fáciles de digerir y menos productos crujientes o helados.

Postres

Símbolos utilizados

«-» significa que calma o ayuda a la constitución mencionada;

«+» , que la agrava o incrementa.

«0» indica efecto neutro

*DIETA DE ROTACIÓN puede ser útil para personas con alergias alimentarias.

**PLATO DE POLARIDAD indica recetas que apoyan el trabajo con terapia de polaridad.

⊛= Primavera

✳ = Verano

℞ = Otoño

❅= Invierno

Espuma de pera

Tiempo de preparación: 15 minutos para hacerlo, 60 para enfriar
SÁTVICO, levemente +vata, -pitta, -kapha
Raciones: 4-5
❀ ✳ 𐎣

Caliente a temperatura moderada en una cacerola sin tapa:
   • 2 tazas de zumo fresco de manzana o pera
Mientras el zumo se calienta, lave, quite los centros y corte en dados:
   • 3 tazas de peras frescas (aproximadamente 3 peras medianas a grandes)
Añádales el zumo con:
   • 1 ½ cucharaditas de canela
   • 3 flores de hibiscus secas (opcional)
Lleve a hervor, luego cueza sin tapa a temperatura moderada durante 10 minutos. Vierta la mezcla en una licuadora y licúe a baja velocidad hasta que esté homogéneo. Agregue:
   • 2 cucharaditas de pectina
   • 3 cucharaditas de solución líquida de calcio (viene con la pectina)
Y bata otra vez a baja velocidad durante 3 minutos, hasta que esté bien cremoso. Agregue licuando:
   • 1 ½ cucharadas de azúcar de caña integral, fructosa o concentrado de manzana
Vierta en copas para helado para enfriar.

*PLATO DE ROTACIÓN PARA DÍA 1 con azúcar de caña integral o concentrado de manzana.
**PLATO DE POLARIDAD PARA DIETA PURIFICADORA con fructosa.

Comentario: las flores de hibiscus aportan vitamina C y un toque de astringencia. El sabor astringente es especialmente útil para pitta y para kapha. Si bien el hibiscus parece exótico, es común encontrarlo en las herboristerías o en la sección hierbas de las tiendas naturistas. Si usted tiene uno en su jardín que no haya rociado con productos químicos, puede utilizar sus flores. Buen postre para niños y adultos por igual.

Variante
Esto se puede preparar como postre helado. Para hacerlo, caliente una ¼

taza más de zumo. Cuando esté caliente, viértalo en un bol pequeño con ½ taza de pasas de uva, y deje remojar mientras prepara la espuma de pera. Enfríe la espuma durante 10-15 minutos en la licuadora; luego viértala en copas de postre helado en capas, alternándola con las pasas remojadas y ¼ taza de nueces picadas.

SÁTVICO, levemente +vata, 0 pitta, 0 kapha

Espuma de manzana

Tiempo de preparación: 20 minutos, más 30 minutos para enfriar
SÁTVICO LINDANDO CON LO RAJÁSICO*
Raciones: 4

✳ ૠ ❄

Lave y corte en dados pequeños:
  • 4 manzanas (alrededor de 3 tazas)
Póngalas en una cacerola con:
  • ½ taza de zumo de manzana fresco, orgánico
  • ½ taza de azúcar de caña integral o concentrado de manzana
  • 2 cucharaditas de canela
Lleve a hervor, luego reduzca la temperatura para cocer lentamente. Deje que la fruta se cueza sin tapa durante unos 5 minutos. Una vez que esté cocida, vierta a cucharadas la mitad de la mezcla de fruta en una licuadora. Reduzca a puré. Deje el resto en la cacerola para que se enfríe. Agregue al puré de la licuadora:
  • 1 cucharadita de pectina
  • 1 cucharada de solución líquida de calcio (incluida con la pectina)
Licúe a alta velocidad durante 1 minuto entero. Agregue el puré a la fruta sin licuar de la cacerola, con:
  • 1 taza de yogur de vaca fresco, sencillo, o yogur de soja
Vierta a cucharadas en cuatro copas individuales para servir, cubra y enfríe hasta que cuaje.

*0 vata, levemente +pitta, +kapha con yogur fresco de vaca
* levemente +vata, 0 pitta, levemente +kapha con yogur de soja recién preparado
* Esto se puede utilizar como PLATO DE ROTACIÓN PARA DÍA 1. Para eso, use aquí yogur de vaca.

Comentario: algunos platos son más sátvicos o rajásicos que otros. Esta es una de esas recetas en que las categorías son discutibles. El azúcar de caña integral es de efecto rajásico. También el yogur, sobre todo si ya tiene algún tiempo, como sucede con la mayoría de los yogures comerciales. Los zumos embotellados son de efecto rajásico; frescos, sátvicos. Además, estos elementos son calientes para la mente. Si para usted sattva es importante, lo mejor para este plato son los zumos de fruta y miel o jarabe de arce como edulcorante, agregado al final con el yogur.

Tapioca con miel

Tiempo de preparación: 30 minutos, más tiempo para enfriar
SÁTVICO*
Raciones: 4
✵ ✳ ☙ ❄

Lleve a hervor en una cacerola mediana o un hervidor doble:
- 2 ½ tazas de leche cruda fresca o leche de soja
- ½ cucharadita de raíz de jengibre fresca, finamente picada en crudo, pelada

Una vez que la leche alcance el hervor, déjela hervir durante 20 segundos. Luego agregue revolviendo:
- 5 cucharadas de tapioca granulada (rápida)
- ¼ cucharadita de sal

Reduzca el calor a mínimo y cueza durante 10 minutos, revolviendo solo si la mezcla empieza a pegarse. Bata:
- 2 yemas de huevo

Revuélvalas bien con la tapioca en cocción y deje cocer lentamente otros 4 minutos. Bata a punto nieve:
- 2 claras de huevo

Incorpórelas a la tapioca; luego agregue revolviendo:
- 1 cucharadita de extracto de vainilla
- ¼ cucharadita de canela
- ¼ cucharadita de cardamomo

Retire del fuego y deje enfriar durante algunos minutos. Agregue revolviendo:
- ⅓ taza de miel cruda

Mezcle bien. Tape y enfríe. Sirva caliente o frío. Esta tapioca es caldosa.

*-vata – pitta, levemente +kapha con leche de vaca
* 0 vata, -pitta, -kapha con leche de soja

Tapioca con fruta

Tiempo de preparación: 10 minutos, con un remojo de 2 horas
SÁTVICO, levemente +vata, -pitta, -kapha
Raciones: 4
❀ ✳ ༘ ❀

Combine en una cacerola:
- ½ taza de albaricoques orgánicos secos, picados
- 2 ½ tazas de zumo de manzana orgánica fresco
- ⅓ taza de perlas de tapioca pequeñas
- ⅛ cucharadita de sal
- 1 cucharadita de canela

Cubra y deje reposar durante 2 horas o más (yo preparo la mezcla por la mañana, la dejo reposar todo el día en el frigorífico y completo la preparación por la noche, cuando vuelvo a casa). Lleve a hervor a temperatura moderada. Reduzca la temperatura a mínima y cueza durante 5 minutos más, revolviendo más o menos constantemente. Agregue revolviendo:
- 2 cucharadas jarabe de arce (opcional)

Deje enfriar (mientras la familia come) y sirva.

**PLATO DE POLARIDAD PARA FORTALECER LA SALUD
Comentario: este plato es buen calmante para la digestión. Si lo desea aun más calmante para vata, substituya el zumo de manzana por néctar de albaricoque con edulcorante de fruta y sírvalo fresco, no frío.
RAJÁSICO (zumo embotellado), -vata, -pitta, 0 kapha
**PLATO DE POLARIDAD PARA FORTALECER LA SALUD.

VARIANTE
TAPIOCA CON ALMENDRAS Y NECTARINA
Tiempo de preparación: 150 minutos, más tiempo para enfriar
SÁTVICO, -vata, 0 pitta, levemente – kapha
Raciones: 4
✳

Lleve a hervor:
- 2 ½ tazas de agua

Vierta sobre:
- 3 cucharadas de almendras crudas

Deje reposar durante 15 minutos o más. Luego quite las pieles a las almendras frotándolas y mézclelas con el agua en una licuadora a alta velocidad, hasta obtener una suave leche de almendras. Si es necesario, pase por un filtro de malla para retirar cualquier trozo grueso. Vierta esta leche de almendra en una cacerola mediana y agregue:
- ⅓ taza de perlas de tapioca pequeñas
- ⅛ cucharadita de sal
- ½ cucharadita de cardamomo molido

Cubra y deje reposar como en la receta anterior, durante 2 horas o más. Después del remojo, lleve a hervor a temperatura moderada; luego reduzca inmediatamente la temperatura al mínimo. Cueza 5 minutos más, revolviendo constantemente. Retire del fuego y agregue revolviendo:
- ¼ taza de jarabe de arce
- 2 tazas de nectarinas frescas, picadas grueso

Enfríe y sirva.

*PLATO DE ROTACIÓN PARA DÍA 2

Copa de piña fresca

Tiempo de preparación: 15 minutos, más 30 minutos para enfriar
SÁTVICO, 0 vata, -pitta, 0 kapha
Raciones: 4-6

✳

Lave y prepare:
- 2 tazas de piña dulce fresca, finamente picada

Corte la espinosa cáscara externa y el duro centro. Pique finamente la fruta, recogiendo tanto la pulpa como el zumo en un cuenco para mezclar.

En una cacerola pequeña, mezcle:
- 2 tazas de zumo de manzana orgánica, fresco
- 4 cucharaditas de agar agar

Llévelo a hervor. Reduzca la temperatura a mínima y cueza lentamente 5 minutos. Agregue revolviendo:
- ½ taza de jarabe de arroz moreno

• ½ cucharaditas de raíz de jengibre fresca, muy finamente picada
Agregue la piña y su zumo. Revuelva bien. Vierta a cucharadas en copas individuales para postre helado, 4 grandes o 6 pequeños. Enfríe.

**PLATO DE POLARIDAD PARA FORTALECER LA SALUD.

Variante
Esto se puede utilizar como PLATO DE ROTACIÓN PARA DÍA 3. Para eso, substituya el zumo de manzana por zumo de piña fresco, sin endulzar, y omita el jengibre.
SÁTVICO, -vata, -pitta, moderadamente +kapha
**PLATO DE POLARIDAD PARA FORTALECER LA SALUD

Comentario: el agar agar, derivado de un alga marina, es suavizante y levemente laxante para el colon, como la pectina. Su primo, el alginato, es útil para eliminar del cuerpo los metales pesados; las algas verdes unicelulares Chlorella tienen fama de ser muy buenas para este propósito.

Delicia turca de Dorie

Tiempo de preparación: 15 minutos, más 30 minutos para cuajar
RAJÁSICO, -vata, -pitta, -kapha
Piezas: 36 cuadrados de 4 cm
⊗ ✳ ℞ ❉

Pique:
• 2 cucharadas de avellanas crudas o almendras blanqueadas
Póngalas a tostar en una sartén pequeña, a baja temperatura, unos 5 minutos. Mientras se tuestan, lleve a hervor en una cacerola pequeña:
• 2 tazas de néctar de albaricoque, con edulcorante de fruta
Pique:
• 5-6 albaricoques secos sin azufre
Cuando el néctar de albaricoque haya roto el hervor, échelo en la licuadora con los albaricoques y:
• ½ cucharadita de saborizante de almendras*
Licúe hasta que esté homogéneo. Agregue:
• 1 cucharada de pectina
• 1 cucharada de solución líquida de calcio (viene con la pectina)

Licúe durante un minuto, cuanto menos, o hasta que esté completamente mezclado. Vierta en una fuente cuadrada sin engrasar de 22 x 22 cm y disponga arriba la fruta seca tostada, formando el diseño que le apetezca. Refrigere hasta que esté firme.

Comentario: esta receta de Dolores Chiappone constituye un postre agradable y liviano; para los niños es divertido ayudar a prepararlo y servirlo.

*El saborizante de almendra se consigue ahora sin alcohol, como aceite de almendra conservado en otros aceites (de soja y vitamina E, por ejemplo).

VARIANTE 1
DELICIA DE COCO
Siga las mismas indicaciones de la receta anterior, utilizando 2 tazas de néctar de coco, ¼ taza de coco rallado sin endulzar y 1 cucharada de fructosa o azúcar de caña integral (opcional) en lugar del néctar y la pulpa de fruta. Se pueden omitir los frutos secos. Muy bueno para pitta.
RAJÁSICO, -vata, -pitta, 0 kapha
**PLATO DE POLARIDAD PARA FORTALECER LA SALUD

VARIANTE 2
DELICIA DE PAPAYA
Siga las indicaciones de la receta anterior. Lleve a hervor:
* 2 tazas de néctar de papaya, con edulcorante de fruta

Pique:
* 2 (10 cm) trozos de papaya seca sin endulzar
Reserve ¼ taza de papaya picada para decoración. Licúe el resto con el néctar de papaya caliente. Luego licúe la papaya durante 1 minuto más, cuanto menos, con:
* 1 cucharada de solución líquida de calcio (viene con la pectina)
* 3 cucharaditas de pectina en polvo
Vierta en una fuente sin engrasar de 22 x 22 cm. Decore con:
* ¼ taza de pasas de uva y el resto de la papaya picada. (Si se acerca el día de Todos los Santos, los diseños en forma de calabaza son divertidos).
RAJÁSICO, -vata, levemente +pitta, levemente +kapha
**PLATO DE POLARIDAD PARA FORTALECER LA SALUD

El siguiente cuarteto de postres a base de fruta fresca proviene de Liz Halford; creo que lo mejor será dejar que hable por sí misma: «No es necesario decir que la fruta debe estar madura y en perfectas condiciones. A mi modo de ver, la textura y el aroma son la mejor guía: toque y olfatee antes de comprar. En la selección de estos platos, el color ha desempeñado un papel importante; por ejemplo: el rosa dorado del melón cantalupo contrasta con el rojo oscuro de las frambuesas (en **Melón cantalupo con frambuesas frescas**). O las bandas verdes y rosa-doradas del melón gota de miel y el melón cantalupo, contrastadas con el oro intenso del puré de mango (en **Melones con salsa de mango**). Por tanto, si es necesario sustituir una fruta, trate de buscar una que destaque en el esquema de color, en vez de ser aburrida». (Liz Halford pinta, además de cocinar, como bien puede verse aquí).

Nectarinas frescas

Tiempo de preparación: 20 minutos, más 1 hora para refrescar
SÁTVICO, -vata, -pitta, 0 kapha
Raciones: 6
✳

En una cacerola honda y ancha, caliente hasta el hervor lento:
- ½ taza de zumo concentrado de manzana
- Zumo y ralladura de cáscara de 1 naranja, orgánica
- ½ taza de agua

Corte por la mitad y retire los huesos de:
- 6 nectarinas, preferiblemente orgánicas

Agregue las nectarinas al líquido; deje hervir a fuego lento hasta que estén blandas, sin llegar a deshacerse (unos 10-15 minutos). Retire del fuego y enfríe. Justo antes de servir, rocíe con:
- 1 cucharada de agua de azahar*
- ¼ taza de nueces pacanas picadas

*El agua de azahar se puede conseguir en tiendas de repostería.

Melón cantalupo con frambuesas frescas

Tiempo de preparación: 15 minutos
SÁTVICO, -vata, -pitta, levemente +kapha
Raciones: 6
✹

Pele a cuchillo:
   • 1 melón cantalupo maduro, frío
Corte por la mitad y retire las semillas. Corte cada mitad en seis rebanadas.
Ponga las 12 rebanadas hacia arriba, en un plato de servir ovalado.
Dispóngalas en línea recta. Rocíe los centros de cada tajada, también en línea
recta, con:
   • 3 tazas de frambuesas maduras, frescas (2 cestitos)
Sirva de inmediato.

Comentario: como dice Liz, la inventora de esta receta: «Sería una vergüenza
que nunca hubiera oído mencionar esta combinación. Es muy simple y
elegante». Y ligera para digerir.

Melones con salsa de mango

Tiempo de preparación: 15 minutos
SÁTVICO, -vata, -pitta, levemente +kapha
Raciones: 6
✹

Pele y corte en seis tajadas, respectivamente:
   • ½ melón cantalupo maduro, frío
   • ½ melón rocío de miel maduro, frío
Ponga las 12 tajadas hacia arriba en la fuente de servir, en línea recta.
Pele:
   • 2 mangos bien maduros, enfriados
Corte la pulpa de los mangos hasta el hueso. Redúzcala a puré en la
procesadora o en la licuadora hasta que quede homogénea. Viértala en
un chorro continuo sobre el centro de las tajadas de melón, a lo largo en
línea recta. Sirva de inmediato. «Una solución para esos mangos que llevan
demasiado tiempo en el frutero».

Peras especiadas

Tiempo de preparación: 30 minutos
SÁTVICO, levemente +vata, -pitta, -kapha
Raciones: 6
✪ ✳ ॐ ❄

Pele y pique, retirando las semillas mientras lo hace:
- 1 limón pequeño, orgánico

Reduzca a puré en la licuadora. Agregue:
- ½ taza de zumo concentrado de manzana
- ½ taza de agua
- 1 cucharadita de cardamomo molido
- 1 cucharadita de coriandro molido

Licúe lo necesario para mezclar. Caliente la mezcla en una cacerola ancha y de poca profundidad. Mientras se calienta, pele:
- 6 peras maduras

Y córtelas por la mitad. Retire los corazones y póngalas boca abajo en la cacerola. Cubra y hierva a fuego lento hasta que estén blandas, 10-15 minutos. Retire las peras y póngalas en seis cuencos individuales para servir. Continúe cociendo la mezcla durante otros 10 minutos, hasta que sea un jarabe denso. Agregue:
- 1 cucharadita de extracto de vainilla (opcional)

Retire del fuego. Vierta la salsa sobre las mitades de las peras y rocíe con:
- Almendras tostadas frescas, blanqueadas y fileteadas

Se pueden servir de inmediato o después de enfriar.

Bolas de *halva*

Tiempo de preparación: 10 minutos, más tiempo para enfriar
SÁTVICO, -vata, +pitta, +kapha
Piezas: 18-24 bolas
ॐ ❄

Tueste en una sartén de hierro, a temperatura baja:
- 4 cucharadas de semillas de sésamo enteras

En un bol, mezcle con un tenedor:
- 4 cucharadas de *tahini* de sésamo crudo

- 2 cucharadas de miel cruda
- 1 cucharadita de extracto de vainilla

Cuando las semillas de sésamo empiecen a dorarse y a despedir un olor delicioso, retírelas del fuego y viértalas en la licuadora. Muela. Revuelva las semillas de sésamo molidas con el resto de los ingredientes y forme bolas de 2-3 cm de diámetro. Enfríe y sirva.

Frutas rellenas

Tiempo de preparación: 5-15 minutos, según cuántas se preparen
SÁTVICO, +vata, 0 pitta, 0 kapha
❀ ✳ ଯ ❄

Corte los tallos y divida en mitades, a lo largo:
- Higos secos

Rellene con:
- Nueces crudas enteras o anacardos*

Disponga en un plato y sirva.

* Para PLATO DE ROTACIÓN PARA DÍA 4, utilice anacardos.

Variante

Si quiere un postre que sea calmante para vata, use higo secos y rellénelos con anacardos.
RAJÁSICO, -vata, 0 pitta, +kapha
*PLATO DE ROTACIÓN PARA DÍA 4.
**PLATO DE POLARIDAD PARA FORTALECER LA SALUD.

Crujientes galletas de coco

Tiempo de preparación: 30-45 minutos
MODERADAMENTE RAJÁSICO (huevos, dátiles), -vata, -pitta, 0 kapha
Piezas: 15 galletas de 7 u 8 cm
❀ ✳ ଯ ❄

Precaliente el horno a 150 °C. Bata a punto de merengue:
- 2 claras de huevo

Incorpore suavemente a las claras batidas:

- ½ taza de azúcar de dátil o fructosa

Luego incorpore:
- 1 dátil picado (opcional)
- ¼ taza de papaya seca sin endulzar, finamente picada
- 1 cucharadita de extracto de vainilla*
- ⅓ taza de anacardos tostados (opcional)
- 2 tazas de copos de coco sin endulzar

Vierta a cucharadas en una placa para horno* antiadherente o bien aceitada y decore con:
- Semillas de sésamo tostadas

Hornee durante 12-15 minutos.

Comentario: cuando empiecen a oler bien, es hora de retirarlas de horno. Como son tan ligeras, pasan de «a punto» a «quemadas» con mucha celeridad. ¡Esté alerta!

*PLATO DE ROTACIÓN PARA DÍA 4. Para el programa de rotación por alergia (véase página 389), utilice aceite de sésamo para aceitar la placa y vainas de vainilla en vez de extracto. Una de las ventajas de esta galleta es que, pese a que sabe muy bien, no tiene grasas ni harinas.

SOBRE EL RECLAMO DE PODER

El enfado, cuando toca, puede llevar a una acción hábil y efectiva. El enfado reprimido e inexpresado puede crear muchos problemas, entre ellos excesos en el comer y problemas de peso. Pongo este recuadro junto a las crujientes galletas de coco porque, en mis veinte años de práctica como nutricionista, he visto a muchas mujeres mascar cuando vivían situaciones de poder no reconocido y de ira legítima.

Tal como ha dicho mi socio, Gordon Bruen: «El cuerpo es nuestro amigo; nos dice que nos expresemos, que actuemos. A menudo, el progreso en nuestra época va hacia la pérdida de poder y la desesperación. Hacernos responsables de lo que comemos es un primer paso muy real hacia el cuidado de nuestro planeta. Es una forma de empoderamiento. Es adecuado y satisfactorio. Hasta revolucionario».

Hace muchos años estaba yo en Kainchi, en las montañas de Uttar Pradesh, hospedada en un *ashram*. Un día decidí sentarme frente a una gran estatua de

Vaishnavi Devi, diosa hindú, y abrirme a lo que pudiera suceder. Después de algunas horas me dominó una ira gigantesca y terrible, no relacionada con nada que yo pudiera identificar. Me asusté. En esos momentos, la primera conclusión fue que con las deidades hindúes no se debía jugar; me escabullí rápidamente a mi habitación, para esconderme (eso esperaba) de fuerzas tan poderosas. Diez o doce años después, aún no sé cómo interpretarlo, pero mi sospecha es esta: la ira femenina es real y forma parte de lo sagrado. Y también comienzo a comprender que es un recurso.

Galletas de sueño

Tiempo de preparación: 20-30 minutos
SÁTVICO, -vata, 0 pitta, +kapha
Piezas: 15 galletas
⊛ ༉ ❅

Precaliente el horno a 150 °C. Muela finamente en una licuadora, procesadora de alimentos o como prefiera:
- 1 taza de almendras crudas molidas

Mézclelas con:
- ¼ taza de jarabe de arce
- ⅛-¼ cucharadita de cardamomo recién molido
- 2 cucharaditas de agua

Deje caer la pasta de a media cucharadita en una placa para horno bien aceitada. Se extenderán un poquito. Hornee 15-20 minutos o hasta que estén ligeramente doradas. Déjelas enfriar solo durante un par de minutos. Luego retírelas cuidadosamente con una espátula y póngalas a enfriar en un plato o en una tabla de madera.

*PLATO DE ROTACIÓN PARA DÍA 2; si sigue un programa de rotación estricto, utilice aceite de almendras o albaricoque en la placa.

Comentario: esta deliciosa galleta está estrechamente basada en una receta del mismo nombre, tomada de *The Allergy Self-Help Cookbook* [El libro de cocina de autoayuda para alergias] de Marjorie Hurt Jones, enfermera titulada. Es una estupenda fuente de recetas creativas para los omnívoros.

VARIANTES

Para obtener un PLATO DE ROTACIÓN PARA DÍA 3, utilice:

- 1 taza de semillas de girasol molidas
- ⅓ taza de jarabe de arroz moreno
- ⅓ taza de pasas de Corinto
- ¼ cucharadita de nuez moscada
- 2 cucharaditas de agua

Proceda como en la receta anterior.

SÁTVICO, -vata, 0 pitta, moderadamente +kapha

Para obtener otro PLATO DE ROTACIÓN PARA DÍA 3, utilice:

- 1 taza de avellanas de filbert molidas
- ¼-⅓ taza de jarabe de arroz moreno
- ¼ cucharadita de macia
- 2 cucharaditas de agua

Prepare como en la receta anterior.

SÁTVICO, -vata, 0 pitta, +kapha

Galletas de jengibre

Tiempo de preparación: cerca de 1 hora
SÁTVICO LINDANDO CON LO RAJÁSICO*
Piezas: 10-12 figuritas más 18 galletas redondas de 5 cm
ॐ ❄

Precaliente el horno a 200 °C.
Mezcle para hacer una crema:

- ¼ taza de mantequilla o ghee
- ½ taza de fructosa

Agregue batiendo:

- ½ taza de melaza concentrada

Mezcle aparte:

- 1 taza de salvado de arroz o de avena
- 2 ½ tazas de harina de cebada o trigo integral
- 1 cucharadita de bicarbonato de sodio
- ¼ cucharadita de clavo
- ½ cucharadita de canela
- ½ cucharadita de jengibre seco

- ½ cucharadita de sal

Agregue los ingredientes secos a la pasta, revolviendo y alternando con:

- ½ taza de agua o más

Hacia el final, la masa estará muy densa; entonces es fácil incorporarle el último resto de harina amasando con las manos. Utilice algo más de harina, si prefiere una consistencia más manejable. Moldéela a palmaditas en una placa para horno ligeramente aceitada, de 28 x 40 cm, aproximadamente; luego, con un cortador para galletas, recorte con las formas que le apetezcan (Este último solsticio de invierno hicimos duendes y ángeles). Retire cuidadosamente la masa sobrante entre las galletas y deje que estas reposen en la placa.

Utilice la masa sobrante para hacer galletas redondas. Coja una cucharadita, haga una bola entre las manos y luego presiónela suavemente en otra placa aceitada. Ponga las dos placas en el horno durante 10-12 minutos o hasta que un mondadientes insertado en el centro salga limpio.

* -vata, 0 pitta, levemente +kapha (con salvado de arroz y harina de trigo integral)
* 0 vata, 0 pitta, 0 kapha (co salvado de avena y harina de cebada)
* = vata, 0 pitta, levemente +kapha (con salvado de avena y harina de trigo integral

Crema de coco

Tiempo de preparación: 10 minutos para hacerla, 30 minutos para enfriar
LEVEMENTE RAJÁSICA (debido a la leche de coco envasada),
-vata, -pitta, moderadamente +kapha
Raciones: 4-6
❀ ✳ ℞ ❄

Licúe en licuadora a baja velocidad durante 1 minuto o más:

- 2 cucharaditas de pectina
- ½ taza de agua hirviente

Agregue y licúe:

- 400 g de leche de coco
- 1 cucharadita de zumo de limón fresco
- ⅓ taza de fructosa

Decore con:
- ¼ taza de coco tostado

Sirva en cuencos pequeños o sobre fruta fresca, como ser melocotones, bayas o mango maduro.

Milkakebulkis de la abuela Berger

Tiempo de preparación: 3,5-4 horas
RAJÁSICO, 0 vata, 0 pitta, +kapha
Piezas: 2 docenas
ॐ ❄

Para preparar la masa, mezcle en un bol pequeño:
- 1 cucharadita de jarabe de salvado de arroz
- ¼ taza de agua caliente

Disuelva en la mezcla de agua y jarabe
- 1 cucharada de levadura de hornear, seca

Cubra y reserve para «probar», unos 10 minutos. En un bol grande, mezcle con cuchara de madera:
- ¼ taza de jarabe de salvado de arroz
- 100 g (½ taza) de yogur de vaca, puro y fresco, o yogur de soja recién hecho

Agregue batiendo:
- 1 taza de harina de cebada o trigo integral para pastelería, tamizada

Agregue la mezcla de levadura y licúe bien. Añada:
- 1 huevo batido
- 2 cucharadas de ghee o mantequilla muy blanda
- 2 tazas más de harina, poco a poco

Licúe hasta que la masa comience a desprenderse de los costados del cuenco. Eche la masa a una superficie enharinada y amase durante 7 minutos. Dele forma de bollo. Póngala en un cuenco de cerámica o acero inoxidable (plástico no) y vuelva a aceitar la parte superior. Cubra con un trapo de cocina y deje levar en un lugar cálido hasta que haya doblado su volumen, alrededor de una hora (Nota: con harina de cebada nunca duplicará su tamaño; bastará con dejarlo durante no menos de 1 hora).

Para el relleno, mezcle:
- ½ taza de jarabe de salvado de arroz
- ¼ taza de jarabe de arce

- ½ taza de pasas de uva
- 1 ¼ taza de nueces finamente picadas
- 2 cucharaditas de canela

Funda o caliente:

- 2 cucharadas de mantequilla o ghee

Use un poco de la mantequilla o ghee para engrasar 2 fuentes redondas de 20 cm. Reserve el resto para engrasar la masa según hace los panecillos. Tome ½ taza de la mezcla para relleno y extiéndala, tan igualada como pueda, sobre los dos panecillos engrasados.

Precaliente el horno a 210 °C.

Para hacer los bollitos, golpee la masa contra la encimera. Divida en dos partes. En una superficie enharinada, estire la primera mitad hasta formar un cuadrado de 30 cm de lado. Pinte con:

- La mantequilla derretida

Y esparza sobre ella:

- Canela

Extienda sobre la masa la mitad restante del relleno. Con un cuchillo mojado, corte la masa en gruesas tiras de 2-3 cm de espesor y enrolle cada tira en un panecillo. Si nunca antes ha hecho *milkakebulkis*, es importante saber que son pequeños. Puede surgir la tentación de hacerlos tan grandes como rollos de canela. No son así: son solo de 2-3 cm de espesor, por lo que es importante cortar las tiras solo de ese tamaño.

Repita el procedimiento con la masa y el relleno restantes. Coloque en las placas engrasadas, de manera que los *milkakebulkis* apenas se toquen entre sí. Deje que leven, cubiertos con un trapo de cocina, durante 45 minutos más.

Retire el trapo de cocina y lleve los *milkakebulkis* al horno durante 20 minutos o hasta que estén ligeramente bronceados. Deje enfriar durante 10 minutos o menos; luego vuélquelos sobre una rejilla para que acaben de enfriarse. Si en la placa ha quedado algo de relleno, vuelva a extenderlo sobre los panecillos mientras aún esté caliente.

Comentario: esta receta va en honor de la abuela Hattie Berger, la matriarca del clan Herling, que falleció con noventa y seis años, después de mucho tiempo de estupenda pastelería, energía luchadora y amor. Sus *milkakebulkis* eran famosos por ser un deleite y una tentación. Me temo que algunos residentes de Baltimore no reconocerán esta versión, atrozmente saludable, de su nieta Michele. Es la única receta con levadura en todo el libro. Y con esa frecuencia debería usarse la levadura en un programa terapéutico ayurvédico: ¡en una de doscientas recetas! Si usted sigue una dieta libre de levadura, es mejor que este, como la mayoría de los postres, quede sin probar.

VARIANTE

El yogur se puede sustituir por ½ taza de leche de vaca recién hervida o leche de soja más 1 cucharadita de limón fresco. Deje enfriar la leche a temperatura de ambiente antes de usarla.

Rodajas de manzana

Tiempo de preparación: 1 hora
SÁTVICO, 0 vata, -pitta, 0 kapha*
Raciones: 12
✳ 𝕣 ❄

Precaliente el horno a 200 ºC. Lave, quite el corazón y corte en rodajas:
* 12 manzanas orgánicas (9 tazas)

Cueza las manzanas en una cacerola grande, a temperatura moderada, con:
* 2 cucharaditas de canela
* 2 cucharadas de zumo de limón, fresco
* ³/₈ taza de concentrado de manzana (edulcorante)
* 1 taza de zumo de manzanas orgánicas, fresco

Deje hervir suavemente durante 10-15 minutos mientras prepara la base.

Mezcle con un tenedor, en un bol mediano:
* 1 ½ tazas de cebada o harina de trigo integral
* ¼ cucharadita de sal
* 3 cucharadas de aceite de sésamo, nuez o almendra, prensado en frío
* ½ taza de agua fría

Agregue más harina, si fuera necesario para que la masa se integre en una bola. Transfiera esa bola a una placa de horno ligeramente enharinada. Estírela a palmaditas en la placa, plegándola un poco a lo largo del borde, para que forme una base.

Si a usted le gustan las manzanas relativamente firmes (a la francesa, como dicen algunos), ya puede retirarlas del fuego y taparlas. Si le gusta la fruta más blanda, déjelas hervir a fuego lento hasta el punto deseado. El horneado no cambia mucho su consistencia. Vierta suavemente, a cucharadas, las manzanas cocidas sobre la base, distribuyéndolas uniformemente. Agregue el zumo que haya podido quedar. Hornee durante 30 minutos o hasta que la base esté ligeramente dorada. Corte y sirva caliente o fría.

*Esta receta es muy calmante para kapha si se usa harina de cebada en vez de trigo integral.

Variante
Se puede utilizar como PLATO DE ROTACIÓN PARA DÍA 1, si se omite el zumo de limón.

¡Vaya pastel de bayas!

Tiempo de preparación: 30 minutos para prepararlo, 1 hora para enfriar
SÁTVICO, -vata, -pitta, levemente +kapha
Piezas: un pastel de 22 cm
✳ ℞

Prepare:
- **Base de almendras**, página 305

Mientras se hornea, reduzca a puré:
- 4 tazas de fresas frescas (poco menos de 1 l)
- ¾ taza de fructosa

Reserve. Cuando la base esté hecha, póngala a enfriar un poco.
Lleve a hervor en una cacerola pequeña:
- ½ taza de zumo de cerezas fresco o sidra

Viértalo en una licuadora. Añada:
- 2 cucharaditas de pectina

Licúe bien a baja velocidad durante 1 minuto o más. Luego agregue, sin dejar de licuar hasta que esté bien mezclado:
- ⅓ taza de leche de coco

Incorpore la mezcla de pectina a las fresas hasta que esté completamente mezclado. Vierta suavemente a cucharadas sobre la base del pastel. Deje enfriar en el refrigerador.

Comentario: uno de nuestros postres favoritos, reservado para ocasiones especiales.

Un buen pastel de boniato

Tiempo de preparación: 2 horas
SÁTVICO, -vata, 0 pitta, +kapha
Piezas: 1 pastel de 22 cm
ℜ ✳

Relleno:
Lave y ponga en una cacerola de agua hirviente:
  • 2 boniatos medianos
Cuando el agua vuelva a hervir, reduzca la temperatura a moderada. Cueza hasta que los boniatos estén blandos, unos 30-45 minutos. Retire las pieles.
Prepare la base:
  • 1 base para pastel de 22 cm, sin hornear, **Base para pastel de cebada o trigo integral**, página 305
Ponga la bola de masa a enfriar en el refrigerador. Precaliente el horno a 200 °C.
Para hacer el relleno, bata en una licuadora:
  • 2 huevos (o sustituto)
Agregue poco a poco mientras licúa, en trozos de 2-3 cm:
  • ¼ kg de tofu firme
  • El boniato cocido
Ahora añada:
  • 3 cucharadas de aceite de sésamo
  • ⅔ taza azúcar de caña integral
  • ⅓ taza de jarabe de arroz moreno
  • 1 cucharada de melaza concentrada
  • 1 cucharadita de canela
  • ½ cucharadita de jengibre seco molido
  • ¼ cucharadita de nuez moscada
  • ¼ cucharadita de macia
  • ½ cucharadita de sal
  • 1 cucharadita de extracto de vainilla
Presione la masa fría en el molde y vierta allí el relleno. Hornee durante 55-60 minutos o hasta que esté a punto. Para relamerse.

Comentario: lo preparo para esas fiestas familiares en que cada uno debe llevar un plato, cuando me toca el postre. Obviamente, no es el tipo de comida que una puede elaborar rápidamente después de una larga jornada de trabajo. No es difícil, pero hacerlo lleva mucho tiempo. La inspiración original para esta receta provino de la columna de Carol Wiley Lorente sobre el pastel de calabaza, en el número de noviembre de 1993 de *Vegetarian Times*. Le estoy muy agradecida.

Base para pastel de cebada o trigo integral

Tiempo de preparación: 1 hora o menos, mayormente sin atención
SÁTVICO*
Piezas: 1 base de 22 cm
✹ ✴ ☋ ❄

Mezcle en un bol:
- 1 ½ tazas de harina para pastelería, de cebada o trigo integral
- ½ cucharadita de sal

Deshaga en la harina con los dedos, hasta que tenga el tamaño de un guisante o menos:
- 6 cucharadas de mantequilla fría o ghee (también puede agregar 6 cucharadas de aceite frío de sésamo o almendra)

Revuelva con un tenedor mientras agrega:
- 4-6 cucharadas de agua fría

Agregue agua suficiente para que la masa se integre en una bola. Cubra el bol y póngalo en el refrigerador para enfriar durante 30 minutos o más. Retire la masa del refrigerador y presiónela suavemente con los dedos en un molde de 22 cm. Para obtener una base de pastel, lleve a horno precalentado a 190 °C durante 15 minutos o hasta que esté ligeramente dorado. También puede usarlo sin hornear, si sigue las indicaciones para el pastel que esté preparando.

* Vata, 0 pitta, + kapha (con trigo integral)
* 0 vata, 0 pitta, +kapha (con harina de cebada)

Base de almendras

Tiempo de preparación: 30 minutos
SÁTVICO*
Piezas: 1 base de 22 cm
✹ ✴ ☋ ❄

Precaliente el horno a 190 °C. Mezcle en un bol bastante grande:
- 2 cucharadas de almendras crudas finamente molidas
- 3 cucharadas de azúcar de caña integral
- 1 ¼ tazas de harina de cebada o trigo integral
- Pizca de sal

Deshaga en la harina con las manos o con un cortapastas, hasta que tenga la textura del maíz molido grueso:
- 4 cucharadas de mantequilla fría

Agregue:
- 4 cucharadas de agua fría, aproximadamente

Añada el agua suficiente para que la masa forme una bola que se pueda presionar. Transfiera esa bola a un molde para pastel de 22 cm, sin aceitar, y presiónela dentro de él. Hornee durante 15 minutos. Retire del horno y deje enfriar.

* -vata, 0 pitta, levemente +kapha (con harina de cebada)
* -vata, 0 pitta, +kapha (con harina de trigo integral)

Base para pastel kapha

Tiempo de preparación: 25 minutos
SÁTVICO, +vata, -pitta, -kapha
Piezas: 1 base de 22 cm
❀ ✴ ༀ ❄

Precaliente el horno a 220 °C.
Mezcle con un tenedor:
- ¾ taza de harina de cebada
- 1 ½ cucharadas de aceite de sésamo
- ¼ taza de agua fría
- ¼ cucharadita de sal

Agregue un poco más de harina de cebada, si fuera necesario para que la masa se integre en una bola. Espolvoree un molde de 22 cm para pastel con harina de cebada y espolvoréese también los dedos. Estire la masa dentro del molde a palmaditas. Saldrá delgado. Hornee durante 15 minutos. Puede usarlo sin hornear, según se indique en la receta que haya escogido.

Comentario: lo estupendo de esta base es que no contiene colesterol y solo una mínima cantidad de grasa, y es bastante sabrosa. Si bien para la quiche es mejor hornearla primero, para pasteles de fruta o guisos la uso cruda, horneando la base junto con el relleno.

Si usted busca una masa baja en grasas para vata o pitta, puede sustituir la harina de cebada por harina de trigo integral (SÁTVICO, -vata, -pitta, levemente +kapha).

Pastel de plátano especiado

Tiempo de preparación: 45 minutos
SÁTVICO, -vata, 0 pitta, +kapha
Raciones: 9-12
ॐ ❄

Precaliente el horno a 220 ºC
En un bol de mezclar mediano, reduzca a puré:
  • 2 plátanos maduros
Luego agregue batiendo:
  • 1 huevo
Añada:
  • ½ taza de aceite de sésamo
  • ½ taza de jarabe de salvado de arroz
  • ½ taza de nueces molidas
  • 1 cucharadita de canela
  • ½ cucharadita de cardamomo molido
  • ¼ cucharadita de jengibre seco molido
Mezcle y agregue a la pasta:
  • 1 taza de harina de teff
  • 1 taza de harina de cebada
  • 1 cucharadita de bicarbonato de sodio
  • ½ cucharadita de sal
  • 1 taza de pasas de uva orgánicas
Vierta la mezcla a cucharadas en un molde cuadrado de 22 cm, ligeramente aceitado, o hasta que un cuchillo insertado en el centro salga limpio. Enfríe y recubra con **Glasé de miel y nuez moscada**.

Comentario: fue la receta de Rebecca Wood para el Pastel de puré de manzana especiado la que me inspiró esta.

La taza de harina de teff y la de cebada se pueden reemplazar a la vez por 2 tazas de harina de trigo integral o 1 ½ tazas de salvado de avena.

*SÁTVICO, -vata, 0 pitta, +kapha (con harina de trigo integral)

*SÁTVICO, levemente +vata, 0 pitta, levemente +kapha (con salvado de avena)

Glasé de miel y nuez moscada

Tiempo de preparación: 5 minutos, más tiempo para enfriar

SÁTVICO, 0 vata, levemente +pitta, -kapha

Suficiente para recubrir 1 pastel de 22 cm

❀ ✳ ꙫ ❄

Revuelva juntos en un bol pequeño:
- 3 cucharadas de miel cruda
- 1 cucharadita de leche recién hervida o leche de soja
- ¼ cucharadita de nuez moscada molida

Sabe mejor bien frío.

Cobertura de queso en crema

Tiempo de preparación: 10 minutos o menos

RAJÁSICO, -vata, +pitta, +kapha

Recubre un pastel de 25 cm

ꙫ ❄

Mezcle con tenedor en un bol pequeño, o con batidora eléctrica si se desea una mayor homogeneidad:
- ¾ taza de queso en crema batido (170 g)
- 2 cucharadas de fructosa o azúcar de caña integral
- 2 cucharadas de zumo de limón fresco

Extienda sobre el pastel con un cuchillo para mantequilla.

El queso en crema se puede sustituir por igual cantidad de queso cremoso de soja o crema ácida de soja. Utilice solamente 1 cucharadita de zumo de limón fresco y la misma cantidad de edulcorante.

RAJÁSICO, 0 vata, 0 pitta, moderadamente +kapha

Pastel de zanahoria

Tiempo de preparación: 30 minutos más 1 hora para hornear
SÁTVICO*
Raciones: 10-12
ন ❊

Precaliente el horno a 160 °C. Caliente en una cacerola a temperatura moderada durante 10 minutos:
- 2 tazas de zanahoria orgánica rallada (2 zanahorias grandes)
- ½ taza de piña seca, finamente picada
- ½ taza de pasas de Corinto o de uva, orgánicas
- ¾ tazas de jarabe de arroz moreno
- 1 taza de zumo de manzana, fresco
- ½ taza de agua
- 1 cucharadita de canela
- ½ cucharadita de pimienta de Jamaica
- ½ cucharadita de nuez moscada
- ¼ cucharadita de clavo
- 2 cucharadas de ghee o mantequilla
- 1 cucharada de zumo de limón fresco

Deje enfriar. Mezcle aparte:
- 2 tazas de harina de cebada o trigo integral
- ½ cucharadita de sal
- 1 cucharadita de bicarbonato de sodio

Bata:
- 2 huevos

Revuelva los huevos con el resto de los ingredientes húmedos. Agregue los secos y:
- ½ tazas de nueces crudas, picadas (opcional)

Vierta la pasta en una fuente para horno de 18 x 28 cm y hornee hasta que esté a punto, alrededor de 1 hora. Un cuchillo insertado en el centro debería salir limpio. Sirva con **Glasé de miel y nuez moscada**, página 308, o **Cobertura de queso en crema**, página 308.

* levemente +vata, 0 pitta, levemente +kapha (con harina de cebada)
* 0 vata, 0 pitta, +kapha (con harina de trigo integral)

Para obtener una versión calmante para vata, utilice harina de trigo integral y piña o zumo de piña y coco.
SÁTVICO, -vata, moderadamente +pitta, +kapha

Variante 2

Pastel de zanahoria libre de colesterol: si quiere una versión libre de colesterol, en vez de huevos utilice sustituto y reemplace el ghee por aceite de sésamo. Para la cobertura, use el **Glasé de miel y nuez moscada** con leche de soja. Es un poco más seco que la versión anterior, pero sabroso.
SÁTVICO, moderadamente +vata, 0 pitta, 0 kapha

Pastel rosado de remolacha

Tiempo de preparación: 60-70 minutos, mayormente sin atender
SÁTVICO*
Raciones: 8
ॐ ❄

Precaliente el horno a 160 °C.
Lave y ralle:
- 3 zanahorias medianas (2 tazas de ralladura)

Reserve. En un bol de mezclar, bata:
- 1 huevo

Luego agregue batiendo:
- ⅔ taza de zumo fresco de naranja (aproximadamente 1 naranja grande)
- 1 cucharada de ralladura de cáscara de naranja orgánica
- ½ cucharadita de raíz de jengibre fresca, rallada
- 1 cucharadita de canela
- ¼ cucharadita de nuez moscada
- ⅛ cucharadita de pimienta de Jamaica
- 2 cucharadas de ghee (caliente si es necesario para mezclarla con facilidad)
- ½ taza de jarabe de arce

Añadir revolviendo las zanahorias ralladas. Revolver, luego incorporar a los ingredientes húmedos:
- 2 tazas de harina integral, trigo o cebada

- ½ cucharadita de sal
- 2 cucharaditas de polvo de hornear

Incorpore a la pasta:

- ½ taza de pasas de uva orgánicas

Engrase ligeramente un molde redondo de 25 cm o una placa para 8-10 panecillos; vierta allí la pasta a cucharadas. Hornee durante 40 minutos o hasta que un cuchillo insertado en el centro del pastel salga limpio. Sin cobertura, constituye un buen tentempié, no demasiado dulce.

También se puede recubrir con:

- **Salsa de miel y limón**, página 258
- **Cobertura de queso en crema**, página 308

* -vata, moderadamente +pitta, +kapha (con harina de trigo)

* 0 vata, moderadamente +pitta, 0 kapha (con harina de cebada)

Pastel de frutas tropicales

Tiempo de preparación: 30 minutos, con 2 horas más para hornear
SÁTVICO, MODERADAMENTE +vata, -pitta, +kapha
Piezas: una hogaza o 12 pasteles individuales

Precaliente el horno a 150 °C. Ponga 2-3 cm de agua en una olla de poca profundidad o en el estante inferior del horno. Bata:

- 2 yemas de huevo

Luego agregue batiendo hasta que quede ligero y cremoso:

- 3 cucharadas de ghee o mantequilla
- ½ taza de azúcar de caña integral

Mezcle aparte:

- ¼ taza salvado de arroz o de avena
- ½ tazas de harina integral de trigo o avena
- ½ cucharadita de canela
- ⅛ cucharadita de clavo
- ⅛ cucharadita de nuez moscada

Revuelva los ingredientes secos con el ghee y el huevo, aproximadamente ¼ de taza por vez, alternando con unas cuantas cucharadas de:

- 1 cucharada de ralladura de naranja orgánica
- ¼ taza de zumo de naranja fresco

hasta que tanto la harina como el zumo estén completamente mezclados a la pasta. Rocíe una tabla de picar con:

- 1-2 cucharadas más de harina

Y enharine también un cuchillo. Sobre esa tabla, con ese cuchillo, corte en trozos de 1-1,5 cm:

- 2 tazas de papaya seca (400 g)
- ¾ taza de dátiles secos (250 g)
- ½ taza de higos
- ½ taza de anacardos crudos, en trozos

Mezcle la fruta, los frutos secos y la harina en la tabla y agréguelos a la pasta, revolviendo. Bata a punto nieve:

- 2 claras de huevo

Incorpórelas a la pasta. Forre un molde para pan con papel encerado o aceitado; vierta a cucharadas la pasta en el molde. También puede alinear en una fuente 12 moldes de papel y rellenar cada uno con una cucharada bien colmada. Hornee en el estante superior hasta que estén a punto, unas 2 horas. Son divertidas de hacer y envolver con lazos festivos a manera de pequeño regalo.

Variante

Si le apetece, puede reemplazar los huevos por un sustituto. Use el equivalente de 2 huevos y agréguelos al principio.

SÁTVICO, +vata, -pitta, moderadamente +kapha

Pastel de fruta para día festivo

Tiempo de preparación: 30 minutos, más 2 horas para hornear
SÁTVICO, moderadamente +vata, -pitta, +kapha
Piezas: 1 hogaza o 12 pastelitos individuales
❀

Precaliente el horno a 150 °C. Coloque en el estante inferior una olla poco profunda con 2-3 cm de agua. Bata en un bol para mezclar:

- 2 yemas de huevo (o sustituto equivalente a 2 huevos)

Agregue batiendo:

- ⅓ taza de aceite de sésamo
- ¼ taza de jarabe de salvado de arroz
- 1 cucharadita de melaza concentrada
- ¼ taza de néctar de albaricoque o zumo de uva

Mezcle aparte y luego agregue a la pasta:
- ½ taza de harina integral de trigo o cebada
- ¼ taza de salvado de arroz o avena
- ⅛ cucharadita de sal
- ½ cucharadita de canela
- ⅛ cucharadita de clavo
- ⅛ cucharadita de nuez moscada

Enharine un cuchillo y una tabla de picar con:
- 1-2 cucharadas más de harina

Pique finamente en la tabla:
- 2 cucharadas de cáscara de naranja orgánica

Luego pique grueso:
- 1 taza de albaricoques secos
- ½ taza de piña seca
- ½ taza de nueces crudas

Añada esto a la pasta, junto con:
- ⅓ taza de cerezas secas (si las hay)
- ⅓ taza de pasas de Corinto
- ⅓ taza de pasas de uva orgánicas

Bata a punto nieve:
- 2 claras de huevo

Incorpórelas suavemente a la pasta. Forre un molde para pan con papel encerado o aceitado y vierta la pasta en el molde. También puede alinear en una placa para panecillos 12 moldes de papel individuales y poner en cada uno una cucharada colmada de masa. Ponga en el estante superior del horno. Hornee hasta que estén a punto, unas 2 horas.

Comentario: comenzamos a hacer estos dos pasteles de fruta para las fiestas, recordando las estupendas creaciones navideñas de mi madre y la abuela de Gord. Ansiábamos recuperar aquel rico aroma, pero yo quería inventar una versión nueva. Estas saben como el antiguo pan de frutas, pero sin el alcohol y los agregados químicos de la fruta. Si puede conseguir fruta seca orgánica, tanto mejor. ¡Supe que estaba en el camino correcto cuando mi madre les dio su aprobación!

Sobre los edulcorantes

La miel cruda y el jarabe de arce son edulcorantes ayurvédicos populares, de naturaleza sátvica. Los dos son adecuados para un programa ayurvédico. Como cada uno tiene una dinámica algo diferente, se usan para calmar a diferentes doshas. La miel cruda es a un tiempo curativa y secante; por eso, en pequeñas cantidades, es un excelente edulcorante para kapha. Su calor lo hace agravante para pitta si se consume con regularidad. La dulzura de la miel y sus cualidades calientes sobrepasan su sequedad para vata, haciendo de ella un buen edulcorante también para este dosha. Es importante recordar que no se debe calentar la miel, pues así puede crear ama, desechos tóxicos. Está bien si se agrega a un líquido caliente, como una taza de té. También se puede añadir al terminar la preparación de un plato, siempre que después no se cueza. El jarabe de arce es dulce, frío y húmedo. Es un buen edulcorante para calmar a pitta (con moderación siempre, ¿vale?), así como a vata. Sus cualidades incrementan a kapha, por lo que es mejor que las personas en quienes predomina este dosha lo consuman solo ocasionalmente.

Los edulcorantes que ocupan un segundo lugar después de la miel y el jarabe de arce, por sus cualidades calmantes y su pureza, son los zumos de fruta concentrados y embotellados, el azúcar de caña, el jarabe de arroz moreno y el jarabe de cebada malta. Otros que se pueden utilizar en pequeñas cantidades son el azúcar de caña integral, fructosa, jugo de caña azucarera y melaza. Estos últimos, con excepción del jugo de caña recién prensado, son de efecto rajásico; por lo tanto, es mejor usarlos rara vez. Cómo interaccionan estos dulces con los tipos constitucionales se verá en el Apéndice II, «Guías orientativas de alimentación revisada para tipos constitucionales básicos».

En cuanto al azúcar blanco y el moreno, hay diferentes opiniones. Muchos cocineros y médicos ayurvédicos evitan por completo el azúcar blanco. Lo considera muy rajásico y, además, demasiado inflamante (en su efecto a largo plazo). A corto plazo, su exceso desequilibra a vata y a kapha; a largo plazo agrava a pitta. El azúcar moreno está hecho, esencialmente, de azúcar blanco; por eso tampoco lo usan. Yo me alineo con esta escuela de pensamiento. Sin embargo, he conocido a médicos ayurvédicos que utilizan azúcar como agente refrescante para pitta a corto plazo. Según mi propia experiencia como profesional, yo no lo haría, por la cantidad de gente que he visto padecer por un exceso de azúcar.

314

Bebidas

Símbolos utilizados

«-» significa que calma o ayuda a la constitución mencionada;

«+» , que la agrava o incrementa.

«0» indica efecto neutro

*DIETA DE ROTACIÓN puede ser útil para personas con alergias alimentarias.

**PLATO DE POLARIDAD indica recetas que apoyan el trabajo con terapia de polaridad.

✤= Primavera

✻ = Verano

𝕽 = Otoño

✽= Invierno

Infusión tridóshica

Tiempo de preparación: 10-15 minutos
SÁTVICO, -vata, -pitta, -kapha
Raciones: 3-4 tazas
❀ ✳ ཉ ❄

En una cacerola de acero inoxidable, lleve a hervor:
  • 4 tazas de agua
Retire del fuego y agregue:
  • 1 cucharada de gotu kola seco
  • 1 cucharada de menta piperita seca
  • 1 cucharada de pétalos de rosa
  • ⅛ cucharadita de semillas de hinojo
Revuelva, cubra y deje reposar 10 minutos o más. Filtre y sirva. Se puede servir fría o caliente.

Comentario: esta infusión es calmante y fortalecedora para todos los doshas, y especialmente beneficiosa para la mente, los nervios y la digestión. El gotu kola que contiene es muy bueno para despejar la mente y sus puntos de vista, pero la infusión no se debe consumir en exceso, especialmente si se tiene predisposición al dolor de cabeza o algún problema de escozor en la piel.

Infusión calmante para vata

Tiempo de preparación: 15-20 minutos
SÁTVICO, - -vata, moderadamente +pitta, -kapha
Raciones: 3-4 tazas
❀✳ ཉ ❄

Lleve a hervor en una cacerola de acero inoxidable:
  • 4 tazas de agua
Reduzca la temperatura a mínimo y agregue:
  • 1 cucharadita de semillas de cardamomo enteras
  • 2 palillos de canela
  • 1 ½ cucharaditas de raíz de jengibre fresco, pelada y picada
  • 1 cucharada de raíz de regaliz seca, cortada o en rodajas
  • ⅛ cucharadita de semillas de hinojo

- 1 cucharadita de cáscara de naranja orgánica, seca
- ½ cucharadita de semillas de anís enteras (opcional)
- 1 cucharadita de zarzaparrilla seca en polvo (opcional)

Revuelva bien. Cubra la olla y deje hervir a fuego lento durante 10 minutos. Retire del fuego y deje reposar durante 5 minutos más. Filtre. Sirva sin endulzar, con leche hervida fresca (opcional) o endulzada con miel a gusto.

Comentario: esta dulce infusión, similar a un té, es especial para equilibrar vata y favorecer una buena función digestiva.

Infusión calmante para pitta

Tiempo de preparación: 15 minutos
SÁTVICO, levemente +vata, - -pitta, 0 kapha
Raciones: 3 -3 ½ tazas
⊛ ☀ ꙫ ❄

Lleve a hervor en una cacerola de acero inoxidable:
- 4 tazas de agua

Retire del fuego y agregue:
- 2 cucharadas de hojas de alfalfa secas
- 3 cucharadas de raíz de consuelda seca
- 1 cucharada de menta piperita
- 1 cucharada de trébol rojo
- ⅛ cucharadita de semillas de hinojo
- 1 cucharada de flores de hibiscus secas
- 1 cucharada de pétalos de rosa

Tape y deje reposar durante 10 minutos o más. Filtre, estrujando las hierbas para que suelten el té. Endulce con un poco de jarabe de arce, si le apetece. Sabe bien fría o caliente.

Comentario: es una infusión especialmente nutritiva para pitta, para el fortalecimiento y la tonificación en general. Se trata de una bebida fuerte. Si así lo prefiere, puede diluirla con dos tazas más de agua. Una simple camomila o menta son infusiones sencillas y efectivas para calmar a pitta, cuando lo prioritario es la simplicidad.

Infusión vigorizante para kapha

Tiempo de preparación: 10-15 minutos
SÁTVICO, -vata, +pitta, - -kapha
Raciones: 3-4 tazas
⊛ ✳ ॐ ❋

Lleve a hervor en una cacerola de acero inoxidable:
* 4 tazas de agua

Reduzca la temperatura a mínima y agregue:
* ½ cucharadita de bayas de enebro secas
* ¼ cucharadita de pimienta negra
* 1 cucharadita de semillas de cardamomo enteras
* 1 cucharada de gotu kola seca
* 1 cucharada de raíz de jengibre fresca, pelada y picada
* ½ cucharadita de salvia seca

Tape y deje cocer a fuego lento durante 10 minutos o más. Filtre y sirva con un poco de miel, si le apetece.

Comentario: muy buena para despejar la mente y estimular la circulación. El simple olor de la infusión mientras se la prepara puede tener un efecto positivo sobre la claridad mental. También estimula la digestión y la expectoración.

Maharishi Ayurveda Products International comercializa una serie registrada de Infusiones vata, pitta y kapha en forma de saquito. Pueden ser útiles para equilibrar de manera sencilla.

Simple leche caliente con jengibre

Tiempo de preparación: 5 minutos
SÁTVICO, -vata, +pitta, -kapha
Raciones: 2 tazas
⊛ ॐ ❋

Lleve a hervor en una cacerola pequeña:
* 1 taza de leche cruda, fresca
* 1 taza de agua

• 1-2 cucharaditas de raíz de jengibre fresca, pelada y rallada o picada

Reduzca la temperatura a mínima después de 20-30 segundos y deje hervir a fuego lento durante 1 minuto o 2 más. Retire del fuego, filtre y sirva, endulzada con miel o edulcorante.

Comentario: esta es una de las mejores maneras de tomar lácteos, sobre todo antes de acostarse. El jengibre fresco estimula el fuego digestivo, fortalece la digestión en general y actúa como laxante suave, eliminando el exceso de kapha. Se denomina *vishwabhesaj*, medicina universal, porque de esta manera equilibra a los tres doshas (en cuanto a sus funciones). No vaya a creer usted que pitta puede ingerir tanto jengibre como vata o kapha. El exceso puede provocar inflamación, especialmente en pitta.

Leche caliente con hierbas

Tiempo de preparación: 10-15 minutos
SÁTVICO, -vata, -pitta, 0 kapha
Raciones: 1 taza
❀ ২ ❄

Lleve a hervor en una cacerola pequeña:
• 1 taza de leche cruda, fresca
Retire del fuego y agregue revolviendo:
• ¼ cucharadita de semillas de hinojo
• $^{1}/_{16}$-$^{1}/_{8}$ cucharadita de azafrán (opcional)
• 1 cucharadita de pétalos de rosa, orgánicos
Tape y deje reposar fuera del fuego, durante 10 minutos o más. Filtre y sirva, con edulcorante o sin él.

Comentario: calmante y relajante, con hierbas que son suavizantes y/o neutras para todos los doshas. Los pétalos de rosa y el azafrán nunca deben ser calentados.

Infusión ligera de menta

Tiempo de preparación: 5-10 minutos
SÁTVICO, -vata (con moderación), - Pita, -kapha
Raciones: 2 tazas
❀ ✴ ২ ❄

Lleve a hervor
- 2 tazas de agua

Retire del fuego y agregue revolviendo:
- 2-3 cucharaditas de menta piperita seca o 1 cucharada si es fresca, picada

Tape y deje reposar 5 minutos o más. Filtre y sirva, endulzado si le apetece. Se puede servir caliente o frío

Infusión digestiva fácil

Tiempo de preparación: 10-30 minutos
SÁTVICO, -vata, +pitta, -kapha
Raciones: 2-3 tazas
⊛ ✳ ☇ ❄

Lleve a hervor:
- 4 tazas de agua

Eche allí:
- 5 cm de raíz de jengibre, pelada y cortada como le apetezca
- 1 cucharadita de semillas de comino
- 1 cucharadita de semillas de coriandro
- 1 cucharadita de cúrcuma
- Una pizca de hinojo (opcional)

Reduzca la temperatura y deje hervir a fuego lento, sin tapa, durante 10-30 minutos, según le gusten los sabores más o menos fuertes y necesite más o menos ayuda con su digestión. Filtre y beba a sorbitos después de la comida. Especialmente útil después de comidas pesadas o de ingerir legumbres. Excelente para fortalecer el agni.

**PLATO DE POLARIDAD PARA DIETA PURIFICADORA

Comentario: estas hierbas son a menudo recomendadas en los platos indios para favorecer la digestión y para darles algo de su sabor inigualable. En ocasiones puede que no nos apetezca comer un curry indio, pero aun así se necesita el apoyo digestivo que estas hierbas ofrecen. Esta infusión puede resultar muy útil.

Despertador para el hígado

Tiempo de preparación: 5 minutos
SÁTVICO, -vata, +pitta (en excesso), -kapha
Raciones: 1 taza
✳ ✱ ঽ ✳

Lleve a hervor:
- 1 taza de agua pura

Exprima en ella:
- Zumo de medio limón fresco, preferiblemente orgánico

Agregue revolviendo:
- ¼ cucharadita de cúrcuma molida

Beba. ¡Buenos días!

**PLATO DE POLARIDAD PARA DIETA PURIFICADORA

DESIGUALDAD

Es el día de San Valentín, en 1994. Leo en el periódico local que lo estadounidenses gastaremos en esta celebración 655 millones de dólares en dulces. Y sé que ayer murieron de hambre 40.000 niños en el mundo; el año pasado, más de 14 millones. Esto me pone furiosa. No me gusta lo que veo; si esperamos crear un futuro en el que todos podamos vivir, no podemos continuar con el nivel de vida que los occidentales mantenemos actualmente. Es a costa de muchos hermanos que viven en otras partes del planeta. Y a costa de muchas otras razas, animales y plantas, además de la humana. Debemos simplificar radicalmente y trabajar juntos como comunidad mundial.

Cuando veo los menús del Apéndice IV, me impresiona esta misma discrepancia. Pocos estadounidenses tenemos la suerte de comer tan bien como se da a entender en estos menús. Y hay en el planeta miles de millones que están muy lejos de comer tres veces al día, mucho menos tres comidas de determinado tipo. En cierta forma, esos menús parecen una estafa cruel, una convención culinaria nacida en parte del deseo de ayudar, de brindar ideas sobre cómo preparar todas las recetas juntas. Pero en otro plano no hacen sino acentuar el vasto abismo entre lo que es y lo que podría ser, y lo que no está a disposición de muchos, hoy en día.

Infusión básica de jengibre

Tiempo de preparación: 10-30 minutos
SÁTVICO, -vata, +pitta, -kapha
Raciones: 6
⊛ ৡ ❄

Lleve a hervor:
- 6 tazas de agua pura

Agregue:
- 2 cucharaditas de raíz de jengibre fresca, pelada y rallada

Tape y deje hervir a fuego lento hasta que tenga el sabor deseado: entre 5 y 15 minutos.

**PLATO DE POLARIDAD PARA DIETA PURIFICADORA

Comentario: se trata de una infusión excelente para favorecer y realzar a agni, el fuego digestivo. Se puede sorber después de cualquier comida, sobre todo si se está experimentando con un aporte de proteínas a la dieta, bajo la forma de legumbres. Favorece la digestión, reduce los gases y alivia las náuseas.

VARIANTE 1

INFUSIÓN DE JENGIBRE E HIBISCUS: si quiere una bebida caliente y calmante cuando está resfriado, agregue un par de varillas de canela y una cucharada de hojas de hibiscus. Va bien con un poquito de miel para endulzar.
SÁTVICO, -vata, 0 pitta, -kapha
** PLATO DE POLARIDAD PARA DIETA PURIFICADORA

VARIANTE 2

INFUSIÓN DE JENGIBRE Y AJWAN: para aliviar la sinusitis, agregue una pizca de ajwan.
SÁTVICO, -vata, + +pitta, -kapha
**PLATO DE POLARIDAD PARA DIETA PURIFICADORA

VARIANTE 3

INFUSIÓN PARA LOS PULMONES: agregue una cucharada de corteza de cerezo salvaje y otra de raíz de osha a la infusión básica de jengibre; endulce con miel al completar, para esas afecciones bronquiales de invierno.

SÁTVICO, -vata, +pitta, -kapha
**PLATO DE POLARIDAD PARA DIETA PURIFICADORA

VARIANTE 4
INFUSIÓN DE JENGIBRE Y CORIANDRO: si desea una alternativa más suave, que despeje los gases, ponga una cucharada de semillas enteras de coriandro con el jengibre.

SOBRE EL AYUNO

El ayurveda utiliza el ayuno para dar descanso al aparato digestivo y al cuerpo la posibilidad de comenzar a liberarse de las viejas toxinas acumuladas.

Un ayuno puede ser tan simple como saltarse una comida y reemplazarla por una taza de **Infusión digestiva purificadora** (página 325) y/o algún **Zumo de hortalizas frescas** (página 326). Los zumos, ricos en potasio, mantienen los electrolitos elevados y proporcionan calorías, mientras que la infusión limpia y tonifica la tripa. Cuando ayune, haga ayuno también de las prisas, el estrés y las preocupaciones. Que esas pocas horas sean tranquilas. No programe un ayuno en la fecha en que se requiere un gran esfuerzo en el trabajo o en casa. Para las mujeres, ayunar el primer o segundo día del período menstrual también puede ser una manera útil de ayudar al cuerpo en sus ritmos naturales de purificación.

Una vez que pueda saltarse cómodamente una comida, puede probar saltarse dos. Además, si usted es nuevo en esto, conviene contar con la supervisión de un facultativo ayurvédico u otro profesional de la salud. Constitucionalmente, los kapha son los más aptos para ayunar. Pitta y vata deben poner cuidado al planear un ayuno, sobre todo en cuanto al momento de hacerlo.

¿Con qué frecuencia conviene ayunar? Esto varía mucho de un individuo a otro. El doctor Sunil Joshi, una de las grandes autoridades de India en panchakarma (las cinco purificaciones terapéuticas), recomienda una frecuencia máxima de un día cada catorce y una mínima de una vez cada veinticinco días. Los niños, los bebés y las embarazadas no deben ayunar, salvo en raras circunstancias; en esos períodos se debe acentuar el fortalecimiento fisiológico, no la purificación.

Otra manera de ayunar por primera vez es tomar una comida como la descrita, con infusión digestiva purificadora y zumo fresco de hortalizas, seguida por un simple kichadi (guiso curativo indio, página 154) como almuerzo y cena. Permítase observar cómo se siente su cuerpo. Si tiene fuerza y entusiasmo, deje que se expresen. Si está cansado o le asusta la idea de saltar una comida, sea bueno con usted mismo. Haga lo que pueda y lo que sea adecuado para usted.

APOYOS AUXILIARES PARA EL AYUNO
- Masaje de aceite
- Yoga
- Masaje con cepillo seco
- Caminatas tranquilas
- Pranayama
- Reposo

Infusión digestiva purificadora

Tiempo de preparación: 20 minutos
SÁTVICO, -vata, 0 pitta, 0 kapha
Raciones: 4 tazas
❀ ✹ ⚡ ❄

Lleve a hervor:
- 5 tazas de agua pura

Agregue:
- 1 cucharada de raíz de jengibre fresca, rallada
- 1 cucharada de cúrcuma
- 1 cucharada de raíz de regaliz

Tape y deje hervir a temperatura mínima durante 10-15 minutos. Filtre y beba.

**PLATO DE POLARIDAD PARA DIETA PURIFICADORA

Comentario: esta infusión me fue originariamente recomendada por el doctor Sunil Joshi, de Nagpur, para los días de ayuno. Es especialmente útil para quienes tienen el intestino inflamado y congestionado. El jengibre se utiliza para descomponer el ama, los desechos; la cúrcuma, para purificar la sangre; el regaliz, para calmar la inflamación. En general, no se debería tomar cuando hay inflamación sin ama, pues el jengibre puede, adversamente, aumentar el calor.

Zumo de hortalizas frescas

Tiempo de preparación: 20 minutos, incluido el tiempo para limpiar el exprimidor
SÁTVICO, -vata, +pitta (en exceso), -kapha
Raciones: 2 tazas
❀ ✳ ᘗ

Para preparar esta receta necesita un exprimidor de hortalizas.
Lave:
- 6 zanahorias orgánicas
- 1 tallo de apio orgánico
- ¼ kg de espinacas crudas (½ manojo)

Pase las hortalizas por el exprimidor, seguido por:
- ½ -1 taza de agua pura

Comentario: esta es una fuente riquísima de minerales y vitaminas, buena sobre todo para los dolores de articulaciones, cuando se toma con regularidad.

El pitta que busque buenas combinaciones de hortalizas frescas hará bien en utilizar mucha menos zanahoria y más lechuga romana, pepino y/o hinojo, si piensa beber el zumo con regularidad. También se puede aumentar la cantidad de agua para diluir el zumo, hasta mitad y mitad, aunque la cantidad de nutrientes será proporcionalmente menor.

Chai

Tiempo de preparación: 15 minutos o más
SÁTVICO*
Raciones: 6 tazas
❀ ᘗ ❋

Vierta en una cacerola grande:
- 3 tazas de leche cruda de vaca, fresca, o leche de soja
- 3 tazas de agua pura

Lleve a hervor sin tapa. Agregue:
- 1 palillo de canela
- Semillas de 5 vainas de cardamomo
- $1/8$ de granos de pimienta negra, enteros
- $1/8$ de semillas de hinojo
- 1 cucharadita a 1 cucharada de raíz de jengibre fresca, pelada y rallada

Tape y deje hervir a temperatura mínima hasta que el sabor sea de su agrado, entre 15 minutos y 1 hora. Sirva caliente, endulzado con:
- Miel cruda

* -vata, 0 pitta, moderadamente +kapha (con leche de vaca y 1 cucharadita de jengibre)
* -vata, +pitta, levemente +kapha (con leche de vaca y 1 cucharada de jengibre)
* 0 vata, 0 pitta, 0 kapha (con leche de soja y 2 cucharaditas de jengibre)

Comentario: esta bebida india tradicional es estupenda para después de una comida en compañía. Y fácil de preparar.

Bebida reconstituyente a base de almendras

Tiempo de preparación: una noche de remojo más 10 minutos
SÁTVICO, -vata, -pitta, +kapha
Raciones: 1
⊛ ✳ ૱ ❋

Remoje durante la noche:
- 8 almendras crudas
- 1 taza de agua pura

Por la mañana, reserve la mitad del agua y escurra el resto. Quite las pieles frotando las almendras. En una cacerola pequeña, lleve a hervor:
- $3/4$ tazas de leche cruda

Vierta la leche en la licuadora con las almendras, la $1/2$ taza de agua y:
- 1 cucharada de pétalos de rosa
- $1/32$ cucharadita de azafrán
- $1/8$ cucharadita de cardamomo molido (opcional)
- $1/2$ cucharadita de miel cruda

Licúe hasta que esté homogéneo. Beba.

Comentario: esta variante de un rasayana tradicional arraiga a vata, calma al pitta irritado y tonifica los nervios.

Sidra caliente rápida

Tiempo de preparación: 10-15 minutos
SÁTVICO, 0 vata, -pitta, -kapha
Raciones: 6
❀ ༀ ❄

Caliente en una cacerola grande:
- 3 tazas de sidra de manzana fresca
- 2 tazas de agua pura
- 2 palillos de canela
- 1 clavo

Sirva caliente.

VARIANTE
SIDRA CALIENTE DE CEREZAS: utilice sidra de cerezas (se consigue en botellas de un litro en las tiendas de productos naturistas) con 3 clavos o con ¼ cucharadita de cardamomo y ¼ cucharadita de canela
RAJÁSICO (por la sidra embotellada), -vata, 0 pitta, -kapha

Bebida caliente de algarroba

Tiempo de preparación: 5-10 minutos
SÁTVICO, 0 vata, -pitta, -kapha
Raciones: 3 tazas
❀ ༀ ❄

Lleve a hervor en una cacerola pequeña:
- 1 ½ tazas de leche de soja
- 1 ½ tazas de agua

Retire inmediatamente del fuego y licúe con:
- 2 cucharadas de polvo de algarroba cruda
- 1 cucharada de miel cruda
- 1 cucharada de raíz de dahlia seca (opcional)

Sirva caliente.

* BEBIDA DE ROTACIÓN PARA DÍA 3
**PLATO DE POLARIDAD PARA FORTALECER LA SALUD

VARIANTE
La leche de soja se puede sustituir por leche cruda de vaca. Hierva durante 20 segundo o más.
SÁTVICO, -vata, -pitta, +kapha
Comentario: es una bebida calmante para una fría noche de invierno.

Leche de almendras

Tiempo de preparación: 10 minutos, más 2 horas de remojo o más
SÁTVICO, -vata, 0 pitta, levemente +kapha
Raciones: 2 tazas
❀ ✳ ૪ ❅

Lleve a hervor:
  • 2 tazas de agua pura
Retire del fuego, deje enfriar un poco y luego vierta sobre:
  • 3 cucharadas de almendras crudas, preferiblemente orgánicas
Deje remojar las almendras 15 minutos, cuanto menos, o preferiblemente 2-8 horas. Remojarlas durante la noche es una manera fácil de hacerlo. Frote las almendras para pelarlas y póngalas en la licuadora con el agua de remojo. Muela a baja velocidad durante unos segundos, luego a alta hasta que esté homogénea. Pase por un filtro de acero inoxidable para obtener la máxima suavidad.
Endulce con:
  • 1 cucharada de jarabe de arce (opcional)
Se puede usar como base para licuados de fruta, sopas o en productos horneados.
* BEBIDA DE ROTACIÓN PARA DÍA 2

Leches de frutos secos

Tiempo de preparación: 10 minutos, a veces con un remojo previo
SÁTVICO, -vata, +pitta y kapha (en exceso)
Raciones: 1 taza
❀ ✳ ૪ ❅

Las leches de frutos secos son fáciles de hacer, si se tiene licuadora. Simplemente muela en la licuadora a seco, hasta obtener un polvo fino:

- 1 ½ cucharadas de frutos secos: nueces, anacardos, almendras o pacanas, por ejemplo

Agregue:

- 1 taza de agua caliente

Licúe a alta velocidad hasta que esté homogéneo. La leche de fruto seco se puede utilizar sin edulcorante en sopas, salsas y productos horneados. Se puede sazonar con hierbas, con un poco de miso o con salsa de soja. También se la puede endulzar con:

- 1 cucharadita de miel cruda (para vata o kapha) o jarabe de arce (para pitta o vata)

Leche de sésamo caliente

Tiempo de preparación: 5 minutos
SÁTVICO, -vata, +pitta y kapha (en exceso)
Raciones: 1
⊛ ✳ ℞ ❉

Ponga a calentar:

- 1 taza de agua

Vierta a cucharadas en un jarrito:

- 1 cucharadita de tahini de sésamo crudo
- ½ cucharadita de miel cruda (opcional)

Cuando el agua esté caliente, sin llegar a hervir, viértala en su jarrito y revuelva con una cucharilla. Se puede aromatizar con:

- ⅛ cucharadita de extracto de vainilla

Buena bebida para tomar a sorbitos ya tarde, en una noche fría.

*VARIANTE para ROTACIÓN PARA DÍA 4: endulce con azúcar de dátiles o fructosa en vez de miel, y use un trocito de vainilla en rama en vez de extracto.

Licuado tropical de Iza

Tiempo de preparación: 5 minutos
SÁTVICO, -vata, 0 pitta, 0 kapha
1 taza o más
❀ ✳ ㄕ ❄

Licúe hasta que esté homogéneo:
- ½ plátano maduro, preferiblemente orgánico
- Zumo de 1 naranja grande, lo mismo
- ½ pera madura, lo mismo
- ½-1 taza de zumo de fruta orgánica
- Beba.

**PLATO DE POLARIDAD PARA DIETA PURIFICADORA.

Comentario: mi principal ayudante de cocina, Iza Helen Rose, de cuatro años y nueve meses, me indicó específica y muy secamente registrar esta receta secreta y su título. Constituye un excelente medio para limpiar sustancias nocivas, tales como hierbas ayurvédicas y otras combinaciones arcanas.

Licuado de melocotón

Tiempo de preparación: 5 minutos
SÁTVICO, -vata, 0 pitta, levemente +kapha
Raciones: 1 taza
✳

Muela bien en la licuadora, hasta obtener un polvo fino:
- 2 cucharadas de almendras blanqueadas

Agregue, primero a baja velocidad, poquito a poco, luego a alta velocidad
- ½ taza de agua

Agregue, nuevamente a baja velocidad primero, a alta después (dando descansos a la licuadora, sobre todo si ya es vieja):
- 2 melocotones muy maduros, en rodajas
- 1 cucharada de jarabe de arce

Sirva a temperatura de ambiente o fresca. Bonito color melocotón.

Comentario: estas bebidas son fáciles de hacer en la licuadora o la procesadora de alientos. Solo hace falta un medio líquido, como zumo de frutas frescas, leche fresca o leches de frutos secos, combinado con las frutas maduras que uno prefiera; luego, licuar hasta que quede suave. También se pueden agregar especias a gusto, para aumentar sus propiedades digestivas. Para hacer «licuados ayurvédicos», basta recordar que los ingredientes deben estar a temperatura de ambiente o frescos, no helados, e idear combinaciones relativamente simples. Si su fuego digestivo es bueno, puede mezclar distintas frutas. En caso contrario, lo mejor es utilizar una fruta a la vez. La fruta única presenta menos desafío para la digestión. El **Licuado tropical de Iza** es uno de mis favoritos.

TERCERA PARTE

Apéndices

Apéndice I

Evaluar su constitución

Cada tipo constitucional tiene ciertos rasgos. Usted puede evaluarse a sí mismo cumplimentando el cuestionario siguiente. Marque la opción que se ajuste más a usted; a veces es necesario marcar más de una. Junto a cada marca ponga un «1» si es verdad a veces, un «2» si lo es generalmente o a menudo. (Si le cuesta mucho decidirse por una respuesta, ¡ponga 5 puntos más al contabilizar vata!). Relájese y sea tan sincero consigo mismo como sea capaz.

V = Vata
P = Pitta
K = Kapha

V _ Delgado y lo ha sido habitualmente, también puede ser raramente alto o bajo
P _ Estructura mediana, bien proporcionada
K _ Tiende a ser de complexión fuerte

V _ Delgado cuando niño
P _ Complexión mediana en la infancia
K _ Regordete cuando era niño

V _ Huesos ligeros y/o articulaciones prominentes
P _ Estructura ósea mediana
K _ Estructura ósea pesada

V _ Le cuesta aumentar de peso
P _ Puede engordar o adelgazar con relativa facilidad si se aplica
K _ Engorda con facilidad y le cuesta adelgazar

V _ Pequeño, activo, ojos oscuros
P _ Ojos penetrantes y claros, verdes, grises, ambarinos o azules
K _ Ojos grandes y atractivos, con pestañas gruesas

V _ Piel seca, se agrieta con facilidad sobre todo en invierno

P _ Piel y cabello grasos

K _ Piel gruesa, fresca, bien lubricada

V _ Tez oscura en relación al resto de su familia; se broncea con facilidad

P _ Tez clara que se quema con facilidad, en relación con el resto de su familia

K _ Se broncea con lentitud, pero de modo generalmente uniforme; su piel se mantiene fresca por más tiempo que la mayoría

V _ Cabello oscuro, áspero, seco, ondulado o rizado

P _ Cabello fino, claro y graso, rubio, rojo o tempranamente gris

K _ Cabello ondulado, algo grasiento, castaño o claro

V _ Prefiere el clima cálido, el sol y la humedad

P _ Prefiere los sitios frescos, bien ventilados y el aire fresco

K _ Cualquier clima le va bien, siempre que no sea demasiado húmedo

V _ Su apetito es variable. Puede tener mucha hambre y luego descubrir que «comía con los ojos»

P _ Irritable si se salta una comida o no puede comer cuando siente hambre; buen apetito

K _ Le gusta comer y tiene buen apetito, pero puede saltear comidas sin problemas físicos si es necesario (no porque usted lo quiera)

V _ Los movimientos intestinales pueden ser irregulares, duros, secos o estreñidos

P _ Movimientos intestinales fáciles y regulares; en todo caso, evacuaciones blandas, aceitosas y sueltas cuanto menos una o dos veces al día

K _ Movimientos intestinales diarios regulares, firmes, gruesos y pesados

V _ La digestión es a veces buena, a veces no. Suele tener gases

P _ Digestión generalmente buena

K _ Buena digestión, a veces un poco lenta

V _ Disfruta de la espontaneidad más que de la rutina

P _ Disfruta organizando y le gusta la rutina, sobre todo si la ha creado usted

K _ Trabaja bien con la rutina y la prefiere a un enfoque espontáneo

V _ Es un pensador creativo. Generalmente necesita apuntar sus ideas para recordarlas mejor

P _ Es bueno para iniciar y guiar; debe poner cuidado en no ser crítico o impaciente con usted mismo o con los demás

K _ Es hábil para hacer que una organización o un proyecto marchen sin sobresaltos; para usted es fácil mantener una relativa calma y paciencia

V _ Su mente está siempre activa, ideando constantemente planes e intereses nuevos

P _ Tiene una mente aguda

K _ Para usted es relativamente fácil aquietar la mente; siempre lo ha sido

V _ Su memoria puede ser caprichosa

P _ Su memoria suele ser bastante buena

K _ Su memoria es de buena a excelente

V _ Le gusta mantenerse físicamente activo, o puede adquirir movimientos inquietos, como tamborilear los dedos o mecer una pierna

P _ Disfruta de la actividad física, sobre todo de la competitiva

K _ Le gustan sobre todo las actividades tranquilas

V _ Para usted es fácil hacer las cosas con celeridad

P _ Por lo general es eficiente y quiere ir a su ritmo

K _ Le gusta hacer las cosas con tiempo

V _ Se siente más relajado mentalmente cuando hace ejercicio

P _ El ejercicio o la actividad creativa le ayudan a evitar que sus emociones se desmanden

K _ El ejercicio le ayuda más que la dieta sola para controlar su peso

V _ Cambia de idea con facilidad

P _ Tiene opiniones y es buen orador

K _ Es lento para cambiar de ideas y opiniones

V _ Por dentro, tiende al miedo o a la ansiedad bajo estrés

P _ Por dentro tiende a la ira, la frustración o la irritabilidad bajo estrés

K _ Tiende a evitar las situaciones difíciles o estresantes, en vez de enfrentarlas

V _ Sueña a menudo, pero es raro que recuerde sus sueños

P _ Le resulta relativamente fácil recordar sus sueños; a menudo sueña a color

K _ Generalmente solo recuerda sus sueños si son muy intensos o significativos

V _ Es cambiante en su humor y en sus ideas

P _ Puede ser muy enérgico al expresar sus ideas y sentimientos

K _ Su humor tiende a ser más estable y previsible; lo revela gradualmente o poco a poco

V _ Le gusta picar entre comidas

P _ Tiende a las comidas muy proteínicas, como judías, huevos, pollo o pescado

K _ Le gustan las comidas grasas, el pan, los almidones

V _ Cuando enferma, lo más frecuente es que sea un problema nervioso, un dolor agudo o indigestión

P _ Cuando enferma, lo más probable es que sea de fiebre, sarpullidos o inflamación

K _ Cuando enferma, lo más probable es que sea por exceso de retención de fluidos o mocos

V _ Tiene el sueño ligero; el insomnio puede ser un problema

P _ Generalmente duerme bien

K _ Por lo general duerme profundamente

V _ Cuando tiene dinero, lo comparte y lo gasta con facilidad

P _ Es más probable que gaste dinero en cosas especiales o en lo que necesita para progresar profesionalmente

K _ Para usted es fácil ahorrar; en las compras valora la calidad

V _ Su interés sexual va y viene; su fantasía es activa

P _ Su interés e impulso sexuales están siempre a punto

K _ Su interés e impulso sexuales son estables

V _ Uñas quebradizas o estriadas

P _ Uñas flexibles, pero bastante fuertes

K _ Uñas fuertes y gruesas

V _ Manos y pies fríos, poca transpiración

P _ Buena circulación, transpira con facilidad

K _ Transpiración moderada

V _ Pulso leve, rápido y variable, manos frías

P _ Pulso fuerte y pleno, manos calientes

K _ Pulso rítmico, estable y lento, manos frescas

V _ A veces tiene sed, a veces no

P _ Tiene sed a menudo

K _ Rara vez tiene sed

Sume los puntos de cada constitución (V, P y K). La constitución (o constituciones) que tengan más puntos indica, por lo general, su prakriti primaria. Si ha marcado dos constituciones más o menos con la misma frecuencia, puede tener un dosha dual: vata-pitta, pitta-kapha, etc. Es raro que los tres sean relativamente iguales, en cuyo caso resulta un tipo tridóshico o vata-pitta-kapha

Si ha marcado ciertos aspectos de un dosha diferente de su constitución en general, eso puede indicar un desequilibrio en ese dosha. Por ejemplo, si usted ha marcado primariamente aspectos vata, pero también ha marcado «usualmente sediento», «prefiere sitios frescos y bien ventilados» e «irritable si se salta una comida» en la columna pitta, y todos estos rasgos han aparecido en los últimos años, eso podría indicar que, si bien usted es primordialmente un tipo constitucional vata (*prakriti*), puede tener un desequilibrio actual en pitta (su *vikriti*). Para mayor información al respecto, véase texto.

Este apéndice se basa en el cuestionario «Descubrir su constitución», de *El libro de cocina ayurvédica* de Morningstar y Desai.

Apéndice II

Pautas alimentarias para los tipos constitucionales básicos

Esta tabla proporciona pautas orientativas generales relacionadas con el efecto de los alimentos sobre los tres doshas. Inevitablemente habrá que hacer ajustes específicos, según la estación, la hora del día, la fuerza del fuego digestivo, las alergias, etc. Esto tiene por objeto ser una guía general que permita al lector familiarizarse más con sus propias necesidades alimentarias.

Este apéndice se basa en las pautas que aparecen en *El libro de cocina ayurvédica* de Morningstar y Desai.

Nota: para todos los doshas es mejor consumir las frutas y sus zumos solos. Todas las bebidas mencionadas son mejores recién hechas. En cuanto a zumos y bebidas: fresco es preferible a embotellado y embotellado, preferible a congelado.

▲ Agrava dosha
▼ Equilibra dosha
*alimentos que se pueden comer con moderación
**alimentos que se pueden comer ocasionalmente

VATA

EVITAR▲   ESCOGER▼

Frutas
Arándanos   Frutas dulces
Caqui   Aguacate
Ciruelas pasas   Albaricoques
Frutas con azúcar   Bayas (todas)
Frutas congeladas   Cerezas
Frutas secas   Ciruelas

EVITAR▲	ESCOGER▼
Granadas	Coco
Manzanas crudas	Dátiles
Membrillo crudo	Fresas
Peras crudas	Guanábana
Sandía	Higos frescos
	Kiwi
	Limones
	Mango maduro
	Melocotones
	Melones dulces
	Naranjas
	Papaya
	Piña
	Plátano
	Pomelo
	Ruibarbo
	Uvas pasas remojadas

Hortalizas

Acelga*	Ajo cocido
Achicoria	Alcachofa
Achicoria roja	Alholva, hojas de*
Alcachofa de Jerusalén*	Berro*
Apio	Boniato
Bardana	Germinados de judías
Berenjena	Calabacín
Berza*	Calabaza anco
Brécol chino**	Calabaza de cuello torcido, amarilla
Brécol**	Calabaza de invierno
Germinados*	Calabaza de verano
Cebollas crudas	Calabaza patisson
Cidra cayote**	Calabaza*
Col	Canónigo*
Col china**	Cebolla cocida
Col rizada	Chalotas cocidas
Coles de Bruselas	Colinabo
Coliflor	Espárrago
Diente de león, hojas de	Hinojo

EVITAR▲	ESCOGER▼
Endivia	Hortalizas recién cocinadas
Escarola	Judías verdes bien cocidas
Espinaca*	Mostaza, hojas de*
Guisante chino*	Judías mungo, germinadas cocidas
Guisantes**	Nabo
Hortalizas congeladas, secas o a microondas	Okra cocida
Hortalizas crudas en exceso*	Olivas negras y verdes
Jícama*	Pepino
Lechuga china**	Puerros cocidos
Lechuga*	Rábano
Maíz fresco**	Rábano daikon
Mizuna	Rábano picante
Nabos	Remolachas
Nabos, hojas de	Zanahorias
Pak choi	
Patatas blancas	
Perejil*	
Pimientos	
Remolacha, hojas de*	
Rúcula*	
Setas	
Tatsoi	
Tomate	
Verdolaga	
Verdura de hoja*	

Cereales

EVITAR▲	ESCOGER▼
Alforfón	Amaranto*
Arroz, tortas de**	Arroz salvaje
Avena seca	Arroz, todo tipo
Avena, salvado de	Avena cocida
Cebada**	Teff*
Centeno	Trigo
Cereales fríos, secos o inflados	
Granola	
Maíz	
Mijo	

Palomitas de maíz
Productos congelados o a microondas
Quinua*
Trigo, salvado de, en exceso

Alimentos de origen animal

Carne vacuna**   Huevos
Cerdo   Mariscos
Conejo   Pato y huevos de pato
Cordero   Pescado de agua dulce
Venado   Pollo o pavo, pechugas

Legumbres

Chana Dal   Judías azuki
Garbanzos   Con moderación, remojadas y bien
                        cocidas:
Guisantes partidos   Lentejas negras
Habas   Lentejas negras partidas
Judías blancas   Lentejas rojas
Judías negras   Judías mungo
                        Soja, leche líquida de*
Judía de careta   Soja, queso de**
Judía de Lima   Soja, yogur de**
Judía verde   Judía tépari
Kala chana   Tofu*
Lentejas comunes   Tur Dal
Soja en grano
Soja en polvo
Soja, harina de
Soja, margarina de**
Tempeh

Frutos secos

Cacahuetes   Con moderación:
                        Almendras
                        Anacardos
                        Avellana filbert
                        Coco

344

	Nueces de Brasil
	Nueces de macadamia
	Nueces inglesas
	Nueces negras
	Nueces pacanas
	Piñones
	Pistachos**

Semillas

Psyllium**	Calabaza
	Chia
	Girasol
	Lino
	Sésamo

Edulcorantes

Azúcar blanco	Arce, jarabe de
	Azúcar de caña integral
	Azúcar de caña
	Caña de azúcar, jugo de
	Cebada malta, jarabe de
	Fructosa
	Jarabe de arroz moreno
	Melaza
	Miel cruda
	Zumos de fruta concentrados, en su mayoría

Condimentos

Ají picante	Ajo
Germinados*	Algas
Catsup	Algas marinas
Cebolla cruda	Cebolla cocida
Jengibre seco	Coco
	Coriandro, hojas de*
	Dulse
	Encurtidos*
	Ghee

EVITAR ▲	ESCOGER ▼
	Gomasio
	Hijiki
	Jengibre fresco
	Kombu
	Lechuga*
	Lima
	Lima, encurtido de*
	Limón
	Mahonesa
	Mango, Chutney de
	Mango, encurtido de*
	Menta, hojas de*
	Mostaza
	Papaya, chutney de*
	Pimienta negra
	Queso rallado
	Rábano
	Rábano daikon
	Rábano picante*
	Sal
	Sésamo negro, semillas de
	Sésamo, semillas de
	Soja, salsa de*
	Tamari*
	Yogur fresco

Especias

Nim, hojas de*	Ajedrea
	Ajo
	Ajwan
	Albahaca
	Alcaravea
	Alholva*
	Amapola, semillas de
	Amchur
	Anís
	Anís estrellado
	Asafétida

Azafrán
Canela
Cardamomo
Cebolla cocida
Clavo
Comino
Coriandro
Cúrcuma
Eneldo
Estragón
Gaulteria
Hinojo
Jengibre
Laurel, hoja de
Macia
Mejorana
Menta

Menta piperita
Mostaza, semillas de
Naranja, cáscara de
Nuez moscada
Orégano
Paprika
Perejil*
Pimienta de Cayena*
Pimienta de Jamaica
Pimienta negra
Pimienta larga
Rábano picante*
Romero
Rosa, agua de
Salvia
Tamarindo
Tomillo
Vainilla

Productos lácteos

EVITAR	ESCOGER
Cualquier lácteo no fresco	Ghee
Helado	Leche de vaca, cruda y fresca
Leche de cabra en polvo	Mantequilla*
Leche de cabra líquida**	Paneer recién hecho*
Leche de vaca en polvo	Quesos blandos recién hechos*
Crema agria	Suero de leche fresco
Quesos duros**	Todos los lácteos frescos, con moderación:
	Yogur recién hecho

Aceites

EVITAR	ESCOGER
Aceites rancios	Cártamo**
Fritos	Cualquier aceite fresco prensado a frío,
sobre todo el de sésamo	

Bebidas

EVITAR	ESCOGER
Alcohol*	Albaricoques, zumo de
Algarroba**	Aloe vera, jugo de*
Arándano, zumo de	Baya, zumo de
Bebidas carbonatadas	Bebidas lácteas frescas calientes
Bebidas frías a base de lácteos	Caldos de hortalizas**
Bebidas heladas	Cereales, bebidas de
Café	Cereza, zumo de
Cafeína	Chocolate*
Ciruelas pasas, zumo de**	Coco, leche de
Granada, zumo de	Leche caliente especiada
Infusiones picantes**	Limonada
Manzana, zumo de	Mango, zumo de
Pera, zumo de	Melocotón, néctar de
Tomate, zumo de	Miso, caldo de*
	Naranja, zumo de
	Papaya, zumo de
	Piña, zumo de
	Plátano, licuado de
	Pomelo, zumo de
	Soja, leche de, caliente y bien especiada*
	Zanahoria y hortaliza combinados
	Zanahorias, jugo de
	Zumos e infusiones ácidas

Infusiones de hierbas

EVITAR▲	ESCOGER▼
Alfalfa**	Ajwan
Aquilea	Albahaca
Barbas de maíz	Alcanfor
Bardana	Alholva
Borraja	Avena, paja de
Cebada	Azafrán
Crisantemo	Bansha, con leche y edulcorante
Diente de león	Camomila
Fresa*	Canela
Gaulteria	Citronella
Hibiscus*	Clavo
Infusión de mormón	Enebro, bayas de
Jazmín	Escaramujo
Lúpulo**	Espino blanco
Ora	Eucalipto
Ortiga**	Frambuesa*
Pasionaria*	Ginseng*
Trébol rojo*	Hierba gatera
Violeta*	Hinojo
Yerba mate	Hisopo
	Jengibre fresco
	Jengibre salvaje
	Lavanda
	Limón, bálsamo de
	Loto
	Malva real
	Menta
	Menta piperita
	Naranja, cáscara de
	Osha
	Poleo
	Regaliz
	Rosa, flores de
	Salvia
	Sasafrás
	Saúco, flores de
	Zarzaparrilla

EVITAR▲	ESCOGER▼

Otros

Chlorella*	Espirulina y otras algas verdiazules*

PITTA

EVITAR▲	ESCOGER▼

Frutas

Albaricoques ácidos	Aguacate*
Arándanos	Albaricoques dulces
Bayas ácidas	Bayas dulces
Cerezas ácidas	Caqui
Ciruelas ácidas	Ciruelas dulces
Fresas**	Ciruelas pasas
Frutas ácidas	Coco
Frutas con azúcar	Dátiles
Frutas congeladas	Frutas dulces
Kiwi**	Frutos secos en su mayoría, remojados
Limas**	Granada
Limones*	Higos
Manzanas ácidas	Mango maduro
Melocotones**	Manzanas dulces
Naranjas ácidas	Melones
Papaya	Membrillo dulce
Piña ácida	Naranjas dulces
Plátano	Pera
Pomelo	Piña dulce
Ruibarbo	Sandía
Uvas verdes	Uvas dulces
	Uvas pasas

Hortalizas

Ajo	Acelga
Alholva, hojas de	Achicoria
Berenjena	Achicoria roja
Berro de agua	Alcachofa
Berro*	Alcachofa de Jerusalén
Calabaza**	Apio

EVITAR ▲	ESCOGER ▼
Cebollas cocidas*	Bardana, raíz de
Cebollas crudas	Berza
Colinabo*	Berza, hojas de
Chalotas	Boniatos
Espinaca**	Brécol
Hortalizas encurtidas	Brécol chino
Hortalizas picantes	Germinados de cualquier tipo
Mostaza, hojas de	Coles de Bruselas
Nabo, hojas de**	Calabacín
Olivas verdes	
Pimientos picantes	Calabaza amarilla de cuello torcido
Puerros cocidos**	Calabaza anco
Rábano	Calabaza de invierno
Rábano daikon	Calabaza de verano
Rábano picante	Calabaza patisson
Remolacha	Canónigo
Rúcula*	Col
Tomate	Col china
Zanahoria*	Coliflor
	Colinabo
	Diente de león, hojas de
	Endivia
	Escarola
	Espárrago
	Guisante chino
	Guisantes
	Judías, germinados de
	Hinojo
	Hortalizas dulces, amargas o astringentes
	Jícama
	Judías verdes
	Lechuga
	Lechuga china
	Maíz fresco
	Mizuna*
	Nabo
	Okra
	Olivas negras*

Pak choi
Patatas blancas
Pepino
Perejil
Pimiento morrón*
Setas**
Tatsoi
Verdolaga
Verduras de hoja

Cereales

Alforfón   Arroz basmati
Amaranto   Arroz blanco
Arroz moreno**   Arroz, tortas de
Arroz salvaje**   Avena cocida
Avena seca   Cebada
Avena   Granola
Avena, salvado de*   Trigo
Centeno   Trigo, salvado de
Maíz
Mijo
Palomitas de maíz
Quinua*
Teff*

Alimentos de origen animal

Carne vacuna   Camarones**
Cerdo   Clara de huevo*
Cordero   Conejo
Mariscos en su mayoría   Pescado de agua dulce*
Pato   Pollo o pavo, pechuga
Venado
Yema de huevo

Legumbres

Lentejas negras   Judías azuki
Lentejas rojas   Chana Dal
Soja, margarina de   Garbanzos

Evitar▲	Escoger▼
Soja, queso de**	Guisantes partidos
Soja, yogur de	Habas
Tur Dal	Judías blancas
Urud Dal*	Judías negras
	Harina de soja*
	Judía de careta
	Judía de Lima
	Judía verde
	Kala chana
	Leche de soja líquida
	Lentejas comunes
	Judías mungo
	Productos de soja:
	Soja en polvo**
	Soja, grano
	Tempeh
	Judía tépari
	Tofu

Frutos secos

Anacardos	Almendras bien remojadas**
Avellana filbert	Coco
Cacahuetes	
Nueces de Brasil	
Nueces de macadamia	
Nueces inglesas**	
Nueces negras	
Nueces pacanas**	
Piñones	
Pistacho	

Semillas

Chia**	Calabaza*
Lino***	Girasol
Sésamo**	Psyllium

Edulcorantes

Miel cruda*	Arce, jarabe de
Melaza	Jarabe de arroz moreno
Azúcar de caña	Azúcar de caña integral*
Azúcar blanco**	Caña de azúcar, jugo de
	Cebada malta, jarabe de
	Fructosa*
	Zumos de fruta concentrados

Condimentos

Ají picante	Germinados
Ajo	Coco
Algas	Coriandro, hojas de
Algas marinas sin aclarar	Dulse, bien aclarada
Catsup	Ghee
Cebollas (crudas)	Hijiki, bien aclarado
Encurtidos	Jengibre fresco**
Gomasio**	Kombu
Jengibre seco	Lechuga
Lima	Menta, hojas de
Lima encurtida	Pimienta negra*
Limón	Yogur fresco, diluido**
Mango, chutney de**	
Mango, encurtido de	
Mahonesa	
Mostaza	
Papaya, chutney de	
Queso rallado	
Rábano picante	
Rábanos	
Sal en exceso	
Semillas	
Sésamo negro	
Sésamo, semillas de**	
Soja, salsa de	
Tamari**	
Yogur sin diluir	

Especias

Evitar	Escoger
Ajedrea	Agua de rosas
Ajo (crudo)	Albahaca fresca, hojas de*
Ajwan	Azafrán
Albahaca*	Canela*
Alcaravea	Cardamomo*
Alholva	Comino
Almendra, extracto de*	Coriandro
Amapola, semillas de	Cúrcuma
Amchur	Eneldo
Anís	Gaulteria
Anís estrellado	Hinojo
Asafétida*	Menta
Cebolla (cruda)	Menta piperita
Clavo	Naranja, cáscara de*
Estragón*	Nim, hojas de
Jengibre (seco)	Perejil*
Laurel, hoja de	Pimienta negra*
Macia	Vainilla*
Mejorana	
Mostaza, semillas de	
Nuez moscada	
Orégano*	
Paprika	
Pimienta de Cayena	
Pimienta de Jamaica	
Pimienta larga*	
Rábano picante	
Romero	
Salvia	
Tamarindo	
Tomillo*	

Productos lácteos

Evitar	Escoger
Helado	Ghee
Mantequilla salada	Leche de cabra, fresca y cruda
Crema agria	Leche de vaca, fresca y cruda
Queso feta	Mantequilla sin sal*

Evitar▲	Escoger▼
Quesos duros	Paneer recién hecho**
Suero de leche	Queso para untar, fresco
Todo lácteo no fresco	Quesos blandos recién hechos**
Yogur sin diluir	
Yogur recién hecho diluido	
1 en 2-3 partes de agua	

Aceites

Aceites rancios	
	Con moderación, cualquiera de los siguientes, prensados en frío:
Y en exceso:	Aguacate*
Albaricoque	Coco
Almendra	Nuez
Girasol	Oliva
Maíz	Soja
Nuez	
Sésamo*	
Soja	

Bebidas

Alcohol	Albaricoque, zumo de
Arándano, zumo de	Algarroba
Bayas, zumos ácidos de	Aloe vera, jugo de*
Bebidas carbonatadas	Bayas, zumo dulce
Bebidas de plátano	Caldos de hortaliza bajos en sal
Bebidas heladas	Cereales, bebidas de
Bebidas saladas	Cereza, zumo de, dulce
Café	Ciruelas pasas, zumo de
Cafeína	Coco, leche de
Cerezas, zumo ácido de	Granada, zumo de
Chocolate	Lácteos frescos fríos, bebidas de
Infusiones picantes	Leche de cabra
	Leche de soja
Jugos, infusiones y bebidas ácidas	Pomelo, zumo de
Limonada	Mango, zumo de
Miso, caldo de**	Manzana, jugo de
	Melocotón, néctar de

Evitar ▲	Escoger ▼
Naranja, zumo de*	Pera, zumo de
Papaya, zumo de	
Pomelo, zumo de	
Tomate, zumo de	
Zanahoria-jengibre, jugo de	
Zanahoria, jugo de, en exceso	

Infusiones de hierbas

Ajwan	Avena, paja de
Albahaca**	Azafrán
Alholva	Bálsamo de limón
Canela**	Bansha*
Clavo	Barbas de maíz
Enebro, bayas de	Bardana
Escaramujo**	Borraja
Espino blanco	Camomila
Eucalipto	Cebada
Ginseng	Citronella
Hisopo	Crisantemo
Jengibre salvaje	Diente de león
Jengibre*	Frambuesa
Mormón, infusión de	
Osha	Fresa
Poleo	Gaulteria
Salvia	Hibiscus
Sasafrás	Hierba gatera
Yerba mate	Hinojo
	Jazmín
	Lavanda
	Loto
	Lúpulo
	Malva real
	Menta
	Menta piperita
	Naranja, cáscara de*
	Ortiga
	Pasionaria
	Regaliz

Rosa, flores de
Saúco, flor de
Trébol rojo
Violeta
Zarzaparrilla
Achicoria
Alcanfor
Alfalfa
Aquilea

Otros

Espirulina y otras algas verdiazules**

Otros

Chlorella

KAPHA

EVITAR ▲   ESCOGER ▼

Frutas

EVITAR ▲	ESCOGER ▼
Aguacate	Albaricoques
Ciruelas	Arándanos
Coco	Bayas
Dátiles	Caqui
Frutas ácidas y muy dulces	Cerezas
Guanábana	Ciruelas secas
Higos frescos	Fresas*
Kiwi*	Granada
Lima**	Higos secos
Limón*	Mango maduro
Melones	Manzanas
Naranjas	Melocotones
Papaya	Membrillo
Piña	Pera
Plátano	Uvas pasas
Pomelo	
Ruibarbo	

Sandía
Uvas*

Hortalizas

Anco	Acelga
Boniatos	Achicoria
Calabacines	Achicoria roja
Calabaza de invierno	Ajo
Cidra cayote	Alcachofa de Jerusalén
Colinabo	Alcachofas*
Hinojo*	Alholva, hojas de
Hortalizas dulces, amargas o astringentes	Apio
Hortalizas encurtidas	Bardana, raíz de
Nabo**	Berenjena*
Olivas, negras o verdes	Berro de agua
Pepino	Berza
Tomates	Berza, hojas de
	Brécol
	Brécol chino
	Germinados de todo tipo
	Calabacín*
	Calabaza amarilla de cuello torcido
	Calabaza de verano
	Calabaza patisson
	Canónigo
	Cebollas*
	Chalotas
	Col
	Col china
	Col rizada
	Coles de Bruselas
	Coliflor
	Diente de león, hojas de
	Endivia
	Escarola
	Espárrago

Espinaca
Guisante chino
Guisantes
Judías, germinados de
Hortalizas crudas, picantes,
amargas o astringentes
Jícama
Judías verdes
Lechuga
Lechuga china
Maíz fresco
Mizuna
Nabo, hojas de
Nabos*
Okra
Pak choi
Patatas blancas
Perejil
Pimiento morrón*
Pimientos
Puerros
Rábano
Rábano daikon
Rábano picante
Remolacha, hojas de
Remolachas
Rúcula
Setas**
Tatsoi
Verdolaga
Verduras de hoja, todo tipo
Zanahorias

Cereales

Arroz blanco
Arroz integral
Arroz salvaje

Alforfón
Amaranto
Arroz basmati, pequeña cantidad
con granos de pimienta o clavo

EVITAR ▲	ESCOGER ▼
Avena cocida	Arroz, tortas de*
Trigo	Avena seca
	Avena, salvado de
	Cebada
	Centeno
	Granola baja en grasa
	Maíz
	Mijo
	Palomitas de maíz
	Quinua
	Teff*
	Trigo, salvado de**

Alimentos de origen animal

Buey	Conejo
Cerdo	Huevos, no fritos ni revueltos con grasa
Cordero	Pollo o pavo, carne oscura
Pato	
Pescado de agua dulce**	
Pescado de mar	
Venado	

Legumbres

Habas	
	Va especialmente bien poner
	a germinar cualquiera de estas:
	Judías azuki
Lentejas comunes	Chana dal
Lentejas negras	Garbanzos
Judías mungo	Guisantes partidos
Soja en grano**	Habas
Soja en polvo	Judías blancas
Soja, harina de	Judías negras
Soja, leche de, fría	Judía
Soja, margarina de	
Soja, queso de	Judías de careta
Soja, yogur de	Kala chana
Tempeh	Lentejas rojas

EVITAR▲	ESCOGER▼
Tofu frío	Soja, leche de, caliente*
Urud Dal	Judía tépari
	Tofu, caliente*
	Tur dal

Frutos secos

EVITAR▲	ESCOGER▼
Anacardos	Almendras bien remojadas**
Avellana filbert	
Cacahuetes	
Coco	
Nueces de Brasil	
Nueces de macadamia	
Nueces inglesas	
Nueces negras	
Nueces pacanas	
Piñones	
Pistachos	

Semillas

EVITAR▲	ESCOGER▼
Psyllium	Calabaza*
Sésamo**	Chia
	Girasol*
	Lino*

Edulcorantes

EVITAR▲	ESCOGER▼
Arce, jarabe de **	Miel cruda
Jarabe de arroz moreno	Zumo de fruta concentrado, sobre todo manzana y pera
Azúcar blanca	
Azúcar de caña	
Azúcar de caña integral	
Caña de azúcar, jugo de	
Cebada malta, jarabe de	
Fructosa	
Melaza	

Condimentos

Algas	Ají picante
Algas bien aclaradas**	Ajo
Catsup	Germinados
Coco	Cebolla
Dulse, con moderación y bien aclarada**	Coriandro, hojas de
Encurtidos	Ghee*
Hijiki**	Jengibre, fresco y seco
Kombu*	Lechuga
Lima	Menta, hojas de
Lima encurtida	Mostaza
Limón	Pimienta negra
Mango encurtido	Rábano
Mango, chutney de	Rábano daikon
Mahonesa	Rábano picante
Papaya, chutney de	
Queso rallado	
Sal	
Sésamo negro, semillas de**	
Sésamo, semillas de**	
Soja, salsa de	
Tamari	
Yogur	

Especias

Almendra, extracto de*	Agua de rosas
Amchur	Ajedrea
Tamarindo	Ajo
	Ajwan
	Albahaca
	Alcaravea
	Alholva
	Amapola, semillas de
	Anís
	Anís estrellado
	Asafétida
	Azafrán

	Canela
	Cardamomo
	Cebolla
	Clavo
	Comino
	Coriandro
	Cúrcuma
	Eneldo
	Estragón
	Gaulteria
	Hinojo*
	Jengibre, fresco y seco
	Laurel, hoja de
	Macia
	Mejorana
	Menta
	Menta piperita
	Mostaza, semillas de
	Naranja, piel de
	Nim, hojas de
	Nuez moscada
	Orégano
	Paprika
	Perejil
	Pimienta de Cayena
	Pimienta de Jamaica
	Pimienta negra
	Pimienta larga
	Rábano picante
	Romero
	Salvia
	Tomillo
	Vainilla*

Productos lácteos

Evitar	Escoger
Crema agria	Leche de cabra, fresca
Helado	Yogur recién hecho diluido 1 parte en 4 o más de agua

Leche de vaca
Mantequilla
Mazada
Quesos de todo tipo
Todos los lácteos que no son frescos
Yogur sin diluir

Aceites

EVITAR ▲	ESCOGER ▼
Aguacate	Almendra
Albaricoque	
Cártamo	Cualquiera de los siguientes,
Coco	prensados a frío, en pequeñas
Oliva	cantidades:
Sésamo	Girasol
	Maíz

Bebidas

EVITAR ▲	ESCOGER ▼
Alcohol en exceso	Albaricoque, zumo de
Bebidas carbonatadas	Algarroba
Bebidas heladas	Aloe vera, jugo de*
Bebidas lácteas frías	Arándanos, zumo de
Bebidas muy saladas,	
como los caldos comerciales	Bayas, zumo de
Chocolate	Bebidas de cereal
Coco, leche de	Café**
Limonada	Cafeína**
Miso, caldo de**	Caldos de verdura con poca sal
Naranja, zumo de	Caldos y aderezos minerales
Papaya, zumo de	Cereza, zumo de, no ácido
Plátano, bebidas a base de	Ciruelas pasas, zumo de
Pomelo, zumo de	Granada, zumo de
Soja, leche de, fría	Infusiones picantes
Tomate, jugo de	Leche de cabra muy especiada
	Leche de soja, bien especiada y
	caliente
Zumos, bebidas e infusiones ácidas	Mango, zumo de*

Manzana, zumo de
Melocotón, néctar de
Otras combinaciones con jugo
de zanahoria
Pera, zumo de
Pomelo, zumo de*
Zanahoria y jengibre, jugo de
Zanahoria, jugo de

Nota: los zumos de fruta diluidos en agua 1:1, con moderación

Infusiones de hierbas

EVITAR	ESCOGER
Alcanfor	Ajwan
Avena, paja de*	Albahaca
Escaramujo**	Alfalfa
Loto**	Alholva
Malva real	Aquilea
Regaliz	Arándano
	Azafrán
	Bansha
	Bardana
	Borraja
	Camomila
	Canela
	Cebada
	Citronella
	Clavo
	Crisantemo
	Diente de león
	Efedra
	Enebro, bayas de
	Espino blanco
	Eucalipto
	Frambuesa
	Fresa, hojas de
	Gaulteria
	Ginseng
	Hibiscus

Hierba gatera
Hinojo*
Hisopo
Jazmín
Jengibre salvaje
Jengibre fresco y seco
Lavanda
Limón, bálsamo de
Lúpulo
Maíz, barbas de
Menta
Menta piperita
Naranja, cáscara de
Ortiga
Osha
Pasionaria
Poleo
Rosa, flores de
Salvia
Sasafrás
Saúco, flores de
Trébol rojo
Violeta
Yerba mate
Zarzaparrilla*

Otros

Espirulina y otras algas verdiazules

Apéndice III

Un poco de trabajo por su cuenta

Este es un procedimiento que he utilizado en mis clases y con clientes en las dos últimas décadas; aunque simple, se puede aprender mucho de él. Generalmente requiere una hora o menos; se necesita una hoja de papel y algo para escribir.

Tómese un momento para relajarse y centrarse. Cuando esté listo, contemple lo que ha comido ayer, o en los últimos cinco días, sin juzgar. Hasta donde le sea posible, limítese a revisar cómo y qué ha estado comiendo, sin elogio, culpa, crítica ni comentario. Solo contemple. Cuando crea estar listo, apunte todo lo que recuerde de lo que ha comido en esos días[1]. Si lo prefiere, también puede apuntar qué sintió, física y emocionalmente. No obstante, el foco principal debe estar en lo que comió y cómo lo hizo. Cuando hay acabado este recuerdo dietario, puede efectuar con él una autoevaluación, si le apetece. He aquí algunas preguntas que formulo con frecuencia:

1. ¿Puede especificar qué sabores predominan? ¿Tiende hacia los alimentos dulces o los ácidos, por ejemplo? ¿A lo especiado o lo suave?

2. ¿Hay texturas particulares de las que usted tienda a comer mucho? ¿Se inclina más por los alimentos crujientes, los suaves, los secos, los blandos? ¿Qué ve al contemplar su propio registro dietario?

3. ¿Nota que predomine alguna temperatura? ¿Es más probable que busque alimentos calientes o fríos? ¿Crudos o cocidos? Utilizo estas tres primeras preguntas para aclarar lo que realmente prefiere una persona. Eso también indica si los alimentos que usted escoge suelen equilibrar su constitución o la agravan crónicamente. Esta información crea una base para continuar trabajando. Luego procederá con lo siguiente:

---

1. Enfoque alternativo: si para usted recordar es difícil, quizá le convenga abordar este procedimiento de manera algo diferente. Decida por cuánto tiempo quiere revisar sus comidas y apunte, después de cada ingesta, todo lo que haya comido y bebido, desde un solo día hasta cinco. También en este caso, hasta donde le sea posible, hágalo sin juzgarse ni criticar cómo y qué come. Cuando haya terminado el registro, podrá responder a las preguntas arriba planteadas.

4. ¿Detecta algún desafío, aspectos en los que le gustaría trabajar más? ¿Puede expresar el desafío como observación, de una manera neutral, por ejemplo: «En realidad, cuando estoy solo tiendo a comer mucho por la noche, ya tarde». Esta observación o desafío puede originar sentimientos. Reconocerlos está bien, admitir cuán profundos son. O tal vez el desafío no le despierte nada, si está bastante entumecido al respecto o no le importa mucho. También es bueno saberlo.

5. ¿Hay algún modo en que le gustaría abordar este desafío, algo que le gustaría hacer de otra manera? En ese caso, le sugeriría que planee cambios menores que esté bastante seguro de poder llevar a cabo. Siempre será posible agregar otros más adelante. Lo más importante es que aprenda a confiar en su propia capacidad de cambiar, en vez de planear arrolladoras condiciones ideales que quizá le sea difícil o imposible lograr de inmediato. Con relación a las comidas tardías mencionadas más arriba, un ejemplo podría ser: «Cuando empiece a sentirme así, lo primero que haré es prepararme una taza de té caliente y sentarme». O: «Cuando me venga este pensamiento, lo primero que haré es salir a dar un paseo nocturno, percibiendo cómo siento el aire en la piel, qué olores percibo en el aire, qué sonidos, otras sensaciones». Cualquier cosa que se le ocurra, que sea un pequeño compromiso adecuado para usted, que sea realista llevar a cabo. Ponga límite al tiempo en que le gustaría intentarlo: una semana, un mes, lo que sea. Una vez más, es bueno comprometerse por períodos cortos. Si le gusta lo que va haciendo, siempre podrá comprometerse por un período mayor. Es más importante concederse un tiempo razonable, para poder realmente experimentar este cambio.

6. Si aparece un número de desafíos o cambios posibles y quiere comenzar a trabajar ahora mismo en ellos, escoja uno para comenzar. Puede guardar su página de autoevaluación para trabajar más adelante sobre los otros, cuando esté listo. Si le parece que no está preparado todavía para efectuar ningún cambio, tome nota de eso también.

7. Tómese tiempo para revisar una vez más los recuerdos de su dieta y apunte cualquier aspecto notorio; reconózcalos. Podría ser que un día dedicó tiempo a prepararse comida fresca o para comer con tranquilidad. También es posible que haya compartido su comida con otros o tenido en cuenta sus propias necesidades, algunas veces o en todos esos días. Cualquier punto positivo que vea, permítase reconocerlo también. Si no encuentra ninguno, téngalo en cuenta.

Discusión

En el ayurveda, lo que uno come es gran parte de su bienestar y su curación. Al comer, cada persona desempeña el papel más importante dentro de su propia curación. Familiarizarse con los propios gustos y estilo es el primer paso para favorecer las cosas positivas que está haciendo por sí mismo, así como brindarse la oportunidad de cambiar actos o actitudes que no le están dando buenos resultados. Todos hemos heredado y acumulado montañas de juicios que cargamos con nosotros en este viaje, y todo eso quiere intervenir, comentar nuestros actos, conductas, sentimientos e ideas. En este ejercicio o procedimiento en particular, le pido que deje aparte, por un momento y hasta donde pueda, esa montaña de juicios, para que pueda ver y oír sin todo su peso. Hasta donde pueda será suficiente.

Si descubre tendencias clave, preferencias por un determinado sabor, textura o temperatura sobre otros, quizá le convenga retroceder y repasar el material relacionado que este libro ha ofrecido anteriormente para obtener perspectivas adicionales.

Apéndice IV

Menús ayurvédicos

Menús tridóshicos

DÍA DE PRIMAVERA

Desayuno
Un Arroz para desayuno e Infusión de jengibre y coriandro.

Almuerzo
Sopa de judías mungo germinadas o Sopa cremosa de espárragos, con Tortillas calientes: de trigo integral para vata y pitta, de maíz para kapha; mezcla de verduras tiernas con Aderezo de perejil y estragón para ensaladas.

Merienda
Panecillos de pera al jengibre, Infusión tridóshica.

Cena
Ensalada fresca de pepino y espinaca con Aderezo de estragón, miel y mostaza; Pilaf de quinua y espárragos, alcachofas al vapor.

Postre (opcional)
Delicia turca de Dorie, Chai.

DÍA DE VERANO

Desayuno
Selección de frutas frescas: albaricoques, bayas, cerezas dulces, uvas moradas, o Ensalada de fruto tridóshica, o Ensalada de fruta fresca con Infusión relajante para pitta, o Infusión tridóshica. Panecillos de plátano y melocotón (si está muy hambriento).

Almuerzo
Gazpacho ligero de pepino, Ensalada de arroz salvaje, infusión ligera de menta.

Merienda
Licuado de coco o selección de frutas frescas: bayas, mango maduro, melones.

Cena
Ensalada gelinizada de frambuesa y kiwi, Paella, zanahorias recién ralladas con menta piperita y lima, Infusión relajante para pitta.

Postre (opcional)
Crujientes galletas de coco.

DÍA DE OTOÑO

Desayuno
Quinua o Teff caliente, Infusión digestiva fácil.

Almuerzo
Kichadi, con hortalizas frescas de la temporada, como verdura de hoja y calabaza de invierno, Ensalada de calabacines, Infusión tridóshica.

Merienda
Chai caliente.

Cena
Taza de Suculenta sopa de hortalizas, Sabroso pastel de Hortalizas, infusión caliente a elección.

Postre (opcional)
Copa de piña fresca.

DÍA DE INVIERNO

Desayuno
Sabroso revuelto de tofu, Infusión tridóshica.

Almuerzo
Dal reductor de ama (cuidado con el ajo), Quinua al cilantro, Germinados frescos y verduras de hoja (opcional).

Merienda
Frutos secos tostados o Salsa de manzana caliente, Sidra caliente rápida.

Cena
Stroganoff vegetariano, Remolachas con glaseado de jarabe de arce (opcional), pequeña ensalada con Aderezo cremoso de pesto (opcional), infusiones calientes.

Postre (opcional)
Galletas de jengibre

DÍA RÁPIDO

Desayuno
Selección de fruta fresca: albaricoques, uvas moradas, mango maduro, bayas; selección de cereales fríos: arroz, trigo integral, avena, maíz, leche de vaca y cabra o leche de soja.

Almuerzo

Sopa cremosa de brécol, chapatis calientes o Tortillas de Rebekah, germinados frescos y semillas de girasol tostadas.

Merienda

Selección de fruta fresca: manzanas, naranjas dulces, plátanos.

Cena

Pasta con Salsa ligera de albahaca (se puede escoger entre pasta de maíz o de trigo), Ensalada de calabaza de verano, infusión caliente.

Postre (opcional)

Tapioca con albaricoque (hecha por la mañana).

DÍA DE FIN DE SEMANA

Brunch

Tortitas con rellenos variados o tortitas con harina de avena o cebada y/o Salsa caliente de albaricoques.

Merienda

Tallos de apio rellenos o selección de fruta fresca: manzanas, naranjas, peras, plátanos.

Cena

Bufé de ensaladas Supreme, Sabrosa hamburguesa, Ensalada de pasta (opcional), licuado de frutas o agua.

Postre (opcional)

Rodajas de manzana.

Menús calmantes para vata

DÍA DE PRIMAVERA

Desayuno

Desayuno de arroz y almendra, Infusión calmante para vata.

Almuerzo

Rollitos Nori y Salsa para mojar, ensalada verde fresca con Aderezo de estragón, miel y mostaza, Infusión básica de jengibre.

Merienda

Almendras blanqueadas, o fruta fresca, o jugo de hortalizas.

Cena

Pasta con mantequilla y nueces pacanas, Guisantes chinos favoritos, Infusión digestiva fácil.

Postre (opcional)
Galletas de sueño.

DÍA DE VERANO

Desayuno
Ensalada de fruta calmante de vata, un Arroz para el desayuno (si está muy hambriento), Infusión calmante para vata.

Almuerzo
Ensalada fresca de calabacines baby, Quiche de cilantro, galletas de trigo integral (opcional).

Merienda
Licuado tropical de Iza, o de fruta fresca: albaricoque, plátano y uvas, o ciruelas, u otras frutas de temporada para vata.

Cena
Mi gumbo cajún favorito, Galletas de boniato, ensalada sencilla con Aderezo cremoso de ajo, Infusión calmante para vata.

Postre (opcional)
Delicia de coco.

DÍA DE OTOÑO

Desayuno
Crema de trigo, Simple leche caliente con jengibre.

Almuerzo
Dal reductor de *ama* con zanahorias y calabacines, Arroz basmati sencillo con ghee, leche caliente o infusión.

Merienda
Plátano.

Cena
Rehogado thai, Arroz basmati sencillo, Puré de boniatos, Chai o Infusión calmante para vata.

Postre (opcional)
Bolas de *halva*.

DÍA DE INVIERNO

Desayuno
Sabrosas gachas de avena, Simple leche caliente con jengibre o Chai.

Almuerzo

Kichadi o Sopa de boniato, Tortillas de Rebekah, Ensalada fresca de pepino y espinaca (opcional).

Merienda

Sidra caliente de cereza, o nueces tostadas, o semillas.

Cena

Enchiladas al mole de Dorie, Judías verdes con almendras tostadas, Arroz basmati moreno (si está muy hambriento), Infusión básica de jengibre.

Postre (opcional)

Pastel de plátano especiado o Un buen pastel de boniato.

Día rápido

Desayuno

Bebida reconstituyente a base de almendras, saludable avena instantánea caliente.

Almuerzo

Yogur con fruta, Rollitos de tahini, agua o infusión de hierbas.

Merienda

Fruta fresca: plátano, naranja o uvas.

Cena

Sopa oriental de Ivy, Infusión calmante para vata, chapatis calientes con ghee.

Postre (opcional).

Frutas rellenas: dátiles con anacardos.

Día de fin de semana

Brunch

Tortitas a elegir con moras, Crepes de trigo integral o Quiche de cilantro, Chai.

Merienda

Guacamole de Ángela y galletas de trigo integral, o fruta fresca, o jugo de hortalizas.

Cena

Pasta con salsa pesto, Infusión digestiva fácil, Ensalada de calabacines.

Postre (opcional)

Delicia de papaya.

Algunas variantes

Desayuno

Quinua caliente o Huevos revueltos y hortalizas o Tacos como desayuno o Rollitos de canela con leche caliente.

Almuerzos: véase Almuerzos, páginas 85.

Cena (entradas)

Ensalada de arroz salvaje o Paella o Pilaf de quinua y espárragos o Fideos de celofán con guisantes chinos, o Sabroso pastel de hortalizas o Stroganoff vegetariano, o Fideos caseros al huevo con Salsa ligera de albahaca o Pasta muy sencilla.

DE VIAJE

Nota: en general, a los vata les conviene centrarse en las comidas calientes, húmedas y cocidas, y moderarse mucho con lo crudo, ligero, crujiente y seco, sobre todo cuando viajan.

Desayuno

Fruta fresca: albaricoques, bayas, cerezas, kiwi, mango, papaya, melocotón, piña, ciruelas, fresas, o avena o Crema de trigo; infusión caliente (lleve sus propios saquitos) o huevos escalfados, pasados por agua o revueltos con tostadas de trigo integral, tortillas, panecillos o tortitas, tostada a la francesa o gofres (¡lleve sus propias hierbas digestivas!).

Almuerzo

Suculenta sopa de hortalizas y pan o requesón, ensalada de pasta, pequeña ensalada de lechuga.

Merienda

Frutas frescas o zumos de fruta calmantes para vata (evite las manzanas, peras y arándanos) o frutos secos y semillas o yogur y/o bebidas calientes (lleve en un termo su favorita, sobre todo si viaja en avión).

Cena

Pasta con salsa cremosa, hortalizas cocidas o cocina india con curris suaves y arroz o comidas asiáticas con arroz y hortalizas, o natillas, quiches, sopas cremosas y similares.

Menús calmantes para pitta

DÍA DE PRIMAVERA

Desayuno

Ensalada de fruta relajante para pitta y/o Panecillos de pera al jengibre, o Tortillas de trigo integral, o Arroz para el desayuno y leche caliente con hierbas.

Almuerzo

Pasta primavera, ensalada verde con Aderezo cremoso de pesto, agua o una Infusión relajante para pitta.

Merienda

Fruta fresca: manzana o bayas, o fruta seca: higos o pasas de uva.

Cena

Pilaf de quinua y espárragos, Judías azukis sencillas, Ensalada de col china fresca, Infusión relajante para pitta.

Postre (opcional)

Espuma de pera.

DÍA DE VERANO

Desayuno

Ensalada de fruta fresca, arroz inflado con leche de vaca o de soja, Infusión relajante para pitta.

Almuerzo

Gazpacho ligero de pepino, Ensalada de quinua y cilantro, Garbanzos a la libanesa (si está muy hambriento), agua fresca o Infusión ligera de menta.

Merienda

Melón fresco.

Cena

Sopa de maíz, Ensalada fresca de calabacines baby, Ensalada favorita de judías a la italiana (si se tiene mucha hambre).

Postre (opcional)

Delicia de coco.

DÍA DE OTOÑO

Desayuno

Crema de trigo, Infusión suave de jengibre y coriandro, con poco jengibre.

Almuerzo

Dal reductor de *ama* (sin ajo), Ensalada de calabaza de verano, Arroz basmati sencillo (si se tiene mucha hambre), Infusión relajante para pitta.

Merienda

Fideos de celofán con guisantes chinos, acelga al vapor, infusión de hierbas o *bancha*.

Postre (opcional)

Copa de piña fresca o Pastel de frutas tropicales.

DÍA DE INVIERNO

Desayuno

Sabrosas gachas de avena, Chai.

Almuerzo

Suculenta sopa de hortalizas, Galletas mariposa o Tortillas de Rebekah, o chapati, infusión de hierbas.

Merienda

Muesli ayurvédico.

Cena

Sabroso pastel de hortalizas, brécol al vapor o coles de Bruselas, Infusión relajante para pitta.

Postre (opcional)

Galletas de sueño, Sidra caliente rápida o Chai (sirva una hora o más después de la cena).

DÍA RÁPIDO

Desayuno

Licuado de fruta y tortillas de trigo integral o chapatis (con ghee) y/o arroz o trigo integral frío con leche de vaca, cabra, soja o arroz.

Almuerzo

Sopa cremosa de brécol con Tortillas de trigo integral calientes, o Aguacate relleno con judías negras y cilantro, Infusión relajante para pitta.

Merienda

Fruta fresca: manzana, pera, melón u hortalizas frescas: apio, jícama, guisantes u otros productos calmantes para pitta.

Cena

Fetuccini y brécol con Salsa cremosa de orégano, germinados frescos, Infusión relajante para pitta.

Postre (opcional)

Frutas rellenas: higos con nueces.

DÍA DE FIN DE SEMANA

Brunch

Pasteles de manzana o Sabroso revuelto de tofu con Rollitos de canela o Tortitas con Deliciosa manteca de manzana y jarabe de arce, leche caliente o infusión o Chai.

Merienda

Hummus y galletas de arroz o trigo integral (poco ajo).

Cena

Bufé de ensaladas Supreme, Quiche de cilantro o Judías pinquito asadas, Ensalada de arroz salvaje.

Postre (opcional)
Melón cantalupo con frambuesas frescas (servido varias horas después de cenar).

Desayuno
Ensalada de fruta tridóshica o una Ensalada de fruta calmante de kapha, o Bollitos de manzana con leche caliente con hierbas, o Gachas de maíz azul con pasas de uva.

Almuerzo: véase Almuerzos, páginas 85.

Cena (entradas)
Sopa equinoccio o Paella o Kichadi o Sabrosa hamburguesa o Stroganoff vegetariano o Pasta con salsa ligera de albahaca.

Desayuno
Avena, crema de trigo, arroz o trigo integral frío con leche o tortillas de trigo integral, tostadas, panecillos ingleses o tortitas o gofres con jarabe de arce.

Almuerzo
Rollitos Nori o Hummus y galletas, o Salsa rápida de judías para mojar y Tortillas, o patata asada rellena con brécol, o Rollitos de manteca de almendra (lleve los ingredientes consigo), o bufé de ensalada con hortalizas, judías, requesón.

Cena
Burrito de judías y ensalada o Pasta con salsa cremosa, ensalada, rollitos o cocina asiática: tofu, arroz y hortalizas.

Menús calmantes para kapha

Desayuno
Ensalada de fruta calmante de kapha o *Muffins* Boston (si está muy hambriento), infusión fuerte de jengibre.

Almuerzo
Ensalada de col china fresca, Sopa cremosa de espárragos, galletas de centeno (opcional). Infusión digestiva fácil.

Merienda (opcional)
Manzana o pera.

Cena

Dal reductor de *ama* o Rehogado thai con cebada sencilla o kasha.

Postre* (opcional)

Una fruta fresca calmante para kapha.

Día de verano

Desayuno

Ensalada de fruta fresca (poco melón) o Ensalada de fruta calmante de kapha, Infusión vigorizante para kapha.

Almuerzo

Ensalada veraniega arco iris o una gran ensalada con Aderezo de perejil y estragón o Aderezo cremoso de pesto, Quiche de cilantro, Infusión digestiva fácil.

Merienda (opcionales)

Bayas u otras frutas de temporada para kapha.

Cena

Áspic de zanahorias frescas, Pilaf de quinua y espárragos, Infusión vigorizante para kapha.

Postre* (opcional)

Delicia turca de Dorie.

Día de otoño

Desayuno

Quinua caliente, amaranto o teff, o una sopa caliente (como crema de brécol), infusión de jengibre.

Almuerzo

Sopa rápida de judías negras, Tortillas de maíz caliente, Zanahorias frescas ralladas con menta verde y lima (opcional).

Merienda (opcional)

Infusión vigorizante para kapha.

Cena

Calabaza de verano al vapor o calabacín, Fideos soba con ajo y hortalizas, *bancha* con jengibre.

Postre* (opcional)

Salsa de manzana.

DÍA DE INVIERNO

Desayuno

Crema de centeno o Gachas de maíz azul con pasas de uva, infusión de jengibre caliente.

Almuerzo

Pasta primavera (con pasta de maíz) y Ensalada fresca de pepino y espinaca con Aderezo de estragón, miel y mostaza, agua o infusión de hierbas (si se tiene sed).

Merienda (opcional)

Infusión vigorizante para kapha.

Cena

Germinados frescos y verduras variadas con Aderezo cremoso de ajo para ensaladas. Kichadi (si se está hambriento), Infusión digestiva fácil.

Postre* (opcional)

Bebida caliente de algarroba.

*Se recomienda enérgicamente que los kapha omitan los postres en general y los tomen solo en ocasiones especiales, no con regularidad.

DÍA RÁPIDO

Desayuno

Fruta fresca: manzana, pera, o bayas, o una taza de saludable sopa instantánea deshidratada.

Almuerzo

Ensalada de calabaza de verano y Pasta muy sencilla (con pasta de maíz), con Semillas de girasol tostadas o Sopa cremosa de brécol y Brillante ensalada de alcachofas de Jerusalén.

Merienda (opcional)

Frutas frescas de temporada.

Cena

Ensalada de judías mungo germinadas o Hummus y galletas de centeno, infusión caliente especiada.

DÍA DE FIN DE SEMANA

Brunch

Tortitas de alforfón o Tortitas de maíz con Salsa de manzanas de Bob, o *Frittata* de patatas, o Quiche de cilantro, infusión caliente de hierbas.

Merienda

Fruta fresca: manzana, pera, albaricoque.

Cena

Hojas de col rellenas, Infusión caliente de jengibre.

Postre* (opcional)

Espuma de pera o Pastel de zanahoria libre de colesterol.

VARIANTES

Desayuno

Crema de mijo o Crepes u otras sopas calientes.

Almuerzo: véase Almuerzos, página 85.

Cena (entradas)

Tofu Z con Kasha y puerros o Sopa minestrone o Sopa de maíz o Gentil guiso de pimientos verdes o Sopa equinoccio, o Judías pinquito asadas o Judías azuki sencillas o Polenta con deliciosa salsa de tofu para espaguetis o Fideos caseros al huevo con Salsa ligera de albahaca.

DE VIAJE

Desayuno

Frutas frescas: manzanas, peras, albaricoques, bayas, fresas u otras frutas calmantes para kapha, o frutas secas: ciruelas cocidas, pasas de uva remojadas u otras frutas secas cocidas; infusiones calientes (lleve sus propios saquitos de hierbas y una pizca de jengibre seco en polvo por taza), o granola de avena, amaranto o copos de maíz (puede llevarlos consigo, para tener la certeza de contar con ellos), con leche de cabra o soja, o huevos pasados por agua o escalfados, con tostada de centeno o tortillas de maíz.

Almuerzo

Bufé de ensaladas, sopa caliente de hortalizas y/o pan de maíz, o patata al horno, o fruta fresca e infusión caliente.

Cena

Un salteado chino picante o judías, tortillas de maíz, ensalada o curris indios ligeros (evite lo frito), o patata horneada rellena de brécol (evite el queso), o judías, arroz y hortalizas, en cualquier idioma.

Apéndice V

Dietas de rotación y cómo utilizarlas

Originariamente quería incluir una introducción a las dietas de rotación y algunas recetas (intercaladas en todo el texto) para mis conocidos entre los que trabajan con alergias ambientales o alimentarias. Las dietas de rotación no son tradicionales en el ayurveda; sin embargo, pueden utilizarse por períodos breves, cuando los intestinos o el cuerpo se sienten muy desequilibrados o como recurso para comenzar a identificar qué alimentos nos causan irritación. Junto con la asistencia de un buen médico ayurvédico y utilizando las hierbas digestivas y depurativas correspondientes, estas dietas pueden ayudar en los casos graves. Los casos de alergias leves pueden responder bien a un programa ayurvédico sin la restricción de una dieta de rotación.

Las dietas de rotación fueron creadas en Occidente por alergistas que trabajaban con gente seriamente afectada por sensibilidades alimentarias. Los conceptos básicos en los que se basa la dieta de rotación son:

1. Proporcionar mayor variedad al comer.
2. Evitar comer lo mismo constantemente, un verdadero problema de las alergias alimentarias insospechadas.
3. Hacerse una idea de qué alimentos pueden ser nocivos para el paciente.
4. Agrupar los alimentos según sus familias botánicas, pues así es, a menudo, como se manifiestan las sensibilidades.

Las dietas de rotación son muy beneficiosas para las personas que padecen alergias adquiridas; supongamos, por ejemplo, que usted desarrolló una sensibilidad a la leche a los veinticinco años. A menudo, evitar este tipo de alimentos y luego, poco a poco, rotarlos de nuevo en su dieta, puede ayudarle a incorporar nuevamente la leche en su vida, al menos en ocasiones especiales. Las dietas de rotación no han sido pensadas para incluir o curar las sensibilidades alimentarias de probable base genética, que pueden haberle afectado desde el nacimiento. Por ejemplo: usted reacciona violentamente a la carne de cangrejo cada vez que la ha probado. No sé de ninguna dieta de rotación que sirva en una situación así.

Las ventajas de la dieta de rotación son que, como lo dice, proporciona variedad. Supongamos que usted es vegetariano y vive a base de productos de soja, pero nota que cada vez se cansa más. Esto puede ayudarle a comprobar si está consumiendo demasiada soja y si se siente mejor al reducir la cantidad. Para ofrecer un ejemplo más drástico, la dieta de rotación es, a veces, la manera más directa de escapar de un situación muy cerrada de sensibilidad ambiental o alérgica.

La desventaja es que puede parecer extraordinariamente restrictiva y frustrante, sobre todo al principio. Y en las etapas iniciales, una dieta de rotación estricta hace que sea complicado comer fuera de casa. La proteína puede ser inadecuada en algunos días de rotación vegetariana, lo cual es mi preocupación fundamental como nutricionista formada en Occidente. Estas rotaciones no están ideadas para ser utilizadas durante varios meses. Y desde un punto de vista ayurvédico, las combinaciones de alimentos y sabores disponibles en cualquier día son limitadas.

Dicho todo eso, lo siguiente es un ejemplo de dieta de rotación vegetariana para cuatro días. Hay muchas otras versiones, según el facultativo que usted consulte. Estoy en deuda con la doctora Jacqueline Krohn de Los Álamos, Nuevo México, por sus aportaciones a la estructura básica de rotación no vegetariana. Los cambios son míos. Una vez más, quiero afirmar enérgicamente que es difícil seguir una dieta equilibrada con una rotación vegetariana. Solo se debería intentar con la guía y la supervisión de un médico nutricionista experimentado; aun así, yo solo la recomendaría por breves períodos.

El objetivo no es permanecer indefinidamente en una dieta de rotación, sino utilizarla como instrumento para sanar, a fin de regresar a lo que a usted le parezca una dieta más normal.

Cómo utilizar una dieta de rotación

Lo que sigue es una dieta de rotación de cuatro días. Básicamente, se comienza con el DÍA 1. Ese día, usted puede ingerir cualquier alimento que figure en la lista de DÍA 1 y ningún otro. Por ejemplo: DÍA 1 incluye como hortalizas, berenjenas, pimientos dulces, tomate y setas, y como productos animales, leche y queso de vaca. Por lo tanto, en DÍA 1 usted podría prepararse una salsa casera para espaguetis con berenjena, pimiento morrón, tomates frescos y setas. Podría acompañar con ella pasta de trigo integral o normal, con paneer o queso parmesano encima. ¿Qué especias usar para la salsa de tomate? Si se atiene a una dieta de rotación estricta, usaría solo las hierbas y especias enumeradas para DÍA 1, o sea: hoja de laurel, albahaca, orégano y tomillo, por ejemplo. El ajo, en cambio, figura en la lista del DÍA 4; además, en una rotación estricta tendría que eliminar el ajo de su plato.

¿Cuándo practicar una rotación estricta? En cualquier período en que esté utilizando la dieta para determinar sus alergias. O cuando sus alergias sean tan graves que descuidarse y comer ciertos alimentos más a menudo que cada cuatro días pudiera causarle problemas. Si su sensibilidad es leve, puede ser menos estricto.

Pues bien, durante todo el DÍA 1, usted come los alimentos enumerados para DÍA 1. A la mañana siguiente, cuando despierte, empieza a comer solamente lo que figure en las listas del DÍA 2. Y así en los días 3 y 4. Cuando haya llegado al final de la primera rotación de cuatro días, recomienza con los alimentos del DÍA 1, quizá con un revuelto de brotes de bambú y castaña de agua, o una ensalada con albahaca fresca y canónigo. Por lo general, se necesitan como mínimo cuatro rotaciones de cuatro días, dieciséis días en total, para tener una idea de lo que puede estar afectándole.

¿Cómo saberlo? Por las reacciones del cuerpo. Digamos que, hacia el final del DÍA 1, usted nota que a menudo tiene más gases e, incluso, diarrea. Pero solo en DÍA 1, no en los otros. O el DÍA 2 despierta profundamente exhausto, deprimido o con dolor de cabeza. Cualquiera de estas señales se puede tomar como indicadora de que puede reaccionar a uno o varios de los alimentos del DÍA 1. Para dar otro ejemplo: si el goteo sinoidal empeora hacia la mitad de los DÍA 3; no en todos, pero sí en la mayoría. Puede observar cómo ha estado manejando esos alimentos del DÍA 3: indigestión, congestión y cambios de humor son reacciones alérgicas comunes. Que fallen la espalda o el cuello, tener alucinaciones, es mucho menos habitual, pero también son respuestas documentadas de la sensibilidad alimentaria. Por lo tanto, si usted empieza a sospechar que un alimento en particular le está dando problemas, elimínelo de la rotación y cumpla nuevamente con la secuencia de los días, pero sin él. Si se encuentra reducido a una dieta marcadamente «mono» (como en monótona), es hora de buscar ayuda exterior, de recurrir a un médico ayurvédico experimentado, a un ecologista ambiental, a un alergista, nutricionista o médico especializado en nutrición.

Para más información sobre las sensibilidades alimentarias y las dietas de rotación, véase la Bibliografía, sobre todo los libros de Robert Buist, *The Allergy Self-Help Cookbook* de Marjorie Hurt Jones, *Food Makes the Difference* de Patricia Kane y *The Whole Way to Allergy Relief and Prevention* de Jacqueline Krohn. *Allergy Baking Recipes* de Hanna Kroeger incluye muchos consejos poco ortodoxos pero prácticos para los afectados por alergias alimentarias. Para quienes se interesan por la botánica, he utilizado *Vascular Plant Families* de James Smith para realizar esta rotación. Este último volumen, con el recetario de M. H. Jones, puede ayudar al lector a diseñar sus propias dietas de rotación.

Para algunas ideas sobre cómo seguir la rotación ofrecida aquí, incluyo una lista de menús sencillos tras el DÍA 4. Las recetas ayurvédicas adecuadas para esta rotación tienen la leyenda PLATO DE ROTACIÓN PARA DÍA bien visible.

Nota: a diferencia de muchas rotaciones, he «sembrado» cereales (de la familia gramíneas) en los cuatro días, concentrando los granos glutinosos en el DÍA 1, el mijo, no glutinoso, en el DÍA 2, el arroz y el teff, no glutinosos, en el DÍA 3, y el maíz, no glutinoso, en el DÍA 4. El alforfón, que pertenece a otra familia, pero tiene bajo contenido de gluten, está situado en el DÍA 4. Mucha gente con la que he trabajado a lo largo de mi vida profesional era sensible a uno o más cereales de la familia gramíneas, pero no a todos ellos. Esta rotación es más fácil para la mayoría y puede ayudarle a identificar qué cereales son benéficos (o perjudiciales) para usted. Ocasionalmente, alguien es sensible a todos los granos. Si ese es su caso, lo mejor será evitarlos por completo y consumirlos muy ocasionalmente, solo en uno de los cuatro días de la rotación.

También he supuesto que la sal, el bicarbonato de sodio y el polvo de hornear sin maíz se pueden usar en cualquier día. Muchas marcas de polvo de hornear contienen almidón de maíz; si usted es sensible al maíz, debe evitarlo.

DÍA 1

Hortalizas

Caparidáceas: alcaparras.

Ciperáceas/familia de la juncia: castaña de agua.

Fungi/familia de las setas comunes: shiitake, reishi, setas ostra, trufas, todas las demás.

Gramíneas/familia de la gramilla: trigo, brotes de bambú.

Malváceas/familia de la malva: okra.

Solanáceas/ familia de la belladona: berenjena, pimiento morrón, pimiento picante, patata, tomate, tomatillo.

Valerianáceas/familia de la valeriana: canónigo.

Frutas

Lauráceas/familia del laurel: aguacate.

Malpighiáceas/familia de la malpighia: acerola.

Passifloráceas/familia de la pasionaria: pasionaria, granadilla.

Punicáceas/familia de la granada: granada.

Rhamnáceas/familia del espino amarillo: jojoba.

Rosácea/familia de la rosa: manzana, manzana salvaje, níspero, pera, membrillo

Vitáceas/familia de la uva: uvas, pasas de uva.

Cereales y harinas

Familia gramínea: cebada, avena, centeno, trigo (y sus harinas, salvados, maltas, jarabes y extractos).

Familia de la belladona: harina y gachas de patata.

Frutos secos y semillas

Juglandáceas/familia del nogal: nuez negra, calabaza anco, nuez inglesa, bellota, pacana.

Labitas/familia de la menta: semillas de chía.

Lináceas/familia del lino: semillas de lino.

Pináceas/familia del pino: piñones.

Productos animales

Bovinos: leche, mantequilla, ghee, queso, yogur, kéfir de vaca, leche y lácteos de búfalo, cabra, oveja.

Edulcorantes

Familia de las gramíneas: malta de cebada, malta de trigo (a menudo llamada simplemente «malta»), melaza, sorgo, azúcar de caña, azúcar de caña integral (familia de las gramíneas).

Familia de las uvas: pasas de uva. Cualquier otra fruta enumerada en DÍA 1, incluido, por ejemplo, el concentrado de manzana.

Grasas y aceites

Bovinos: ghee y mantequilla.

Juglandáceas/familia del nogal: aceite de nuez.

Familia del laurel: aceite de aguacate.

Familia de la malva: aceite de semilla de algodón (lo recomendaría solo si es orgánico).

Onagráceas/familia de onagra: aceite de onagra vespertina.

Hierbas aromáticas y especias

Cupresáceas/familia del cedro: bayas de enebro.

Efedráceas/familia de la efedra: efedra.

Familia de las gramíneas: pasto limón.

Familia del laurel: hoja de laurel, canela, polvo filé, sasafrás.

Magnoliáceas: anís estrellado.

Familia de la malva: raíz de malva real, hibiscus.

Familia de la menta: mastranzo, albahaca, hierba gatera, marrubio, lavanda, melisa, mejorana, menta, orégano, romero, salvia, menta piperita, ajedrea de verano y de invierno, tomillo, hierbabuena.

Familia de la rosa: pétalos de rosa, corteza de cerezo salvaje.

Papaveráceas/familia de la amapola: semilla de amapolas de todo tipo.

Familia de la belladona: pimienta de Cayena, ají picante (de cualquier color), páprika, pimiento, tabasco.

Hierbas medicinales

Apocináceas/familia de la adelfa: casi todos los miembros de esta familia son venenosos; úsese con cautela: lewisia, rauwolfia, vinca.

Asclepiadácea: algodoncillo, asclepias.

Cupresáceas/familia del cedro: tuya.

Combretáceas/familia del combretium: bibhitaki, haritaki.

Gentianáceas/familia de la genciana: trébol de agua, genciana.

Ginkgoáceas: ginkgo.

Gramíneas: citronella, avena salvaje, vamsha rochana.

Familia del laurel: alcanfor, casia.

Familia de la malva: bala, algodón herbáceo, malva, raíz de malvarrosa.

Familia de la menta: menta de lobo, collinsonia, hisopo agripalma, poleo, consuelda, escutelaria, betónica.

Familia de la efedra: ma huang.

Familia de la belladona: ashwaganda.

Familia de la pasionaria: pasionaria.

Familia de la amapola: amapola de California.

Rhamnáceas: cáscara sagrada, té de Nueva Jersey.

Familia de la rosa: agrimonia, corteza de cerezo salvaje.

Rubiáceas: amor del hortelano, manjishta, mitchella repens.

Operáceas/familia de juncia: musta.

Turneráceas/familia turnera: damiana.

Valerianáceas/familia de la valeriana: nardo, valeriana.

Bebidas

Zumo, sopa o infusión de cualquier alimento incluido en DÍA 1, incluidos leche, zumo de manzana. También:

Familia de la rubia roja: café.

Sterculiáceas/familia de la sterculia: chocolate, cacao, cola.

Otros

Familia del rosal y manzano: sidra o vinagre de manzana, pectina.

Fungi: levadura virgen y levadura de repostería.

Familia de las uvas: cremor tártaro.

Familia de la belladona: tabaco.

Familia de la sterculia: gum karaya.

Familia de la granada: jarabe de granadina.

Algunos ejemplos de comidas: patatas al horno con ghee y yogur fresco; espaguetis con Salsa ligera de albahaca o Salsa básica de tomate al pétalo de rosa o Salsa cremosa básica; una Salsa pesto con pasta de trigo integral; Pizza pétalo de rosa; Guacamole de Ángela sobre tortillas de trigo integral, en forma de burritos; Hamburguesas de patatas al romero y Hortalizas asadas a la italiana.

DÍA 2

Hortalizas

Aizoáceas/familia de la uña de gato: espinaca de Nueva Zelanda.

Amarantáceas/familia del bledo: amaranto.

Familia del alcatraz: malanga.

Cactáceas: tuna, cholla, saguaro, otros cactus.

Quenopodiáceas/familia de la pata de gallo: remolacha, acelga, cenizo, espinaca, remolacha azucarera.

Cucurbitáceas/familia de la calabaza: chayote, pepino, pepinillo, calabazas de todo tipo, calabacín.

Dioscoreáceas/familia del boniato: ñame, patata china.

Euforbiáceas/familia del euforbio: casava, mandioca, euforbio.

Oleáceas/familia del olivo: oliva.

Portulacáceas/familia de la verdolaga: claytonia (lechuga del minero), verdolaga.

Frutas

Anonáceas/familia de la chirimoya: chirimoya, papaya.

Cucurbitáceas: melón cantalupo, melón rocío de miel, sandía, otros melones.

Ericáceas/familia del brezo: gayuba, mora, arándano, frambuesa, logana, salal, lyonia tibetana.

Musáceas/familia del plátano: plátano, banana.

Mirtáceas/familia del mirto: guayaba.

Rosáceas, frutas de hueso: albaricoque, cereza, nectarina, melocotón, ciruela, ciruela pasa, cereza salvaje.

Cereales y harinas

Amarantáceas: amaranto, quinua y sus harinas.

Familia del lirio: poi.

Familia de la gramilla, sin gluten: mijo y harina de mijo.

Frutos secos y semillas

Fagáceas/familia del haya: bellota, hayuco, castaña.

Cucurbitáceas: semilla de calabaza.

Lecitidáceas: nuez de Brasil.

Protea/familia de la macadamia: nuez de macadamia.

Rosáceas, frutas de hueso: almendra.

Productos animales

Familia de la paloma: huevos de paloma y tórtola.

Familia de la perdiz escocesa: huevos de perdiz escocesa.

Familia del pavo: huevos de pavo.

Edulcorantes

Aceráceas/familia del arce: jarabe de arce.

Frutas citadas para DÍA 2, incluido el concentrado de cereza negra.

Grasas y aceites

Oleáceas (familia del olivo): aceite de oliva.

Rosáceas, frutos de hueso: aceite de almendras, aceite de albaricoque.

Grasas de cualquiera de los alimentos correspondientes al DÍA 2.

Hierbas aromáticas y especias

Araliáceas/familia del ginseng: ginseng americano, ginseng chino, ginseng coreano, eleutro.

Boragináceas/familia de la borraja: borraja, alcanfor.

Familia de la pata de gallo: epazote.

Familia del mirto: pimienta de Jamaica, clavo, eucalipto, aceite de berrón.

Nelumbonáceas/familia del loto: raíz de loto.

Familia del olivo: jazmín.

Ranunculáceas/familia del ranúnculo: aguileña (flor comestible).

Rosáceas, hierba: sanguisorba.

Verbenáceas: cedrón.

Zingiberáceas/familia del jengibre: cardamomo, jengibre, cúrcuma.

Hierbas medicinales

Berberidáceas: agracejo, mahonia.

Dioscoráceas: boniato salvaje.

Ericáceas: quimáfila, uva ursi

Euforbiáceas: amla o amalaki, aceite de ricino, stillingia

Familia del mirto: cajeput, eucalipto, aceite esencial del árbol de té.

Podofiláceas: mandrágora americana, cohosh, cohosh azul.

Ranunculáceas: cohosh negro, sello de oro, coptis, peonia

Santaláceas: sándalo

Escrofulariáceas: escrofularia, verónica, eufrasia, gordolobo, rehmannia

Verbenácea: sauzgatillo

Bebidas

Zumo, sopa e infusión de cualquiera de los alimentos correspondientes a DÍA 2, incluidos la infusión de jazmín, la leche de almendra y el zumo de ciruelas pasas.

Otros

Marantáceas: almidón de arrurruz.

Plantagináceas: psyllium, semillas y cáscaras.

Familia del euforbio: tapioca.

Sapotáceas/familia del sapote: chicle (principal ingrediente de la goma de mascar).

Misceláneos: cristales de vitamina C libres de maíz.

Algunos ejemplos de comidas: gran ensalada de espinacas con olivas negras y Rico aderezo de almendra y pepino; mijo con Salsa de almendras y jengibre; Guiso de Oriente Medio con olivas; Salsa cremosa de espinacas sobre tostada de mijo; Calabaza anco rellena con olivas; Borscht de remolacha muy básico.

DÍA 3

Hortalizas

Algas: verduras de mar de todo tipo.

Asteráceas: alcachofa, bardana, diente de león, endivia, escarola, alcachofa de Jerusalén, lechuga, achicoria roja, salsifí.

Convolvuláceas: jícama, boniato.

Leguminosas: germinados de alfalfa, todas las judías y sus germinados, lentejas, todos los guisantes, cacahuete, judía de soja.

Umbelíferas: zanahoria, raíz de apio, apio, perejil, nabo.

Frutas

Bromeliáceas: piña.

Ebonáceas: caqui.

Oxalidáceas: mora, zarza Boysen, parrilla, logana, frambuesa, fresa.

Sapindáceas: lichi.

Saxifragáceas: grosella, grosella espinosa.

Cereales y harinas

Familia del áster: harina de alcachofa, harina de semilla de girasol.

Familia de la gramilla, sin gluten: arroz de todo tipo, incluido el salvaje, harina de arroz, salvado de arroz, teff, harina de teff.

Leguminosas (harinas de judías): urud dal, garbanzo, judía de Lima, soja, cacahuete.

Frutos secos y semillas

Familia del áster: semillas de girasol.

Betuláceas: avellana filbert.

Leguminosas: cacahuetes, nueces de soja.

Productos animales

Familia del pato: huevos de pato y ganso.

Edulcorantes

Familia de la gramilla, sin gluten: tradicional jarabe de arroz «YIN» (muchos otros jarabes de arroz contienen malta de cebada).

Leguminosas: miel de salvia, miel de trébol.

Cualquier fruta de las que figuran en DÍA 3.

Grasas y aceites

Familia del áster: aceite de girasol, aceite de cártamo.

Leguminosas: aceite de cacahuete.

Grasas de cualquiera de los alimentos que figuran en DÍA 3.

Hierbas aromáticas y especias

Familia del áster: bardana, caléndula, camomila, achicoria, crisantemo, raíz de diente de león, algunas maravillas (no todas son comestibles), estragón**.

Familia del abedul: aceite de abedul.

Leguminosas: hoja de alfalfa, alholva, tragacanto, regaliz, trébol rojo, tamarindo.

Miristicáceas/familia de la nuez moscada: macia, nuez moscada.

Familia del perejil: anís, asafétida, alcaravea, semilla de apio, perifollo, coriandro, comino, eneldo, hinojo, apio de monte, perejil, cerefolio almizclado.

Piperáceas: pimienta negra, pimienta blanca, pimienta larga.

Rosáceas: cercocarpo de montaña, hojas de frambuesa, escaramujo, hojas de fresa.

**Nota: esta familia también cuenta a la ambrosía entre sus miembros.

Hierbas medicinales

Familia del áster: árnica, cardo bendito, eupatorio, bhringaraj, uña de caballo, equinácea, helenio, eupatoria púrpura, grindelia, cardo mariano, artemisa, ajenjo, santolina, tanaceto, aquilea.

Convolvuláceas: vidari-kanda.

Leguminosas: astrágalo, goma arábiga, indigófera, kudzu, sena.

Familia del perejil: ajwan, angélica, gotu kola, hierba del cochino.

Familia del pimiento: pimienta de Java.

Rosáceas: bayas de espino.

Bebidas

Zumo, infusión o sopa de cualquiera de los alimentos que figuran en el DÍA 3, incluidos: leche caliente de soja y algarroba, jugo fresco de zanahoria. También: Asteráceas: raíz de dahlia tostada.

Teáceas: camellia sinensis, todos los tés negros o verdes, té bansha, kukicha.

Otros

Algas: agar agar, algas verdiazules, carragenina, chlorella, dulse, musgo irlandés, kelp, espirulina, otras.

Familia de la abeja: polen de abeja, propóleo.

Leguminosas: algarroba, goma de guar, goma de acacia, kudzu, tamarindo.

Algunos ejemplos de comidas: arroz, judías y hortalizas; Kichadi; Tofu Z, una gran ensalada de lechuga con germinados de judías, girasol o germinados de alfalfa, garbanzos, perejil y zanahoria rallada con Aderezo de perejil y estragón; Rollitos nori y Salsa para mojar; Fideos de celofán con guisantes chinos.

DÍA 4

Hortalizas

Crucíferas: rúcula, brécol, coles de Bruselas, col, coliflor, col china, berza, berro, rábano daikon, colinabo, mizuna, hojas de mostaza, pak choi, rábano, col rizada, tatsoi, nabo.

Gramíneas: maíz fresco.

Liliáceas: espárragos, cebolletas, lirio de día, ajo, puerro, cebolla, chalote.

Poligonáceas: acedera de jardín.

Urticáceas: cardo.

Frutas

Actinidiáceas: kiwi.

Anacardiáceas: mango, mombin, zumaque.

Caprifoliáceas: saúco.

Caricáceas: papaya.

Moráceas: frutipán, higo, yaca, mora.

Palmas: dátil.

Poligonáceas: ruibarbo.

Rutáceas/cítricos: pomelo, quinoto, limón, lima, naranja, tangelo, mandarina.

Cereales y harinas
Familia del alforfón: alforfón, harina de alforfón, kasha.
Gramíneas (sin gluten): maíz, harina de maíz, gachas de sémola, maíz descascarillado, masa harina.
Moráceas: harina de frutipán.

Frutos secos y semillas
Anacardiáceas: anacardos, pistacho.
Palmas: coco.
Pedaliáceas: semillas de sésamo.

Productos animales
Familia de la gallina de Guinea: huevos de gallina de Guinea.
Familia del faisán: huevos de gallina, faisán, codorniz.

Edulcorantes
Gramíneas (sin gluten): fructosa (a base de maíz).
Familia de la palma: azúcar de dátil, azúcar de caña.

Grasas y aceites
Crucíferas/familia de la mostaza: aceite de colza, aceite de mostaza.
Gramíneas sin gluten: aceite de maíz.
Familia del cardo: aceite de semilla de cáñamo (urticaceae).
Familia de la palma: aceite de palma, aceite de palma africana.
Pedaliáceas: aceite de sésamo.
Grasas de cualquiera de los alimentos que figuran en DÍA 4.

Hierbas aromáticas y especias
Cítricos: cáscara de naranja, cáscara de mandarina.
Familia de la mostaza: rábano picante, semillas de mostaza de cualquier tipo.
Familia del iris: azafrán.
Familia del lirio: aloe vera, cebolletas, ajo, cebolla, zarzaparrilla.
Meliáceas: hojas de nim.
Familia de la ortiga: ortiga.
Familia de las orquídeas: vainilla en rama.

Hierbas medicinales

Aráceas/familia del filodendro (muchos miembros de esta familia NO son comestibles): raíz de cálamo, hierba fétida.

Familia del alforfón: bistorta, fo-ti; acedera de culebra.

Burseráceas: guggul, boswellia.

Caprifoliáceas/familia de la madreselva: aleluyos, flores de saúco.

Cítricos: buchu, díctamo, fresno espinoso, ruda.

Equisetáceas: cola de caballo.

Familia de los helechos: culantrillo, helecho macho.

Gramíneas: barbas de maíz.

Hamamelidáceas: hamamelis.

Familia del iris: iris azul.

Familia del lirio: ágave, unicornio falso, shatavari, poligonato.

Familia de la mostaza: zurroncillo.

Familia de la orquídea: zapatito de dama.

Palmas: palma enana americana.

Pedaliáceas: harpagofito.

Ulmáceas: olmo de la India.

Zygophyláceas: chaparral, gokshura

Bebidas

Zumo, sopa e infusión de cualquiera de los alimentos que figuran para el DÍA 4, incluidos: leche de coco, zumo de naranja fresco, zumo de papaya. También: Familia del acebo: yerba mate.

Otro

Familia de la palma: nuez de betel, almidón de palmera sago.

Algunos ejemplos de comidas: rehogado chino de hortalizas con fideos soba 100% alforfón; tacos blandos de maíz con huevos revueltos; Ensalada de pasta con pasta de alforfón o maíz; Coliflor con crema de anacardo; Pasta primavera con pasta de alforfón o maíz. Hojas de col rellenas.

Ejemplos de menús de rotación

DÍA 1

Desayuno: Sabrosas gachas de avena con ghee o mantequilla, endulzadas con malta de cebada o azúcar de caña integral, y leche caliente o infusión de citronella.

Almuerzo: Suculenta sopa de hortalizas para DÍA 1, con decoración de pimiento morrón rojo; Tortillas de trigo integral; agua o infusión para DÍA 1.

Merienda: manzana.

Cena: patatas asadas con ghee y yogur fresco; ensalada con hojas frescas de albahaca, tomates cherry y canónigos, aderezada con aceite de nuez y tomates secados al sol, licuados.

Postre (opcional): Espuma de pera.

DÍA 2

Desayuno: Ensalada de fruta fresca con Infusión caliente de jengibre, endulzada con jarabe de arce (opcional).

Almuerzo: Borscht de remolacha muy básico, con ensalada de espinacas, semillas de calabaza tostadas y aderezadas con aceite de oliva. Agua fresca o infusión de ginseng o jazmín.

Merienda: Plátano

Cena: Calabaza anco rellena con olivas, calabacín o espinaca al vapor, con leche de almendras o una infusión caliente para DÍA 2.

Postre (opcional): moras y melocotones frescos.

DÍA 3

Desayuno: Arroz para el desayuno con infusión de regaliz o té negro.

Almuerzo: judías de careta, arroz, tallos de apio.

Merienda: jugo fresco de zanahorias.

Cena: Tofu Z con arroz basmati y alcachofas al vapor.

Postre (opcional): Copa de piña fresca.

DÍA 4

Desayuno: azafrán o limón fresco en agua caliente, con Gachas de maíz azul calientes.

Almuerzo: Sopa cremosa de brécol con tortillas de arroz calientes o Kasha y puerros, y agua o una bebida para DÍA 4.

Merienda: naranja o higos.

Cena: Pasta primavera, con Ensalada de col china fresca y una infusión para DÍA 4.

Postre (opcional): fruta rellena.

DÍA 1

Desayuno: Crema de trigo con infusión de menta o hibiscus.

Almuerzo: Yogur fresco endulzado con melaza, mantequilla de manzana o salsa de manzana, galletas de trigo integral o tortillas o Bollitos de Liz.

Merienda: nueces, uvas o pasas de uva.

Cena: Espaguetis con Salsa cremosa básica o Salsa básica de tomate al pétalo de rosa, con una abundante ensalada de tomate en rodajas, pimiento morrón y aguacate con albahaca fresca, y una bebida para DÍA 1.

Postre (opcional): rodajas de manzana.

DÍA 2

Desayuno: Crema de mijo e infusión de jazmín.

Almuerzo: Salsa de almendras y jengibre sobre mijo caliente o quinua con acelgas al vapor e infusión de jengibre.

Merienda: albaricoques o melocotones o nueces de macadamia o de Brasil.

Cena: Ensalada fresca de calabacines baby con calabaza de bellota al horno con jarabe de arce y una bebida para DÍA 3.

Postre (opcional): bol de cerezas o melón en dados.

DÍA 3

Desayuno: Teff caliente y sustituto del café con leche de soja caliente y miel.

Almuerzo, Kichadi; germinados y zanahoria rallada con Aderezo de perejil y estragón para ensaladas.

Merienda: Muesli ayurvédico para DÍA 3.

Cena: Fideos de celofán con guisantes chinos, Puré de boniato e infusión de hoja de frambuesa caliente u otra para DÍA 3.

Postre (opcional): Galletas de sueño.

DÍA 4

Desayuno: Tortitas de alforfón con Salsa de mango y leche de sésamo caliente o una bebida para DÍA 4.

Almuerzo: Sopa cremosa de espárragos con pan de maíz azul.

Merienda: pomelo, zumo fresco de naranja o pistachos.

Cena: Hojas de col rellena, espárragos al vapor e infusión de yerba mate.

Postre (opcional): Crujientes galletas de coco.

DÍA 1

Desayuno: Crema de centeno y leche fresca caliente o leche de nuez.

Almuerzo: burrito de trigo integral con patatas y paneer y Guacamole de Ángela, y una bebida para DÍA 1.

Merienda: pera o granada.

Cena: fideos udon con brotes de bambú, castañas de agua, pimientos y setas shiitake, y una bebida para DÍA 1.

DÍA 2

Desayuno: Quinua caliente con una bebida para DÍA 2.

Almuerzo: Panecillos de plátano y melocotón con Manteca de almendra, palillos de calabacín crudo e infusión de jengibre caliente.

Merienda: licuado de melocotón.

Cena: Salsa cremosa de espinaca sobre Mijo sencillo; Ensalada fresca de pepino y espinaca y olivas; una bebida para DÍA 2.

Postre (opcional): Galletas de sueño.

DÍA 3

Desayuno: Desayuno de arroz con avellana con una infusión para DÍA 3.

Almuerzo: Sopa de ñame y galletas saladas de arroz.

Merienda: Semillas tostadas de girasol o apio o palillos de zanahoria.

Cena: Ensalada gelinizada de fresa y piña, Rollitos nori con una ensalada de lechuga, germinados, garbanzos germinados (opcional), zanahoria y apio; Aderezo de perejil y estragón para ensaladas y una bebida para DÍA 3.

DÍA 4

Desayuno: ensalada de fruta tropical fresca con mango maduro, kiwi, papaya y naranja; leche de coco.

Almuerzo: Sopa oriental de Ivy, con una bebida para DÍA 4, si se desea.

Merienda: Dátiles o higos.

Cena: Coliflor a la crema de anacardo, con una ensalada de espárragos y berro, con Aderezo de naranja y sésamo, y una infusión para DÍA 4.

Postre (opcional): rodajas de papaya fresca con limón.

La rotación de «Seamos realistas, vivo en Occidente y no soy cocinero»

DÍA 1

Desayuno: trigo inflado con leche cruda fresca hervida.

Almuerzo: Yogur y manteca de manzana, galletas saladas de trigo integral o tortilla, rodajas de pimiento morrón.

Merienda: zumo de uvas, o uvas o manzana o pera, o un Rollito para día de rotación 1.

Cena: Aguacate, tomate; pasta con ghee y leche caliente (puede agregar algo de albahaca seca u orégano, si quiere experimentar. Si quiere experimentar mucho, pruebe a cambio la Salsa ligera de albahaca. Si quiere experimentar todavía más, agregue Hortalizas asadas a la italiana).

DÍA 2

Desayuno: mijo inflado con leche de almendras. Infusión caliente de jengibre, si le apetece.

Almuerzo: tome una abundante Ensalada fresca de pepino y espinaca y olivas negras en una bufé de ensaladas decente, donde aseguren que no utilizan aerosoles en sus productos. Aderece con aceite de oliva, decore con semillas de calabaza.

Merienda: muesli ayurvédico para DÍA 2 y/o cualquiera de las muchas frutas para DÍA 2.

Cena: remolacha, espinacas y pequeños dados de calabacín al vapor. Además, aprenda a hacer un cereal como el Mijo sencillo para DÍA 2, si quiere sobrevivir al día.

DÍA 3

Desayuno: arroz inflado y leche de soja (busque una marca adecuada para DÍA 3), o, si ya está cansado de los cereales fríos, fresas y piña fresca o Arroz para el desayuno.

Almuerzo: manteca de girasol sobre pasteles de arroz, con germinados de girasol, algo de lechuga o una zanahoria.

Merienda: Muesli ayurvédico para DÍA 3.

Cena: Kichadi. O, si quiere variar, Tofu Z cocido con zanahoria o apio, y Arroz basmati sencillo. ¿Ansía algo dulce? Tal vez una o dos horas después le apetezca un puñado de pasas de Corinto (como las pasas de uva, pero de otra familia botánica). O pruebe con las Galletas de sueño. Muy fáciles.

DÍA 4

Desayuno: huevos revueltos y tortillas de maíz calientes, o maíz inflado con leche de sésamo. (Todos estos cereales inflados se suelen conseguir en tiendas naturistas, envasados y sin conservantes).

Almuerzo: Sopa cremosa de brécol (es fácil de verdad, inténtelo) y tortitas de maíz y sésamo.

Merienda: una fruta para DÍA 4, como naranja o mandarina, o anacardos.

Cena: Ensalada de pasta con pasta de maíz y brécol al vapor. Cualquier bebida para DÍA 4.

Bebidas para dieta de rotación

DÍA 1: leche de vaca, kéfir, *lassis* de yogur. Zumos de manzana, de pera, de uva, de granada. Jugo de hojas de trigo. Leche de cabra. Leches de nuez y pacana. Sidra de manzana especiada caliente. Infusión de menta (de cualquier tipo). Infusión de citronella o de hibiscus. Cacao. Café. Vino, cerveza o la mayoría de las bebidas alcohólicas (en ocasiones especiales, para quienes no tienen problemas con las levaduras. ¡Esto no se incluye en el ayurveda!). Agua pura.

DÍA 2: licuado de plátano, albaricoque, cereza, mora, melocotón o ciruela. Zumos puros de cualquiera de estas frutas. Zumo de arándanos endulzado con jarabe de arce. Infusión de jengibre caliente. Leche de almendra. Infusión de borraja, alcanfor, sello de oro, ginseng o cedrón. Jugo fresco de espinaca o remolacha. Agua pura.

DIA 3: jugo fresco de zanahoria. Jugo de zanahoria, apio, perejil y/o lechuga. Zumo de piña. Zumo de frambuesa, fresa o caqui. Leche de soja simple. Leche de arroz simple (algunos amasakes). Leche de avellana. Licuado de espirulina. Infusiones de anís, eupatorio, achicoria, camomila, hinojo. Algarroba caliente. Sustituto de café. Té bancha, kukicha o negro o verde. Agua pura.

DÍA 4: zumo fresco de naranja, pomelo u otros cítricos. Limonada endulzada con fructosa. Zumo de papaya o mango. Leche de coco. Leche de sésamo o de anacardo. Infusión de shatavari, cola de caballo, mate o zapatito de dama. ¡Jugo de col! (Es bueno para las úlceras estomacales, pero no puedo recomendar su sabor). Agua con limón. Licuado de coco y papaya. Agua pura.

Pastas para la dieta de rotación

DÍA 1: pasta normal y pastas de trigo integral.
DÍA 2: calabaza espaguetis como pasta.
DÍA 3: fideos de arroz, fideos de celofán.
DÍA 4: pastas de maíz, fideos soba 100%, fideos de alforfón al huevo.

Apéndice VI

Caminos que se cruzan: el ayurveda y la terapia de polaridad

La terapia de polaridad fue desarrollada en la primera mitad del siglo xx por el doctor Randolph Stone, hombre notable, con un profundo interés en el poder curativo de los cinco elementos y el papel del espíritu en la sanación. Recibió una fuerte influencia, tanto de la medicina ayurvédica como de la china, así como de la naturopatía occidental. Pasó muchos años en India, donde dirigió, cuando ya tenía más de ochenta años, una clínica gratuita.

He tenido la suerte de trabajar en el Programa de Certificación de Terapia de Polaridad de la Academia de Artes Sanadoras en Santa Fe (Nuevo México), enseñando Introducción a la Nutrición de Polaridad. Me han impresionado las similitudes, tanto como las diferencias, entre estos dos sistemas curativos. Ambos destacan el uso de alimentos frescos, no adulterados, dentro de una dieta vegetariana. Ambos evitan los alimentos pesados, fritos, excesivamente procesados. Y los dos utilizan los elementos para curar. Mientras que el ayurveda trabaja con los tres tipos constitutivos básicos, la terapia de polaridad usa cuatro. La gente que sigue un programa de terapia de polaridad verá que muchas de las recetas de *Cocina para los doshas* son fácilmente adaptables a sus necesidades.

Aquellas recetas que son especialmente adecuadas para la Dieta Purificadora y la Dieta para Fortalecer la Salud están enumeradas en la siguiente tabla. También se encuentran codificadas al pie de las recetas correspondientes. Una diferencia entre el ayurveda y la nutrición de polaridad es que en esta última nos esforzamos por evitar el uso de aceites calentados, por ser más difíciles de procesar para el hígado, mientras que el ayurveda considera que una pequeña cantidad de aceite caliente es beneficiosa para calmar el aire. Los dos puntos de vista tienen su validez; por eso he incluido ocasionalmente una versión de determinada receta más específicamente orientada hacia la práctica de polaridad. En muchos casos, la misma receta es tan útil para polaridad como para el ayurveda.

Para los lectores interesados en recibir más información sobre la terapia de polaridad, hay un excelente explicación sobre su práctica y su teoría en *El proceso de la polaridad* de Franklyn Sills (Editorial Humanitas, 1994). La Murrieta Foundation ha publicado un buen recetario basado en los principios de polaridad, titulado *Murrieta Hot Springs Vegetarian Cookbook* [Libro de cocina vegetariana Murrieta Hot Springs] (Murrieta Foundation, The Book Publishing Company, Summertown, Tennessee, 1987), que también incluye muchos apetitosos platos vegetarianos para gourmets. Para más información sobre la nutrición de polaridad, fuente directa del doctor Randolph Stone, véase *Construyendo la salud* (Paidós Ibérica, 1993) y *Terapia de polaridad* (Escuelas de Misterios Ediciones, 2007).

PLATOS DE POLARIDAD PARA DIETA PURIFICADORA

Incluir: frutas frescas y secas, hortalizas crudas y cocidas, semillas y legumbres germinadas, jugos frescos de hortaliza, pan germinado, todos los aceites prensados en frío (excepto el aceite de maíz), boniatos o ñames, aguacate, miel, fructosa, almendras remojadas y hierbas y especias.

Evitar: cereales, legumbres sin germinar, productos lácteos, azúcar, sal, frutos secos, manteca de frutos secos, casi todos los productos de panadería, patatas, cafeína y vinagre.

PLATOS DE POLARIDAD EN ESTE RECETARIO

Aderezo básico de limón y aceite de oliva
Aderezo cremoso al ajo para ensaladas
Aderezo de naranja y sésamo
Aderezo de perejil y estragón para ensaladas
Almendras blanqueadas (remojadas)
Áspic de zanahorias frescas
Borscht de remolacha muy básico
Brécol y ajo
Brillante ensalada de alcachofas de Jerusalén
Chirivías, zanahorias y guisantes
Col china con setas shiitake
Col cocida sencilla
Copa de piña fresca
Deliciosa manteca de manzana
Despertador para el hígado
Ensalada de boniato
Ensalada de calabacines
Ensalada de calabaza de verano
Ensalada de col china fresca
Ensalada de fruta calmante para kapha

Ensalada de fruta calmante para pitta
Ensalada de fruta fresca
Ensalada de fruta tridóshica
Ensalada de jícama y mandarina
Ensalada de zanahoria y pasas de uva
Ensalada favorita de judías a la italiana
Ensalada fresca de calabacines baby
Ensalada gelinizada de frambuesa y kiwi
Ensalada gelinizada de fresa y piña
Ensalada veraniega arco iris
Gazpacho ligero de pepino
Hortalizas al vapor (todas)
Infusión básica de jengibre
Infusión digestiva fácil
Infusión digestiva purificadora
Maíz dulce asado
Puré de boniatos
Remolachas con glaseado de jarabe de arce
Salsa de cilantro fresco
Sopa de judías mungo germinadas
Sopa de ñame
Una buena salsa de manzana y ruibarbo
Zanahorias frescas ralladas con menta verde y lima

PLATOS DE POLARIDAD PARA FORTALECER LA SALUD

Incluir: todo lo citado en la dieta purificadora, más cereales integrales, productos lácteos sin calentar, frutos secos crudos y mantequillas de frutos secos, patatas, judías, levaduras nutritivas.

Evitar: quesos cocidos, aceites y mantequillas calentadas, nueces tostadas, mantecas de semillas y nueces, productos de panadería con aceite o manteca, alimentos fritos o refinados como el azúcar, la harina blanca y el arroz blanco.

PLATOS DE POLARIDAD PARA FORTALECER LA SALUD INCLUIDOS EN ESTE RECETARIO
Aderezo cremoso de pesto
Aguacate relleno con judías negras y cilantro
Amaranto caliente
Boniatos con manzanas
Brécol y ajo

Bufé de ensaladas Supreme
Caldo para gumbo
Caldo para sopa vegetariana 1
Caldo para sopa vegetariana 2
Coliflor a la crema de anacardo
Copos de cebada
Crema de centeno
Crema de mijo
Crema de trigo
Delicia de coco
Desayuno de mijo con almendras
Ensalada de arroz salvaje
Ensalada de pasta
Ensalada favorita de judías a la italiana
Frutas rellenas
Gachas de maíz azul con pasas de uva
Garbanzos a la libanesa
Gentil guiso de pimientos verdes
Guacamole de Ángela
Hummus
Judías azukis simples
Judías pinquito asadas
Kasha y puerros
Kichadi
Muesli ayurvédico
Muesli para rotación DÍA 1
Muesli para rotación DÍA 3
Muesli para rotación DÍA 4
Muffins Boston
Okra cocida
Pasta muy simple
Pasta primavera
Pilaf de quinua y espárragos
Polenta
Quinua caliente
Ricotta cremosa no láctea
Sabrosas gachas de avena
Salsa caliente de albaricoque

Salsa de almendras y jengibre
Salsa pesto
Salsa rápida de judías para mojar
Salsa rápida tahini
Sopa cremosa de brécol
Sopa de guisantes partidos
Sopa de judías mungo partidas
Sopa de ñame
Sopa equinoccio
Sopa rápida de judías negras
Suculenta sopa de hortalizas
Tallos de apio rellenos
Tapioca con fruta

Apéndice VII

Glosario

adhidaivico: relativo a sattva, raja y tama.

agar agar: escamas de algas marinas, claras y secas, utilizadas para hacer gelatinas.

agni: fuego digestivo. También el sagrado dios hindú del fuego y fuerza cósmica de transformación.

ajwan: hierba india, semilla de apio salvaje, excelente para descongestionar. Caliente.

akash: éter o espacio, el elemento.

albahaca: hierba común en Occidente, buen estimulante digestivo; se usa fresca o seca.

albahaca tulsi: albahaca sagrada, muy honrada en India. Se cultiva fácilmente de semilla. Es prima de la albahaca dulce italiana, pero tiene un sabor claramente distinto.

ama: desechos tóxicos internos que contribuyen a reducir la energía y a la enfermedad. Por lo general el ama se crea por una digestión o eliminación incompletas, o por un funcionamiento metabólico incorrecto.

amla: agrio (en sabor).

ap: agua, el elemento.

arroz basmati blanco: arroz ligero, de rico perfume, apreciado por el ayurveda por su fácil digestión. No tiene grasas y contiene 4 gramos de proteína por ¾ taza una vez cocido.

arroz basmati moreno: arroz integral sabroso, cuya acción se parece más a la del arroz moreno que la del tradicional basmati blanco indio. Se cuece en 45-50 minutos, frente a los 15 del blanco. Contiene cuatro veces más potasio que el basmati blanco y muchas más vitaminas del grupo B, mas un rastro de calcio. Lo extraño es que, según los últimos análisis, contiene menos proteínas que el blanco 3 gramos por ¾ taza, una vez cocido.

arroz moreno: cereal integral nutritivo, bueno para moler. Debido a que es más pesado que el basmati, en general se recomienda sólo cuando el fuego digestivo es bueno.

asafétida: véase hing.

ashwaganda: hierba tónica y reconstituyente utilizada para calmar a vata y fortalecer el sistema reproductivo.

avila: turbio.

ayurveda: la ciencia de la vida y la autosanación.

azafrán: encantadora (y costosa) especia amarilla, calmante para los tres doshas. Por lo general no se calienta. Se agrega al final de la preparación. Sátvico.

azúcar de palmera: edulcorante indio de color pardo dorado. Su aspecto es el de terrones de azúcar moreno húmedo y su sabor se parece algo al de la melaza.

azuki: pequeñas judías de color marrón rojizo, populares en muchas cocinas asiáicas, de acción diurética y fortalecedora para los riñones.

canela: especia común, dulce y caliente, buena para estimular la digestión y adecuada para todos los doshas, con moderación.

cardamomo: especia dulce, suavizante para todos los doshas, de acción algo caliente.

chala: móvil (atributo).

chana dal: versión partida de kala chana, garbanzo indio. Chana dal es calmante para pitta y kapha.

chapati: pan plano indio sin levadura, habitualmente hecho con harina de trigo. También se denomina rotis o rotalis.

Charaka Samhita: uno de los textos ayurvédicos clásicos, escrito hacia 700 a. n. e. Aun hoy es el texto principal de referencia para los facultativos ayurvédicos.

concentrado de cereza negra: zumo concentrado de cereza negra, embotellado.

concentrado de manzana: zumo de manzana concentrado y embotellado, buen edulcorante natural. Calmante para pitta y kapha (si se usa con moderación) y generalmente no muy perturbador para vata.

cúrcuma: especia común, de color amarillo intenso, muy útil para purificar la sangre y favorecer la digestión de las proteínas.

dal: en la cocina india, cualquier judía o guisante partido. También las sopas indias hechas con judías o guisantes partidos. Si bien sus efectos varían de una persona a otra, los dal partidos pueden ser algo más secantes para el cuerpo que los enteros remojados o germinados.

dhatus: en la anatomía ayurvédica, los siete tejidos esenciales del cuerpo. También se conocen como «estructuras retenibles», pues permanecen siempre dentro del cuerpo, a fin de mantenernos sanos. Incluyen rasa, rakta, mamsa, meda, asthi, majja, shukra/artav.

diurético: que aumenta la micción.

dosha: en anatomía ayurvédica, energía o estructura biológica esencial. Los doshas primarios son tres: vata, pitta y kapha, que sustentan la vida toda. Se mueven cíclicamente sobre una base diaria y actúan como transportadores y comunicadores entre los tejidos esenciales (*dhatus*) y los desechos corporales (*malas*). Su equilibrio es clave para la salud. También determinan nuestra constitución física al nacer.

dosha dual: término occidental para quien tiene dos doshas predominantes en su constitución, como vata-pitta, pitta-kapha o kapha-vata.

drava: líquido (atributo).

epazote (*chenopodium ambrosioides*): hierba mexicana de fácil cultivo que se usa, en pequeñas cantidades, para sazonar las judías y reducir a vata. Se puede utilizar en sustitución de *hing*, asafétida.

ghee: mantequilla clarificada, muy apreciada en la práctica ayurvédica. Se usa terapéuticamente para fortalecer el flujo de fluidos por todo el cuerpo.

ghrita: ghee medicado, preparado con diversas hierbas.

guna: una de las veinte cualidades o atributos.

guru: pesado (atributo).

harina de arroz moreno: es áspera, seca, pesada y nutritiva, más agravante para vata o pitta que la harina de arroz blanco o de arroz indio. Su pesadez la hace desequilibrante también para kapha, si se usa como harina primaria. Lo mejor es utilizarla en pequeñas cantidades con otras harinas.

hing: asafétida, hierba india de fuerte olor, de acción caliente. Útil para reducir las cualidades productoras de gas de alimentos como las judías. Calma a vata. A menudo se combina con harina de trigo o arroz.

jala: agua, el atributo.

jarabe de arroz moreno: edulcorante generalmente de malta. Suele hacerse con arroz y algo de cebada. La variedad «yin tradicional» suele contener sólo arroz.

jengibre: especia excelente para estimular el fuego digestivo, sobre todo en su forma fresca.

judía mungo: pequeña judía de color verde que se cultiva en India, básica en la cocina ayurvédica. Se utiliza entera o germinada, en sopas y guisos.

kapha: dosha o constitución de tierra-agua.

karma: efecto o acción.

kashaya: astringente (en sabor).

kala chana: garbanzo indio de color pardo oscuro, más pequeño que el americano y a veces más fácil de digerir. En las recetas se puede sustituir por garbanzos comunes con relativa facilidad.

khara: áspero (atributo).

kichadi: guiso curativo de judías mungo, arroz basmati, hortalizas y especias; una comida fácil para plato único.

lahu: ligero (atributo).

lavana: salado (en sabor).

leche de soja: bebida fresca a partir de judías de soja. Se puede hacer en casa o comprar envasada. Las leches de soja envadadas serán más rajásicas que las frescas.

madhura: dulce (en sabor).

malas: desechos del cuerpo orina, heces y sudor.

manda: lento (atributo).

marma: punto de presión de energía.

miso: pasta de judía de soja salada y fermentada, elaborada a menudo con un cereal, como el arroz o la cebada.

mrudu: suave (atributo).

mungo dal: judías mungo partidas, que a veces se venden como «dal amarillo». Sin cáscara parecen pequeños guisantes amarillos partidos.

nasya: terapia ayurvédica consistente en la aplicación nasal de hierbas y aceites. El aceite de cálamo es un ejemplo, pues ayuda a despejar las congestiones sinoidales de larga duración.

nim (azadirachta indica): hierba amarga de India, calmante para pitta y kapha. Fresca es más potente que seca.

ojas: nuestro colchón de energía, el aura, protector vital.

orégano: hierba común en Occidente, buena para estimular la digestión. Algo caliente y picante.

panadería yogui de gran altitud: si usted vive a 1.500 metros de altitud o más, debe reducir la cantidad de polvo de hornear o bicarbonato de sodio utilizados en estas receta. Por lo general se logran buenos resultados reduciendo una cucharadita de leudante a una cucharadita escasa. Si se requiere menos cantidad, se lo ha establecido específicamente en la receta correspondiente. Yo recomiendo enérgicamente los polvos para hornear libres de aluminio, en cuanto a salud y seguridad.

pancha mahabhutani: los cinco grandes elementos: éter, aire, fuego, agua y tierra, que sustentan toda la creación.

panchakarma: las cinco prácticas ayurvédicas de purificación: vamana, virechana, basti, nasya y rakta moksha. Se dice que es uno de los pilares de la salud, junto con una dieta y un estilo de vida adecuados.

paneer: suave queso que se puede hacer en casa. Es preferible que lo coman quienes tienen fuerte fuego digestivo y sólo ocasionalmente, una vez al mes. Por ser frío, agrio y pesado, no es recomendable para quienes están bajos de agni. Más adecuado para el consumo ocasional por parte de vata. Para hacer paneer, lleve a hervor un litro de leche fresca, cruda, y manténgala hirviendo durante medio minuto. Retire del fuego mientras aún esté espumeando y agréguele, revolviendo, una cucharada de zumo fresco de limón. Deje reposar la mezcla entre 5 y 10 minutos; luego, viértala en un colador forrado con bambula, con suficiente sobrante de tela como para que se pueda anudar. El exceso de líquido contiene suero y se puede usar para productos de panadería. Puede poner el colador en un bol grande para que se enfríe y escurra por una hora más. Luego ate flojamente la bambula, estruje bien el paneer, desate la tela y amase el queso cinco o seis veces. Póngalo en un pequeño molde para horno, bien limpio, presionando con las manos. Cubra y enfríe en el refrigerador entre cinco y ocho horas. Consúmalo inmediatamente; rinde aproximadamente un cuarto de kilogramo.

pastas de maíz: espaguetis, macarrones y otros fideos hechos enteramente de maíz. Buenas como alternativa a las pastas de trigo para kapha o las personas alérgicas al trigo.

pitta: dosha o constitución de fuego-agua.

prabhava: acción específica o potencia especial de una hierba o alimento, más allá de cualquier regla general que pudiera aplicársele.

prakriti: naturaleza primordial; también nuestra constitución biológica, determinada al nacer.

prana: la fuerza vital del universo.

pranayama: simple procedimiento respiratorio diario, potente para equilibrar la energía y la salud.

prithvi: tierra, el elemento.

rajas: cualidad de la mente que evoca energía y acción. Necesidad de crear.

rajásico: alimento o actividad que promueve rajas. Algunos ejemplos: encurtidos, queso, ajo, pimientos.

rasa: sabor. También sentimiento. También uno de los dhatus, relacionado con el plasma y la linfa.

ricotta: queso blando que se puede hacer en casa con relativa facilidad. Siga las instrucciones dadas en el glosario para paneer, pero sin estrujarlo ni amasarlo cuando el queso haya estado una hora escurriendo en el colador. La ricotta tiene una dinámica nutritiva similar a la del paneer, pero es algo más ligera y fácil de digerir, y aun mejor para vata. Esta receta rinde aproximadamente un cuarto de kilogramo; la ricotta se debería consumir inmediatamente. Si va a utilizarla para la Salsa cremosa al orégano, haga doble cantidad.

Rig Veda: antiquísima escritura de India.

rishis: sabios indios de la antigüedad, faros del ayurveda.

ruksha: seco (atributo).

sadhana: práctica espiritual.

sal de roca: estimula el fuego digestivo; se utiliza a menudo en los preparados de hierbas ayurvédicas. Más efectiva para esta finalidad que la sal marina o de otros tipos.

semillas de comino: hierba común y barata, que facilita la digestión y calma los tres doshas. ¡Hay peligro de exceso! (en cuestión de sabor, en cuyo caso quizá no se quiera volver a probarla por un tiempo).

semillas de coriandro: una hierba refrescante, útil para expeler el gas y favorecer la digestión, beneficiosa sobre todo para pitta. En forma de hoja fresca es el cilantro o perejil chino. Se cultiva con facilidad.

sandra: denso (atributo).

sattva: cualidad de la mente que evoca claridad, armonía y equilibrio. Necesidad de despertar e imaginar.

sátvico: alimento o práctica que fomenta a sattva. La mayoría de las frutas frescas, las hortalizas, las legumbres y los cereales son sátvicos.

shiitake: clásica seta negra china.

sita: fresco (en temperatura o acción, como la luna). También la diosa-consorte de Rama.

slakshna: viscoso (atributo).

snigda: oleoso (atributo).

srota: en la anatomía ayurvédica, canal vital para el movimiento de la energía en todo el cuerpo. Varía en tamaño desde lo diminuto a lo considerable.

sthira: estático (atributo).

sthula: basto (atributo).

sukshma: sutil (atributo).

Sushruta Samhita: uno de los tres grandes clásicos ayurvédicos disponible aún en la actualidad, escrito alrededor de 600 a. n. e., con mucha información desde una perspectiva quirúrgica.

sustituto de huevo: producto que reemplaza al huevo, especialmente útil para los productos de panadería, hecho de patata, tapioca, lactato de calcio, carbonato de calcio, ácido cítrico y goma de carbohidrato. No contiene lácteos, conservantes ni aromatizantes artificiales. Otro sustituto de huevo es el que se elabora a partir de la semilla de lino. Para hacerlo, triture en licuadora o moledora una cucharada de semillas de lino enteras. Revuélvalas con ¼ taza de agua fría en una cacerola pequeña y lleve a hervor. Deje hervir por tres minutos, revolviendo constantemente; espesará. Retire del fuego y deje enfriar un poco. Se puede utilizar una cucharada de esta mezcla por cada huevo que requiera la receta. El lino no esponjará como lo hace el huevo, pero funciona bastante bien para tortitas, galletas y panes rápidos. Estas indicaciones se basan en las recomendaciones ofrecidas por Hanna Kroeger en *Allergy Baking Recipes*. Si se quiere preparar una cantidad mayor, la proporción básica es de una parte de semillas de lino por tres partes de agua.

tahini de sésamo: semillas de sésamo molidas; es mejor comprarlas como tahini crudo. Rico en calcio, vitaminas B y hierro; caliente y afirmante. Especialmente indicado para vata, bueno en pequeñas cantidades para pitta y kapha.

tamarindo: pasta de judía de sabor agrio.

tamas: cualidad de la mente que evoca oscuridad, inercia, resistencia y afirmación. Necesidad de detenerse.

tamásico: alimento o actividad que promueve tamas. Algunos ejemplos: productos congelados, cocidos a microondas o fritos.

tejas: esencia del fuego cósmico que subyace bajo la actividad mental, la cual se transmite a través de ojas al sistema digestivo.

tikta: amargo (en sabor).

tofu: producto de la judía de soja, cuajada blanca y blanca, que se puede hacer o comprar envasado, generalmente refrigerado. Se utiliza ocasionalmente en la cocina ayurvédica occidental.

tur dal: dal amarillo indio que se parece mucho a los guisantes amarillos partidos. También se conoce como toovar dal o arhar dal. Agrava bastante a pitta y empeora los estados inflamatorios.

tridosha: los tres doshas cuando funcionan juntos: vata, pitta y kapha.

tridóshico: sustancias o prácticas que calman a los tres doshas. Como ejemplos se pueden citar el arroz basmati, el espárrago, el kichadi y el ghee, o una práctica como el pranayama.

triphala: útil combinación de hierbas ayurvédicas para purificar y rejuvenecer.

urud dal: partido y sin cáscara, tiene el color del marfil. Proviene de una judía pequeña, negra por fuera cuando está entera, conocida como lenteja negra. El urud dal tiene un aroma característico; es caliente y afirmante, específico para calmar a vata cuando se usa en cantidades pequeñas.

ushna: caliente (en temperatura o acción).

vaidya: médico ayurvédico.

vata: dosha o constitución aire-éter.

vayu: aire, el elemento.

Vedas: las cuatro escrituras antiguas de India.

vikriti: desequilibrio corriente de los doshas dentro del cuerpo, que provoca malestar o enfermedad. Es necesario atenderlo primero con una curación ayurvédica, antes de trabajar con la propia prakruti o constitución.

vipaka: efecto posdigestivo de una hierba o alimento, una vez que ha sido completamente metabolizado. Por lo general, los facultativos ayurvédicos trabajan con tres vipakas: dulce, agrio y picante. En esta transformación final, el cuerpo utiliza los doshas para nutrir a los tejidos (*dhatus*).

virya: acción de un alimento o hierba y su efecto en el sistema digestivo. Por lo general, virya es caliente o refrescante en su acción.

vishada: claro (atributo).

vishwabhesaj: la «medicina universal», el jengibre.

yogur: cultivo lácteo que se hace generalmente con leche vacuna. Se lo considera bebida fermentada. Para hacer su propio yogur fresco, lleve a hervor 3 tazas de leche de vaca, fresca y cruda; hierva treinta segundos a un minuto o más, retire de la hornalla y deje enfriar a temperatura ambiental. Agregue, revolviendo, media taza de yogur con cultivos L.acidophilus activos; mezcle bien con una cuchara de madera. Cubra la mezcla de leche y yogur (lo mejor es un bol de cristal con tapa) e incube en un sitio abrigado, cerca de una fuente de calor, o en el horno con la luz del piloto encendida, o envuelta en un saco de dormir de plumas. El yogur estará listo en 36-48 horas. Tabién puede comprar una yogurtera, que viene con unidad calentadora y recipientes. El yogur de soja se puede hacer de manera exactamente igual, usando leche de soja y cultivos comerciales de yogur de soja, o con un yogur de vaca para iniciar el cultivo.

Bibliografía

Ballentine, Rudolph, M. D., *Diet and Nutrition: A Holistic Approach,* The Himalayan International Institute, Honesdale, Pennsylvania, 1978.

Banchek, Linda, *Cooking for Life: Ayurvedic Recipes for Good Food and Good Health,* Harmony Books, New York, 1989.

Begley, Sharon, y Daniel Glick, "The Estrogen Complex", *Newsweek,* March 21, 1994.

Beifuss, Joel, "Killer Beef', *In These Times,* Volume 17, Number 14, May 31, 1993.

Bubel, Mike y Nancy, *Root Cellaring: Natural Cold Storage of Fruits and Vegetables,* Storey Communications, Inc., Pownal, VT., 1991.

Buist, Robert, Ph. D., *Food Chemical Sensitivity: What it is and how to cope with it,* Harper and Row Publishers, Sydney, Australia, 1986.

Buist, Robert, Ph. D., *Food Intolerance: What it is and how to cope with it,* Prism Press, Bridport, Dorset, U. K., 1984.

Caggiano, Biba, *Northern Italian Cooking,* HP Books, Inc., Tucson, Arizona, 1981.

Charaka Samhita, traducido por Dr. R. K. Sharma y Vaidya Bhagwan Dash, volúmenes I, II y III, Chowkanbe Sanskrit Series Office, Varanasi, India, 1976.

Chopra, Deepak, M. D., *Perfect Health: The Complete Mind/Body Guide,* Harmony Books, New York, 1991.

Colbin, Annemarie, *Food and Healing,* Ballantine Books, New York, 1986.

Colbin, Annemarie, *The Book of Whole Meals,* Ballantine Books, New York, 1983.

Coleman, Eliot, *The New Organic* Grower's *Four-Season Harvest,* Chelsea Green Publishing Company, Post Mills, Vermont, 1992.

Dunham, Carroll e Ian Baker, con fotografías de Thomas L. Kelly y prólogo del Dalai Lama, *Tibet: Reflections from the Wheel of Life,* Abbeville Press, New York, 1993.

Frawley, David, *Salud Ayurveda - Guía práctica de terapias ayurvédicas,* Ediciones Ayurveda, Barcelona, 2012.

Frawley, David, *The Astrology of Seers: A Comprehensive Guide to Vedic Astrology,* Passage Press, Salt Lake City, Utah, 1990.

Galland, Leo, M. D. con Dian Dincin Buchman, Ph. D., *Superimmunity for Kids,* Dell Publishing, New York, 1988.

Garde, Dr. R. K., *Ayurveda for Health and Long Life,* D. B. Taraporevala Sons and Co. Private Ltd., Bombay, 1975.

Glendinning, Chellis, *When Technology Wounds,* William Morrow, New York, 1990.

Glenn, Camille, *The Heritage of Southern Cooking,* Workman Publishing, New York, 1986.

Hagler, Louise, editora de la edición revisada de *The Farm Vegetarian Cookbook,* The Book Publishing Company, Summertown, Tennessee, 1978.

Heyn, Birgit, *Ayurvedic Medicine,* traducido por D. Louch, Thorsons Publishing Group, Rochester, Vermont, 1987.

Jaffrey, Madhur, *World of the East Vegetarian Cooking,* Alfred A. Knopf, New York, 1989.

Johari, Harish, *The Healing Cuisine: India's Art of Ayurvedic Cooking,* Healing Arts Press, Rochester, Vermont, 1994.

Jones, Marjorie Hurt, R. N., *The Allergy Self-Help Cookbook: Over* 325 *natural foods recipes, free of wheat, milk, eggs, corn, yeast, sugar and other* common *food allergens,* Rodale Press, Emmaus, Pennsylvania, 1984.

Joshi, Dr. Shalmali, conferencia y conversaciones, abril 1994, Santa Fe, Nuevo México.

Joshi, Dr. Sunil, conferencias y conversaciones, 1992-1994, Santa Fe, Nuevo México.

Kane, Patricia, Ph. D., *Food Makes the Difference: A Parent's Guide to Raising a Healthy Child,* Simon and Schuster, New York, 1985.

Kroeger, Hanna, *Allergy Baking Recipes,* Johnson Publishing Company, Boulder, Colorado, 1976.

Krohn, Jacqueline, M. D., *The Whole Way to Allergy Relief and Prevention,* Hartley and Marks, Point Roberts, Washington, 1991.

Lad, Dr. Vasant, *Ayurveda: la ciencia de curarse uno mismo,* Lotus Press, Twin Lakes, Wisconsin, 1991.

Lad, Usha y Vasant, *Ayuruedic Cooking for Self-Healing,* Ayurvedic Press, Albuquerque, New Mexico, 1994.

Lad, Vasant y Frawley, David, *Guía de plantas medicinales - Uso y combinación según el ayurveda,* Ediciones Ayurveda, Barcelona, 2014.

Madison, Deborah y Edward Espe Brown, *The Greens Cook Book: Extraordinary Vegetarian Cuisine from the Celebrated Restaurant,* Bantam Books, New York, 1987.

Mander, Jerry, *In the Absence of the Sacred: The Failure of Technology and the Survival of the Indian Nations,* Sierra Club Books, San Francisco, 1991.

Moore, Michael, *Medicinal Plants of the Mountain West,* Museum of New Mexico Press, Santa Fe, New Mexico, 1979.

Moore, Michael, *Medicinal Plants of the Desert and Canyon West,* Museum of New Mexico, Santa Fe, New Mexico, 1989.

Moore, Michael, *Medicinal Plants of the Pacific West,* Red Crane Books, Santa Fe, New Mexico, 1993.

The Moosewood Collective, *Sundays at Moosewood Restaurant,* Simon and Schuster Inc., New York, 1990.

Morningstar, Amadea y Urmila Desai, *The Ayurvedic Cookbook: A Personalized Guide to Good Nutrition and Health,* Lotus Press, Twin Lakes, Wisconsin, 1990.

The Murrieta Foundation, *Murrieta Hot Springs Vegetarian Cookbook,* revisado y ampliado, The Book Publishing Company, Summertown, Tennessee, 1987.

Nadkarni, Dr. K. M., *Indian Materia Medica,* Volúmenes I y II, Popular Prakashan Private Ltd., Bombay, 1976.

"Panel: Beef No Longer Safe, Radiation Recommended", edición *Newsday* del *The Santa Fe New Mexican,* Julio 14, 1994.

Ram Dass, *Miracle of Love: Stories about Neem Karoli Baba,* E. P. Dutton, New York, 1979.

Robertson, Laurel, y Carol Flinders y Bronwen Godfrey, *Laurel's Kitchen,* Bantam Books with Nilgiri Press, Petaluma, California, 1976.

Rombauer, Irma S. and Marion R. Becker, *The Joy of Cooking,* The Bobbs-Merrill Company, Inc., New York, 1952.

Rosso, Julee and Sheila Lukins with Michael McLaughlin, *The Silver Palate Cookbook,* Workman Publishing, New York, 1982.

Sachs, Melanie, *Cuidados de belleza ayurvédicos,* Ediciones Obelisco, 2007.

Sands, Brinna B., *The King Arthur Flour 200th Anniversary Cookbook,* Countryman Press, Woodstock, Vermont, 1991.

Seeds of Change, 1994 catálogo, Santa Fe, New Mexico.

Shannon, Sara, *Diet for the Atomic Age: How to Protect Yourself from Low-Level Radiation,* Avery Publishing Group Inc., Wayne, New Jersey, 1987.

Sharma, Professor P. V., *Introduction to Dravaguna (Indian Pharmacology),* Chaukhambha Orientalia, Varanasi, India, 1976.

Sills, Franklyn, *The Polarity Process,* Element Books, Longmead, England, 1989.

Smith, Gar, "The Trouble with Beef", *Earth Island Journal,* Volume 8, Number 2, Spring 1993.

Smith, James Payne, Jr., *Vascular Plant Families: An Introduction to the Families of Vascular Plants Native to North America and Selected Families of Ornamental* or *Economic Importance,* Mad River Press, Inc., Eureka, California, 1977.

Steinman, David, *Diet for a Poisoned Planet: How to Choose Safe Foods for You and Your Family,* Ballantine Books, New York, 1990.

Stone, Randolph, D. O.,D. C., *Health Building: The Conscious Art of Living Well,* CRCS tons, Sebastopol, California, 1985.

Stone, Randolph, D. O.,D. C., *Polarity Therapy,* Volúmenes I y II, CRCS Publications, Sebastopol, California, 1986,

Sushruta Samhita, Volúmenes I, II y III, traducción de K. L. Bhishagratna, Chowkhamba Series Office, Varanasi, 1981.

Svoboda, Dr. Robert E., *Ayurveda: Life, Health and Longevity*, Arkana, Penguin Books, 1992.

Svoboda, Dr. Robert E., *Prakruti: Your Ayurvedic Constitution,* Geocom, Albuquerque, New Mexico, 1988.

TALONS, Environ-Mental Eco-Action Newsrap, Peter Cummings, editor, Route 4, Box 79 C, Santa Fe, New Mexico, 87501.

Tiwari, Maya, *Ayurveda, A Life of Balance: The Complete Guide to Ayurvedic Nutrition and Body Types with Recipes,* Healing Arts Press, Rochester, Vermont, 1995.

Vegetarian Times, edición mensual, oficinas en P.O. Box 570, Oak Park, Illinoes 60303.

Walker, N. W., D. Sc., *Fresh Vegetable and Fruit Juices,* Norwalk Press, Prescott, Arizona 1970.

Wood, Rebecca, *Quinoa the Supergrain: Ancient Food for Today,* Japan Publications Inc., distribuido por Harper and Row, New York, 1989.

Índice

Sobre la autora

Amadea Morningstar es una nutricionista reconocida internacionalmente por sus publicaciones y enseñanzas en el campo del ayurveda. Es fundadora del Instituto de Yoga y Terapia de Polaridad Ayurveda de Santa Fe, Nuevo México. En su consultorio aconseja sobre nutrición y estilo de vida ayurvédicos, terapia marma y terapia de polaridad. Sus últimas obras incluyen la nueva serie *Easy Healing Drinks from the Wisdom of Ayurveda* [Bebidas fáciles y curativas basadas en la sabiduría del ayurveda].

Si desea ampliar la información sobre el interesante trabajo que Amadea Morningstar realiza en el campo de la nutrición y el ayurveda, visite su página web: amadeamorningstar.net

Lightning Source UK Ltd.
Milton Keynes UK
UKHW010758081021
391877UK00004B/557